法天使
fatianshi.cn

中国合同库

证券期货

优质文本 · 条文批注 · 风险提示

杜　奔　编著

法律出版社
LAW PRESS · CHINA

中国合同库

丛书策划　朱海波　蒋　橙

特约策划　何　力　常金光　施志广　潘　捷

编辑支持　陈　遥　樊　荣　李金凤　苗亚杰　张婷婷

杜　奔

中南财经政法大学学士，中国人民大学硕士，哥伦比亚大学访问学者。专职从事金融机构合规法务工作，曾任职于湖北法辉律师事务所，中国诚信信用管理有限公司，某 AA 级期货公司，某 A 级上市证券公司。持有法律职业资格、企业人力资源管理师职业资格证（一级）、期货从业资格、证券从业资格、基金从业资格。

参与期货行业《< 期货经纪合同 > 指引》《期海导航－期货投资常识》《期海护航－期货投资者保护与维权》等书籍的编写，在《期货日报》《中国期货》发表《期货资管如何告别“野蛮生长”谋划布局未来》《新规下期货资管现状及发展路径探讨》等文章。

杜奔先生坚信“细节决定成败，合规创造价值”的理念。

电子邮箱：51law@sina.com
微信号：carnivalworld

总序一

法治社会离不开合同。

英国历史学家梅因的《古代法》中有一句法律人耳熟能详的名言：我们可以说，所有进步社会的运动，到此处为止，是一个“从身份到契约”的运动。确实，在现代社会中，方方面面都离不开契约与契约精神。除市场交易外，大到国家治理、国际条约，小到婚姻家庭、交通出行各个领域，无所不在契约或契约精神的笼罩之下。可以说，一个现代人，无时无刻能与合同脱离干系。

在具体生活层面，我们也不难发现合同与社会经济之间的密切关系。从普通人很少见到正式合同，到越来越多的签订书面合同，到合同越来越厚、条款越来越多，与之相应地，是经济交易越来越活跃、交易金额越来越大，经济越来越发达。如果作这么一个判断：“合同的质量与数量，与一个社会的经济水平成正比”，这应该是基本成立的。

希望中国合同库成为标准。

合同需要标准。国际贸易术语（Trade Terms of International trade），就可以理解为是一套合同条款的标准术语。有了这套术语，交易各方在谈判以及拟定条款时，就可以大大节省时间，减少争议。

经济生活中的大量交易，完全可以使用比较标准的、完备的合同范本。这些合同范本符合一般交易惯例，条款相对完善、规范，能减少不必要的合同纠纷。

当然，交易往往都有自己的特殊性。即使如此，以标准合同为基础，合同各方在彼此关心的重点条款上谈判、修订，而对一般性问题采纳标准合同的条款，这也能大大节省合同各方的精力。

在运输领域，集装箱标准的推出，大大提升了运输效率、降低了物流成本，整个社会都为之受益。而如果在社会各行各业的交易、合作中，都能大力推行标准合同，无疑也将大大降低交易成本，促进交易的进行，减少争议。这其中的社会意义是巨大的。这也是工商等政府部门不断推出政府示范文本的目的。而现在，“中国合同库”这一项目，更是利用互联网技术，将合同示范文本这一工作往前推进了一大步。

标准之所以能成为标准，既需要社会各界的推动与接受，也需要标准本身能不断完善、符合需求。我在此希望中国合同库的主办方能持之以恒的推动合同库的建设、完善与推广，使之成为名副其实的“中国合同库”。

此为序。

中国社会科学院学部委员、教授、博士生导师

总序二

在互联网、大数据时代，应思考法律服务如何与技术结合，推动法律智慧的融合与共享。在倡导律师专业化建设、倡导律师“工匠精神”的同时，应注重用技术手段，帮助律师提升法律服务的效率。

《中国合同库》系列图书，可以看作这方面的有益尝试。不同于一般的合同范本书，它充分利用了互联网开放、迭代、互动的特色：每个合同范本，对应一个二维码，读者扫描识别二维码，就可以获得合同范本的电子版；而合同范本的作者，可以实时更新电子版，以确保内容的与时俱进。如此一来，这套书不再是一般意义的纸质读物，而是与电子数据协同互动的新型出版形态。

一直以来，高品质的合同范本和法律文书，是一种有价值但流通不畅的资源。律师与律师之间，团队与团队之间，律所与律所之间，缺乏知识资源的互通和共享。另外，高质量的文件模板几乎可以说是律师的核心竞争力之一，甚至是行业壁垒之一，每一份好的文件模板都倾注了律师的智慧和心血。《中国合同库》聚合各领域专业法律人，把这些优质的模板进行逐字

关注法天使

逐句地修改、整合，进而分享，真正体现了互联网时代的共享精神。

不久前，中华全国律师协会刚刚与法律出版社签署战略合作协议，现在欣喜地看到法律出版社偕同法天使推出这项具有创新精神的出版计划，在此表示由衷祝贺！

是为序。

中华全国律师协会会长

金杜律师事务所管委会主席

序　愿和你一起终身学习

◆合同审核

作为一名北漂，笔者毕业后满怀愿景从南方来到北京，先后在不同机构、行业就职。一晃多载，至今户口未离开原籍，肉身未离开北京，工作也不曾离开法务和合同。

合同是现代商业经济活动的载体和纽带，与每一个社会个体的工作生活都息息相关，社会资源的分配优化离不开合同，日常生活离不开合同，政企机构运转离不开合同，法律知识和金融机构服务实体经济也离不开合同。合同的起草和审核，是法务工作者的基本功和日常活，审核合同、防范因合同签订和履行造成的法律及商务风险，是一名优秀法务工作者必备的基本功之一。

◆证券期货

证券期货是金融行业的重要组成部分，金融机构的本质功能是服务实体经济，其具体形式可能通过证券期货经纪、投资咨询、资产管理、金融衍生品、投资银行、固定收益等一种或多种业务。在本书中，笔者选取了行业最常见的六种业务模式的基本合同作为模板，并对关键点补充了批注说明，希望能对读者初步了解证券期货合同及业务有所帮助。需要明确的是，模板合同的正确使用方法不是简单改名套用，而是需要结合实际业务情况以及最新法规，进行开拓思路、对比学习、提高效率、拾遗补缺。好的模板合同可以令工作“如虎添翼”，但不应成为“偷懒神器”，让人放弃主动思考。

防范化解重大风险是证券期货机构及其合规法务工作者的使命，合规法务风控是证券期货机构的生命线。证券期货合同尤其是资产管理等业务规模动辄万亿，如何遣词造句，在短短几十页纸张上规范业务模式，既确保合同交易顺畅履行，又平衡甲、乙双方权利义务；既保护机构的基本权利，又维护投资者合法权益，是一门艺术。

作为金融行业的合规法务人员，笔者坚信“细节决定成败，合规创造价值”的理念。严格仔细审核合同，勇于坚守合规底线，确保业务合法合规，防范合规风险是每一位合法风（合规、法务和风控）同人的职责所在。

◆终身学习

“没有完美的合同，只有完美的交易”，合规法务人员要想审核好合同、把控风险，除了具备扎实的基础法务知识，更需要了解业务知识和模式，洞察实操风险点，理解立法背景和监管精神，掌握行业惯例和动向，研究违约处罚案例，实时跟进学习法律法规、自律规则和监管政策的更新变化……

近年来，随着市场经济飞速发展，证券期货行业法律法规、自律规则以及业务模式更新迭代不断。作为业务的载体，合同也随之不断更新。因此，没有一劳永逸的合同模板，只有与时俱进的不断匹配。

在此，笔者衷心感谢法律出版社、感谢法天使提供了这样一个学习交流平台。囿于时间和水平，书中多有错漏不妥之处，望诸位多多斧正，也希望通过这个平台，帮助中国合同库系列书籍不断实时调整、更新纠错。

在这个不变的时代，唯一不变的是变化，借用每日通勤在地铁上听“得到”及吴伯凡老师专栏的结束语：

让我们一起自我迭代，愿和你一起终身学习！

谨此为序

杜奔

2017 年 12 月 4 日

于北京角门

目　录

CONTENTS

第一部分　证券期货经纪业务

一、期货经纪业务

期货经纪合同

使用场景：

期货经纪合同是投资者委托期货经纪公司代理其进行期货、期权买卖交易的合同。合同主要约定作为投资者的客户及作为代理机构的期货公司双方的权利、义务。

法律要点：

1. 期货投资者应确保资料的真实性、完整性、准确性、有效性。投资者不得是国家机关、事业单位及市场禁入等主体。投资者应当以本人真实身份开户，开户后不得将账户出租、出借，不得进行非法配资、洗钱等违法违规行为。

2. 由于期货交易的高杠杆性特性，合同应对投资者保证金的金额比例、计算方法，修改权限进行明确的约定，以免出现纠纷。

3. 风险控制是期货交易的核心条款，也是最容易出现纠纷的部分。合同尤其应对日内交易过程中和交易闭市后的追加保证金强行平仓的计算方法、通知时机通知方式、通知途径、平仓动作程序等作出明确的约定，以避免纠纷。

4. 合同约定的委托交易的方式不止一种，当网上软件交易方式受阻时，按照合同约定，投资者可采取电话等其他备用方式进行交易，以达到交易目的，避免无法及时追保或投资造成的损失。

5. 交易结果的异议相关条款也是合同中的重要条款和实操

D11097

关注法天使

中的惯常争议点。笔者建议合同条款特别约定乙方对交易结果提出异议的时机及默认效力。投资者应仔细核对每日结算报告内容，确认是否有异议，否则一旦过期，根据合同条款将被视为无异议。但同时甲方也应当注意，此类约定对甲方更为有利格式条款，一旦发生诉讼、仲裁有可能被司法机关或仲裁机构认定为规避责任的格式条款，不被支持的风险。

文本正文：http://www.fatianshi.cn/D11097

期货经纪合同

尊敬的客户：

为保障您的合法权益，敬请您逐字逐句地认真阅读本合同的全部文件内容。本合同的所有内容都与您的利益息息相关。如有任何疑问，敬请垂询。我公司将竭诚为您服务。

甲方：______期货公司

乙方：自然人 / 机构

甲、乙双方经过平等协商，就甲方为乙方提供期货交易服务的有关事项订立本合同。

第一节　合同订立前的说明、告知义务

第一条　在签署本合同前，甲方已向乙方出示了《期货交易风险说明书》及《客户须知》，并充分揭示了期货交易的风险。甲方已按照《期货交易管理条例》《期货公司监督管理办法》等有关规定履行告知义务。乙方已仔细阅读、了解并理解了上述文件的内容。

第二条　乙方应在签署本合同前仔细阅读所有条款，特别是有关甲方的免责条款，并准确理解其含义。

第三条　乙方①以自己的名义委托甲方从事期货交易，保证

①根据法律法规规定，乙方不能是国家机关、事业单位及市场禁入者等主体。

乙方必须是以自己真实名义签订合同，不能是非法配资，开户后出借账户，否则将违背合同实名制的义务。

所提供的证件及资料具有真实性、合法性及有效性。乙方声明并保证不具有下列情形：

（一）无民事行为能力或者限制民事行为能力的自然人；

（二）中国证监会及其派出机构、中国期货业协会、期货交易所、期货保证金安全存管监控机构、期货公司的工作人员及其配偶；

（三）国家机关、事业单位；

（四）证券、期货市场禁止进入者；

（五）未能提供开户证明文件的单位或个人；

（六）证券公司从事期货中间介绍业务的工作人员；

（七）中国证监会规定不得从事期货交易的其他单位或个人。

如果以上声明部分或全部不真实，乙方承担由此产生的全部法律责任并自行承担由此造成的一切损失。

甲方根据交易所规定对乙方进行期货合约交易及期权合约交易适当性评估，乙方有义务提供真实、完整、有效的证明材料[①]，通过甲方评估后方能进行期货合约交易或期权合约交易。乙方参与交易后不能以不符合适当性制度为由拒绝承担期货交易的责任。

第四条　乙方符合交易所关于期权做市商规定并且需要申请做市商资格的，应当通过甲方向交易所申请，并接受甲方的协助监管。乙方取得做市商资格的，需要遵守交易所关于做市商的相关规则。

期权做市商客户应当关注并持续符合交易所关于做市商的相关要求，包括但不限于响应时间、挂单时间、下单量、价差及持仓限制等相关规定。

第五条　在合同关系存续期间，乙方提供给甲方的身份证明文件过期或身份信息发生变更的，乙方有义务及时向甲方提

①期货交易投资有杠杆属性，风险较大，因此乙方须经评估，确定能承受风险之后，方可作为合同主体委托交易。

D11097

供新的相关材料。否则，甲方有权拒绝乙方开新仓和出金指令，并有权进一步关闭乙方的交易权限。乙方在开户申请表中提供的其他信息发生变更时，也应及时向甲方更新，否则，一切后果由乙方自行承担。

第六条 甲方根据反洗钱法律法规履行客户身份识别、可疑交易报告及其他反洗钱义务，乙方应当积极予以配合。

第七条 甲方应当在营业场所备置期货交易法律法规、各期货交易所规则、甲方业务规则等相关文件，公开甲方从业人员名册及从业人员资格证明等资料供乙方查阅。乙方可以向甲方询问上述规则的含义，对于乙方的询问甲方应当详细解释。

第二节 委 托

第八条 乙方委托甲方按照乙方交易指令为乙方进行期货交易。甲方接受乙方委托，按照乙方交易指令为乙方进行期货交易。

甲方根据期货交易所规则执行乙方交易指令，乙方应当对交易结果承担全部责任。甲方有权拒绝乙方违法违规的委托行为，并有权因此终止与乙方的经纪关系。

第九条 乙方所选择的代理人（包括开户代理人、指令下达人、资金调拨人、结算单确认人）不得为甲方工作人员。代理人在乙方授权范围内所做出的任何行为均代表乙方行为，乙方应承担由此产生的全部责任。

第十条 乙方如变更代理人，应当书面通知甲方并经甲方确认。乙方是机构客户的，乙方的法定代表人或者负责人应当在变更通知上签字并加盖公章。乙方未及时书面通知甲方的，由此造成的损失由乙方承担。

第三节 资金的管理及使用

第十一条 甲方在期货保证金存管银行开设期货保证金账户，代管乙方交存的保证金。乙方可以通过中国期货市场监控中心的网站（www.cfmmc.com 或 www.cfmmc.cn）查询甲方的期货保证金账户。

第十二条 乙方的出入金通过其在开户申请表中登记的期货结算账户与期货公司在同一期货保证金存管银行开设的期货保证金账户以同行转账的形式办理。乙方的出入金方式应符合中国证监会及期货保证金存管银行资金结算的有关规定。

第十三条 乙方①应当保证其资金来源的合法性。甲方有权要求乙方对资金来源的合法性进行说明，必要时可以要求乙方提供相关证明。

乙方对其所做的说明及提供的证明文件负有保证义务，并承担相应的法律责任。

第十四条 乙方交存的保证金属于乙方所有，除下列可划转的情形外，甲方不得挪用乙方保证金：

（一）依照乙方或乙方资金调拨人的指示支付可用资金；

结算准备金的具体算法及金额由甲方制定，并有权进行调整。甲方调整结算准备金时，以甲方发出的调整结算准备金公告或者通知为准。

（二）为乙方交存保证金。

（三）为乙方交存权利金。

（四）为乙方支付交割货款或者乙方未履约情况下的违约金。

（五）乙方应当支付的手续费、税款及其他费用。

（六）有关法律、法规或中国证监会、期货交易所规定的其他情形。

①乙方资金需为自有资金，不能是非法配资、非法集资等形式取得的资金。

D11097

第十五条 乙方可以根据期货交易所规则以标准仓单、期货合约、国债等价值稳定、流动性强的有价证券作为保证金。甲方应按照期货交易所规则的要求代为办理。

乙方有质押充抵保证金的情况时，可提资金的计算按交易所相关规定另行计算。

乙方在质押期间、撤质或质押到期时，如乙方存放在甲方的保证金不足以赎回质押物，乙方应当及时补足保证金，否则视为乙方自动授权甲方对质押物予以处置以清偿其对交易所及甲方的债务。所得资金在扣除甲方代乙方缴纳的赎质款及相关费用后，剩余部分返还给乙方，不足部分乙方应向甲方补足。

第十六条 甲方有权根据期货交易所、结算机构的规定、市场情况，①或者甲方认为有必要时自行调整保证金比例②。甲方调整保证金比例时，以甲方发出的调整保证金公告或者通知为准。

甲方采用以下任意一种或多种方式向乙方通知各期货品种保证金收取比例和调整保证金比例的公告③：

（一）甲方公司网站（www.____________.com）；

（二）网上交易客户端；

（三）中国期货市场监控中心投资者查询系统。

第十七条 甲方认为乙方持有的未平仓合约风险较大或乙方未按照合同约定履行义务时，有权对乙方单独提高保证金比例或者拒绝乙方开仓。在此种情形下，提高保证金或者拒绝乙方开仓的通知单独对乙方发出。④

第十八条 甲方接受乙方或者本合同《期货交易委托代理人授权书》中列明的、经乙方授权的“资金调拨人”下达的调拨资金指令。

乙方指定数名资金调拨人⑤的，如没有在备注中特别注明须

---

①交易所、结算机构会不时调整保证金比例，期货公司此时若逐一通知客户，工作量将过大，因此以公告形式统一告知。

②本条款为除交易所、结算机构原因外甲方单方调整保证金比例的权利，是否赋予甲方此项权利，可由甲乙双方协商而定。

③保证金比例的调整会影响乙方资金的使用效率、杠杆大小以及追保强平条件，因此乙方应实时关注甲方网站或交易客户端。

④在乙方持仓风险较大的情况下，甲方单独提高乙方保证金比例。此为个例情况，因此需要单独通知乙方。

⑤为避免不同资金调拨人命令不一致，其中任何一名调拨人下达指令均视为乙方指令。

数名资金调拨人共同下达资金调拨指令的，则视同其中任一人向甲方下达的指令为乙方的真实有效指令。

第十九条 乙方变更其资金调拨人的，需书面通知甲方并经甲方按书面程序确认后方能生效。乙方未及时书面通知甲方的，由此造成的损失由乙方负担。

第二十条 乙方的资金调拨指令可以通过书面、传真、银期转账系统等方式下达。

书面调拨指令必须由乙方或乙方指定的资金调拨人签字，乙方为机构客户的，需加盖公章。传真方式下达资金调拨指令，必须由乙方或乙方指定的资金调拨人签字后传真至甲方。乙方同意甲方留存的乙方传真指令与书面指令具有同等法律效力。

如乙方通过银期转账系统进行资金调拨，甲乙双方应另行签订银期转账协议。

第二十一条 乙方的资金调拨指令应满足：指令内容齐全、明确、不违反有关法律法规规定和本合同约定等。甲方有权审核乙方的资金调拨指令，包括可提资金是否充足、指令内容是否齐全和明确、是否违反有关法规规定和合约约定等，以确定指令的有效或无效。当确定乙方的指令为无效指令时，甲方有权拒绝执行乙方的指令。

第二十二条 甲方应当对乙方期货账户的有关信息保密，但国家法律法规和中国证监会有特别规定的除外。

为保障乙方保证金的安全，乙方同意甲方按照中国证监会的规定或要求，向中国期货市场监控中心报送乙方与保证金安全存管相关的信息。

第四节　交易指令的类型及下达

第二十三条 乙方可委托本合同《期货交易委托代理人授

D11097

权书》中列明的指令下达人下达交易指令。指令下达人对甲方下达的任何指令均为乙方的真实意思表示，并由乙方承担相应责任。乙方在《期货交易委托代理人授权书》中指定有数名指令下达人的，如没有在备注中特别注明须数名指令下达人共同下达交易指令的，则视同其中任一人向甲方下达的指令为乙方的真实有效指令。

乙方变更其指令下达人的，需书面通知甲方并经甲方按书面程序确认后方能生效。乙方未及时书面通知甲方的，由此造成的损失由乙方负担。

第二十四条 市价交易指令是指不限定价格的、按当时市场上可执行的最优报价成交的指令。乙方有义务熟悉市价指令交易规则，充分认识非主力合约的流动情况和使用市价指令的潜在后果，深入了解交易所业务规则及期货交易的风险。在非主力合约上进行交易时，乙方应当审慎使用市价交易指令。

第二十五条 乙方可以通过互联网、电话、书面或中国证监会规定的其他方式向甲方下达交易指令。乙方下达的交易指令类型应当符合各期货交易所及甲方的相关规定。

乙方通过互联网下达期货交易指令，是指乙方使用计算机、移动终端等设备并通过互联网，或者通过甲方局域网络向甲方下达交易指令，进行期货交易的一种交易方式，简称网上交易。

第二十六条 乙方进行网上交易的，应当按照甲方的要求以自己的交易账号（资金账号）、交易所交易编码、交易密码等下达交易指令。乙方有义务核实所登录的资金账号、姓名或名称、交易所交易编码等相关信息，以确保所登入的为乙方自己的账户。

第二十七条 乙方进行网上交易的，甲方交易服务器内的委托记录将作为甲乙双方核查交易指令合法、有效的证明。乙方同意，甲方交易服务器内的交易记录与书面指令具有同等法律效力。

第二十八条 由于网上交易系统①受各种因素的影响存在中断的可能性，为保证乙方交易的正常进行，甲方为乙方提供备用下单通道，当乙方不能正常进行网上交易时，可改作电话方式或书面方式下单。

第二十九条 乙方通过电话方式下达交易指令的，应当签署《电话交易委托协议》②、设定电话交易密码。交易时，甲方有权要求乙方按照资金账号、名称或姓名、电话交易密码等下达交易指令。相应的交易指令就视为乙方下达。

乙方通过甲方电话自助委托系统下达交易指令的，应当输入资金账号和交易密码进行身份验证后，选择使用电话自助委托或转人工坐席的方式下达交易指令。甲方电话自助委托系统电话号码为：____________。（电话号码如有变动，以甲方网站公告为准。）

以电话方式下达交易指令的，甲方有权进行同步录音保留原始交易指令记录。乙方同意，甲方的录音记录作为甲乙双方核查交易指令合法、有效的证明，与书面指令具有同等法律效力。

第三十条 乙方以书面方式下达交易指令的，交易指令单的填写应完整、准确、清晰，并由乙方或者乙方指令下达人签字（及/或盖章）。

第三十一条 乙方应当妥善管理自己的密码，为确保安全，乙方应当在首次启用期货交易相关密码后更改初始密码，并自定义和全权管理本人的密码。乙方有义务防止用于网上交易的计算机或移动终端感染木马、病毒，以免被恶意程序窃取密码；加强资金账号、密码的保护，不使用简单密码并定期修改密码、

①网上交易系统并非乙方唯一的交易方式。

在出现异常、无法通过网上交易系统交易的情况下，乙方还可以通过电话下单或者书面下单的方式进行交易，乙方应注意本条款，避免因无法及时交易（止损），造成损失。

②乙方通过电话交易的，需要在合同委托协议件中预留电话号码、交易密码等信息，以后只要用约定的电话下达交易指令的，均视为乙方行为，乙方应注意保护密码。

D11097

输入密码时防止他人偷看、不对他人泄露密码等。

通过密码验证的交易指令视为乙方下达的指令，由于乙方管理不善造成密码泄露所带来的损失，甲方不予承担责任。

第五节　交易指令的执行与错单处理

第三十二条　乙方下达的期货合约交易指令应当包括乙方账号（或交易编码）、品种、合约、数量、买卖方向、价格、开平仓方向等内容；期权合约交易指令应当包括乙方账号（或交易编码）、交易方向、品种、数量、合约月份及年份、到期日、标的物代码、行权价格、期权类型、权利金、行权或放弃行权等内容。

甲方有权审核乙方的交易指令，包括但不限于保证金是否充足，指令内容是否明确，是否违反有关法律法规和期货交易规则等，以确定指令的有效性。当确定乙方的指令为无效指令时，甲方有权拒绝执行乙方的指令。

第三十三条　乙方在发出交易指令后，可以在指令全部成交之前向甲方要求撤回或者修改指令。但如果该指令已经在期货交易所全部或部分成交的，乙方则应当承担交易结果。

第三十四条　由于市场原因或者其他非甲方所能预见、避免或控制的原因导致乙方交易指令全部或者部分无法成交的，甲方不承担责任。

第三十五条　交易过程中，乙方对交易结果及相关事项向甲方提出异议的，甲方应当及时核实。为避免损失的可能发生或者扩大，甲方在收到乙方的异议后，可以将发生异议的持仓合约进行平仓或者重新执行乙方的交易指令，由此发生的损失由有过错一方承担。

甲方错误执行乙方交易指令，除乙方认可的以外，交易结果由甲方承担。

第六节　通知与确认

第三十六条　甲方对乙方的期货交易实行当日无负债结算。只要乙方在该交易日有交易、有持仓或者有出入金的，甲方均应在当日结算后按照本合同约定的方式向乙方发出显示其账户权益状况和成交结果的交易结算报告。

乙方同意在没有交易、持仓及出入金时，甲方可以不对乙方发出交易结算报告，除非乙方特别要求。

第三十七条　为确保甲方能够履行通知义务，乙方及时了解自己账户的交易情况，双方同意利用中国期货市场监控中心查询系统作为甲方向乙方发送交易结算报告、追加保证金通知等文件的主要通知方式。

甲方应在每日结算以后，及时将乙方账户的交易结算报告、追加保证金通知等文件发送到中国期货市场监控中心。乙方登录中国期货市场监控中心查询系统，接收甲方发出的交易结算报告、追加保证金通知等文件。

第三十八条　中国期货市场监控中心的网址为 www.cfmmc.cn 或 www.cfmmc.com，乙方可通过该网址登录中国期货市场监控中心查询系统。乙方登录查询系统的用户名为____________。乙方登录查询系统的初始密码为____________。

乙方应遵照中国期货市场监控中心的有关规定，在初次使用前及时自行修改初始密码。

第三十九条　由于中国期货市场监控中心查询系统[①]只保存近期的交易者账户信息；在乙方销户以后，查询系统也会相应取消对乙方的查询服务，因此，乙方应及时将接收到的结算报告或通知书打印或者下载保存。

①乙方应注意保存交易信息，避免以后无法查询。

D11097

第四十条[①] 由于中国期货市场监控中心查询系统与甲方采用的交易结算系统不同，甲方着重提示乙方应注意二者在格式、公式、概念上的区别，以免对交易账户的状况产生误解，造成不必要的损失。

甲方结算系统与查询系统的主要差别包括但不限于由于可能选择“逐日盯市”或者“逐笔对冲”两种不同的结算方式，在交易账单中的期初余额、期末余额、平仓盈亏及浮动盈亏等方面可能存在差异。

第四十一条 除采用中国期货市场监控中心查询系统作为主要通知方式外，甲方还采用以下辅助通知方式向乙方发送每日交易结算报告、追加保证金通知、单独调整保证金通知、与异常交易监控相关的通知或监管决定等文件：

（一）甲方公司网站；

（二）乙方电子信箱；

（三）电话通知；

（四）网上交易客户端；

（五）邮寄通知；

（六）网上行情系统；

（七）手机短信；

（八）传真通知；

（九）QQ、微信及其他方式。

乙方同意，以电话通知、手机短信、传真和邮寄通知的通知方式中，均以乙方在《客户开户申请表》中预留的信息作为合法有效的联络渠道，乙方保证预留信息的真实、有效、畅通。如乙方需对预留信息进行更改，必须以书面方式通知甲方，经甲方确认后方可生效。否则，甲方按原有联络信息进行的通知，仍视为有效通知。同时，因联络不畅造成的后果及损失由乙方

①中国期货市场监控中心查询系统与甲方采用的交易结算系统计算格式等信息不同，乙方应注意两者提供的期初余额、期末余额、平仓盈亏及浮动盈亏等信息可能存在差异，以准确掌握乙方账户信息。

承担。

甲方根据实际情况选择采用以上一种或多种方式通知乙方。

乙方有义务保证以上通知渠道的通畅。乙方同意，只要甲方通过中国期货市场监控中心查询系统或者本条约定中的任何一种方式向乙方发送了交易结算单以及各种通知文件，均视为甲方履行了本合同约定的通知义务。如果非因甲方原因使乙方未能收到上述通知，由此造成的后果及损失，甲方不承担责任。甲、乙双方均同意，如上述主要通知方式与辅助通知方式存在记载数据不一致的情况，以主要通知方式记载的结果为准。

第四十二条 甲乙双方约定甲方采用网站公告、营业场所公告、官方微信公众号或（其他）方式中的任意一种方式向乙方发出除单独调整保证金之外的调整保证金通知。乙方有义务关注甲方网站、官方微信公众号及营业场所公告，应每个自然日登录甲方公司网站，关注甲方发布的交易规则、调整保证金通知，以及其他各种通知和信息。

第四十三条 甲方或者乙方要求变更本节通知方式的，应当及时书面通知对方，并经对方确认后方可生效。否则，由变更造成的通知延误或者损失均由变更方负责。

第四十四条 乙方有义务随时关注自己的交易结果并妥善处理持仓，如果乙方因某种原因无法收到或者没有收到当日交易结算报告的，应于下一个交易日开市前 30 分钟向甲方提出，否则，视同乙方收到当日交易结算报告。乙方提出未收到交易结算报告的，甲方应及时补发。

乙方在交易日开市前 30 分钟未对前日交易结算报告提出异议的，视为乙方对交易结算报告记载事项的确认。异议应由乙方本人或其授权的结算单确认人以书面方式（传真或当面提交）向甲方提出，甲方应当及时处理所收到的书面异议。①

①本合同条款特别约定了乙方默认的效力，投资者应仔细核对每日结算报告内容，否则日后若对之前交易内容存在异议，根据本条款可能也被视为无异议。

另外，本条为对甲方更为有利格式条款，一旦发生诉讼，该条款有可能被司法机关认为规避责任的格式条款，不被支持。

D11097

第四十五条 乙方对当日交易结算报告的确认，视为乙方对该日及该日之前所有持仓和交易结算结果、资金存取的确认。

第四十六条 由于甲方原因导致交易结算报告的记载事项出现与实际交易结果和权益不符的，乙方的确认不改变乙方的实际交易结果和权益。对于不符事项，甲、乙双方可以根据原始财务凭证及交易凭证另行确认。

第四十七条 乙方在本合同约定的时间内以约定方式向甲方提出书面异议的，甲方应当根据原始指令记录和交易记录及时核实。当对与交易结果有直接关联的事项发生异议时，为避免损失的可能发生或者扩大，甲方在收到乙方的异议时，可以将发生异议的持仓合约进行平仓或者重新执行乙方的交易指令。由此发生的损失由有过错一方承担。

第四十八条 交易结果不符合乙方的交易指令，甲方有过错的，除乙方认可外，甲方应当在下一交易日闭市前重新执行乙方交易指令，或者根据乙方的意愿采取其他合理的解决办法，并赔偿由此给乙方造成的直接损失。

第七节 风险控制

第四十九条 乙方在其持仓过程中，①应当随时关注自己的持仓、保证金和权益变化情况，并自我规范交易行为，妥善处理自己的交易持仓。乙方的交易保证金不足，又未能及时追加保证金的，乙方必须自行采取平仓措施，否则甲方有权根据本合同约定对乙方的持仓采取强行平仓的措施。乙方参与连续交易的，应当关注并合理控制连续交易时段的交易风险。

第五十条 甲乙双方约定以风险率来计算乙方期货交易的风险。风险率的计算方法为：

风险率＝按甲方规定的保证金比例计算的乙方持仓占用的

①强行平仓条款是本合同的重要条款，也是期货交易中容易产生争议纠纷的部分。甲乙双方应在合同中对强平的条件、时机做好明确约定。

保证金总额 ÷ 客户权益 ×100%

甲方对乙方在不同期货交易所的未平仓合约统一计算风险。

甲乙双方对风险率做如下约定：乙方的风险率不得高于100%。

当风险率≥ 100%，甲方不再接受乙方的新单交易指令。

第五十一条 在交易过程中[①]，由于包括但不限于交易行情急剧变化或因交易所调整保证金收取比例或其他重大事件等原因，导致乙方按最新价计算的风险率≥ 100%，乙方应当即刻补足保证金或即刻平仓，否则乙方同意甲方可以在不通知乙方的情况下，对乙方的部分或全部未平仓合约强行平仓，直至乙方的风险率< 100%，对此乙方应承担强行平仓的手续费及由此发生的损失。

每日交易闭市后，经计算乙方因交易亏损或者其他原因导致风险率≥ 100% 时，甲方将按本合同约定方式向乙方发出追加保证金通知和强制平仓通知。乙方应当在下一交易日开市前 20 分钟及时追加保证金，使乙方的风险率< 100%，否则，甲方有权在事先不再通知乙方的情况下，对乙方的部分或者全部未平仓合约强行平仓，直至乙方的风险率< 100%，乙方应承担强行平仓的手续费及由此发生的损失。

乙方追加的资金在途（未到达甲方指定账户）或乙方资金来源未确定合法性的，该追加资金无效，甲方不予认可，由此产生的一切损失均由乙方承担，但双方另有约定除外。

第五十二条 当甲方对乙方期货账户执行强行平仓时，乙方期货账户可平仓数量小于甲方需要强行平仓的数量时，甲方有权对乙方的未成交委托指令进行撤单处理，乙方应承担此撤单操作及强行平仓处理所产生的结果。

对于乙方在最后交易日闭市前 10 分钟未成交的期权卖出平

①本合同条款约定，在日中交易过程中，若乙方保证金不足，甲方有权在不通知乙方的情况下进行强行平仓。该规定为对甲方更为有利格式条款，但若发生诉讼，该条款有可能被司法机关认为规避责任的格式条款，不被支持。在实操过程中，建议甲方还是尽量提前通知乙方，并给予乙方足够的时间选择追加保证金。

D11097

仓委托指令，经测算为实值期权且没有充足保证金的，甲方有权对乙方的未成交委托指令进行撤单处理，乙方应承担此撤单操作所产生的后果。

第五十三条 在期货交易所限仓的情况下，当乙方持有的未平仓合约数量超过限仓规定时，甲方有权不经乙方同意按照期货交易所的限仓规定对其超量部分强行平仓。乙方应承担由此产生的结果。

第五十四条 在期货交易所或结算机构等有权机关要求甲方对乙方持有的未平仓合约强行平仓的情况下，甲方有权未经乙方同意按照期货交易所或结算机构的要求和甲方相关规则对其持有的未平仓合约强行平仓。乙方应承担由此产生的结果。

第五十五条 当甲方依法或者依约定强行平仓时，乙方应承担强行平仓的手续费及由此产生的结果。

第五十六条 只要甲方选择的平仓价位和平仓数量在当时的市场条件下属于合理的范围，乙方同意不以强行平仓的时机未能选择最佳价位和数量为由向甲方主张权益。

第五十七条 甲方强行平仓[①]不符合法定或者约定条件并有过错的，除乙方认可外，应当在下一交易日闭市前恢复被强行平仓的头寸，或者根据乙方的意愿采取其他合理的解决办法，并赔偿由此给乙方造成的直接损失。

第五十八条 由于市场原因导致甲方无法采取强行平仓措施产生的损失由乙方承担。

第五十九条 甲方在采取本节规定的强行平仓措施后，应当在事后及时通过电话或中国期货市场监控中心投资者查询系统上的乙方交易结算报告将有关强平情况告知乙方。

第六十条 乙方以有价证券充抵保证金期间，乙方期货账户中的实有货币资金应持续满足交易所规则要求的配比比例。

①在本类合同纠纷中，多由乙方主张甲方强行平仓的时机和条件不符合合同约定，要求甲方赔偿预期收益，而该预期收益往往不易计算。

为避免若甲方强行平仓当时乙方要求补偿，本条款约定了甲方可直接恢复对应的头寸，相对来说更易操作。

乙方在期货交易中产生的相关亏损、费用、货款和税金等款项，应当以货币资金支付，不得以有价证券充抵的金额支付。否则甲方有权不经乙方同意对其持仓进行提高保证金、强行平仓或关闭开仓权限，直至乙方满足资金配比要求。乙方应承担由此产生的结果。

第六十一条 有下列情形之一的，甲方有权不经乙方同意对其采取提高交易保证金、限制开仓、强行平仓、限制出金、限制乙方期货账户全部或部分功能、限制乙方期货账户全部或部分功能、拒绝接受乙方委托或者终止经纪关系等措施：

（一）乙方不符合中国证监会、交易所投资者适当性要求的；

（二）乙方提供的资料、证件失效或严重失实，或违反合同有关承诺、《客户须知》有关规定的；

（三）甲方认定乙方资金来源不合法，或乙方违反反洗钱监管规定的；

（四）乙方违反社会公德，妨碍他人正常交易，或有严重损害甲方合法权益、影响其正常经营秩序的行为；

（五）乙方发生符合期货交易所异常交易认定标准的异常交易行为或其他违规交易行为的；

（六）甲方应监管部门要求或者乙方违反法律、法规、规章、政策及期货交易所规则规定的其他情形。

由此造成的损失及后果，由乙方承担。

第六十二条 乙方有义务随时关注自身账户资金和持仓的情况，并充分了解交易过程中甲方可能采取包括且不限于在交易过程中发送追加保证金通知和采取强行平仓措施等动态风险控制措施。如果乙方未能及时追加足额保证金又未自行平仓而被甲方强行平仓，乙方承担由此导致的一切损失及后果。

第八节 交割、行权、套期保值和套利

第六十三条 在期货合约交易中乙方应当按照期货交易所有关交割月份平仓和交割的相关要求进行平仓、现金交割、实物交割。

第六十四条 乙方进行或申请交割的，交割按照期货交易所和甲方的相关业务规则执行。

乙方参与交割不符合期货交易所或甲方相关业务规则规定的，甲方有权不接受乙方的交割申请或对乙方的未平仓合约强行平仓，由此产生的费用和结果由乙方承担。

第六十五条 乙方申请实物交割的①，应当符合期货交易所的相关规定，并在期货交易所规定的期限前五个交易日向甲方提出书面申请，并经甲方书面确认。否则，甲方有权拒绝接受乙方的实物交割申请，由此产生的费用和结果由乙方承担。

第六十六条 乙方申请实物交割的，应当在甲方规定的期限前向甲方提交足额的交割款或者有效的标准仓单、增值税发票等期货交易所要求的凭证或票据，并保证资金来源的合法性和凭证、票据的真实性。

超过上述规定的期限，乙方未下达平仓指令，也未向甲方提交足额的交割保证金、凭证或票据的，甲方有权在未通知乙方的情况下，对乙方的未平仓合约进行平仓，由此产生的费用和结果由乙方承担。

第六十七条 交割通知、交割货款的交收、实物交付及交割违约的处理办法，依照相关期货交易所和甲方的交割业务规则执行。

第六十八条 在期权合约交易中乙方应当按照期货交易所有关平仓、行权的相关要求进行平仓和行权。对于符合行权

---

①期货交易所对实物交割有限制性规定，因此合同约定乙方申请实物交割的，应当符合交易所规定。

条件的期权，在买方提出行权时或按交易规则应进行行权的，卖方有义务履行。

第六十九条 若乙方作为期权买方申请行权的，应提前准备行权所需的资金或标的（看涨期权买方行权需准备行权手续费和相应期货合约持仓的交易保证金；看跌期权买方行权需准备行权手续费和标的期货合约），并通过甲方向交易所提出行权申请，甲方审核乙方资金或标的期货合约是否充足，在交易所规定的时间内，决定是否向交易所申报乙方的行权申请。对因乙方资金或标的不足等原因造成行权失败的后果由乙方承担。

若乙方依照规定履行行权义务后，出现保证金不足、持仓超限等情况的，应承担由此可能被强行平仓的后果。

第七十条 行权通知、卖方履约及卖方违约的处理办法依照相关期货交易所和甲方的期权业务规则执行。

第七十一条 乙方若申请套期保值或套利头寸，应当按照期货交易所的相关规定向甲方提供相应的文件或者证明，并对相应文件的真实性、合法性、有效性负责。甲方应当协助乙方按照期货交易所规则申请套期保值头寸或套利头寸。套期保值头寸或套利头寸的确定以期货交易所批准的为准。

第九节 信息、培训与咨询

第七十二条 甲方应当在其营业场所或者网站向乙方提供国内期货市场行情、信息及与交易相关的服务。

甲方提供的任何关于市场的分析和信息仅供乙方参考，不构成对乙方下达指令的指示、诱导或者暗示。

乙方应当对自己的交易行为负责，不能以根据甲方的分析或者信息入市为理由，要求甲方对其交易亏损承担责任。

第七十三条 甲方可以以举办讲座、发放资料及其他方式

D11097

向乙方提供期货交易知识和交易技术的培训服务。乙方有权向甲方咨询有关期货交易的事项，甲方应予以解释。

第七十四条 乙方应当及时了解期货监管部门及相关期货交易所的法律、法规和规则，并可要求甲方对上述内容进行说明。

第七十五条 乙方有权查询自己的交易记录，有权了解自己的账户情况，甲方应当给予积极配合。

第七十六条 有关甲方期货从业人员的信息可以通过中国期货业协会网站（www.cfachina.org）的期货从业人员执业资格公示数据库进行查询。甲方应当在其营业场所提供必要的设备，以便乙方登录中国期货业协会网站查询期货从业人员资格公示信息。

第十节 费　　用

第七十七条[①] 乙方应当向甲方支付期货合约交易、交割和期权合约交易、行权的手续费。手续费的收取标准按照甲方官方网站公示标准执行。该标准如有调整，双方同意以中国期货市场监控中心发布的交易结算单记载事项为准，接受并确认甲方设置的品种手续费收取标准。

遇新品种上市的，甲方应当以在官方网站公示的方式新品种手续费收取标准通知乙方，乙方若有异议，可在参与新品种交易前与甲方协商。乙方在协商一致前参与新品种交易的，视为同意甲方通知的手续费收取标准。

因期货交易所调整手续费收取标准，甲方相应调整手续费的，甲方通知乙方，乙方参与交易即视为同意该手续费收取标准。

第七十八条 甲方代乙方向期货交易所、结算机构支付的

---

①对于未约定手续费标准的新品种以及期货交易所调整收费标准的，合同约定甲方可以以一对多公示的方式，直接设置收费标准。

同时，合同还约定了若乙方对手续费标准有异议应先与甲方协商，若在协商前实际交易了新品种的，应视为同意甲方标准。

若每遇新品种都需由甲乙双方一一重新书面协商，将不利于合同的实现，此类约定更利于经纪业务开展的效率。

各项费用及税款最终由乙方承担，甲方直接从乙方期货账户中划转或扣除。

第十一节　合同生效与变更

第七十九条　本合同经双方签字后（乙方为机构客户的须加盖公章），于乙方开户资金汇入甲方账户之日起生效。

第八十条　本合同履行过程中，①如果相关法律、法规、规章、政策及期货交易所规则发生变化，甲方有权依照上述变化直接变更本合同与此相关部分的条款，变更或补充条款优先适用。

根据上述情况的变化，甲方对本合同有关条款进行的变更或补充，以本合同约定的通知方式或在甲方网站公告、甲方营业场所公示等方式向乙方发出，变更或补充协议于公示或公告发出之日生效。变更与补充协议生效之前，乙方有权与甲方进行协商。乙方有义务关注甲方公司网站、甲方营业场所公示。

第八十一条　除上条所述情况外，如需变更或者补充本合同，需双方协商一致并签订书面变更或者补充协议。变更或者补充协议经甲方授权的代表签字、加盖甲方公章，乙方或者其授权代理人签字（乙方为机构客户的还须加盖公章）后生效。变更或补充协议优先适用。

第八十二条　本合同履行过程中的未列明事宜，按国家有关法律、法规、规章、政策及相关期货交易所的规则、甲方相关业务规则以及期货交易惯例处理。

第十二节　合同终止与账户清算

第八十三条　甲乙双方均有权随时解除本合同，合同的解除对已发生的交易无溯及力。

①对于普适性的规定，合同条款约定以甲方公告为准，该合同约定有利于合同的实现。

对于个性化合同变更，合同条款约定与普通的合同变更要求相同，需要甲乙双方签署补充协议。

D11097

第八十四条 甲方向乙方提出解除合同的，应当提前七个交易日通知乙方。乙方未在此期间内自行清理账户的，甲方有权拒绝乙方的新单交易指令及资金调拨指令，乙方应对其账户清算的费用、清算后的债务余额以及由此造成的损失负全部责任。乙方期货账户为休眠账户且资金为零，或者期货交易所已撤销乙方的交易编码的，甲方有权直接解除本合同。

第八十五条 发生下列情形之一时，甲方有权通过平仓或执行质押物对乙方账户进行清算，并立即解除同乙方签订的合同：

（一）乙方被认定为期货市场禁入者；

（二）乙方未能以真实身份与甲方签署本合同或乙方未能提供真实开户证明文件的；

（三）乙方作为自然人已经死亡或丧失民事行为能力的；乙方作为法人发生经营期满、倒闭、停业、歇业、清算、被吊销法人资格、未进行或未通过相关部门的年检的；

（四）乙方违反社会公德，妨碍他人正常交易，严重影响甲方正常交易秩序；

（五）乙方被人民法院宣告进入破产程序；

（六）乙方在甲方的账户被诉讼保全、冻结或者扣划；

（七）乙方出现其他法定或者约定解除合同条件的情况。

乙方应对甲方进行账户清算的费用和清算后的债务余额以及由此造成的损失负全部责任。

第八十六条 乙方可以通过撤销账户的方式终止本合同。但在下列情况下，乙方不得撤销账户：

（一）乙方账户上持有未平仓合约或存在交割、行权遗留问题尚未解决；

（二）乙方与甲方有未清偿的债权、债务关系；

（三）乙方与甲方有交易纠纷尚未解决的；

（四）有关法律、法规或中国证监会、期货交易所规定的其他情形。

乙方撤销账户终止本合同的，应当办理书面销户手续。

第八十七条 甲方因故不能从事期货业务时，应当采取必要措施妥善处理乙方的持仓和保证金。经乙方同意，甲方应将乙方持仓和保证金转移至其他期货公司，由此产生的合理费用由甲方承担。

第十三节 免责条款

第八十八条 由于地震、火灾、战争等不可抗力因素导致的交易中断、延误等，甲方不承担责任，但应当在条件允许的范围内采取一切必要的补救措施以减少因不可抗力造成的损失。

第八十九条 由于国家有关法律、法规、规章、政策或者期货交易所规则的改变、紧急措施的出台等导致乙方所承担的风险，甲方不承担责任。

第九十条 由于通信系统繁忙、中断，计算机交易系统故障，网络及信息系统故障，电力中断等原因导致指令传达、执行或行情出现延迟、中断或数据错误，甲方没有过错的，甲方不承担责任。

第九十一条 由于互联网上黑客攻击、非法登录等风险的发生，或者用于网上交易的计算机或移动终端感染木马、病毒等，从而给乙方造成的损失，甲方不承担责任。

第十四节 争议解决

第九十二条 凡因本合同引起的或与本合同有关的任何违约与侵权争议，甲乙双方可以自行协商解决或向中国期货业协会或期货交易所申请调解，协商或调解不成的，可以提请仲裁

D11097

或者提起诉讼，也可以直接提请仲裁或者提起诉讼。

甲乙双方协商按下列选择提请仲裁或提起诉讼（注：请在选项前□内打“√”并填写有关内容，在非选项前□内打“×”）：

□ 提请____________仲裁委员会仲裁；

□ 向____________人民法院起诉。

第十五节　其　　他

第九十三条　甲方应按照中国证监会的规定，及时办理乙方登录中国期货市场监控中心交易者查询系统的相关事宜。

第九十四条　本合同所称“期货交易所”是指经中国证监会批准进行期货交易的交易场所。

第九十五条　甲乙双方签订的《期货经纪合同》以及相关附件，其权利义务只涉及甲乙双方。乙方不得利用在甲方开立的账户，以甲方工作人员的身份活动，通过网上交易或其他形式开展期货经纪业务或其他活动。若因乙方过错而使甲方遭受损失和不良影响的，乙方应当承担相应的民事和刑事责任。

第九十六条　《期货交易风险说明书》《客户须知》《开户申请表》（自然人）《开户申请表》（机构）《术语定义》《手续费标准表》《期货交易委托代理人授权书》《电话交易委托协议》《银期转账协议书》《期货经纪合同补充协议（期权交易）》及甲乙双方在期货经纪业务存续过程中所签署的其他文件均为本合同不可分割的组成部分，与本合同具有同等法律效力。

第九十七条　本合同一式叁份，甲方执贰份，乙方执壹份。

甲方（期货公司名称）：______________________________

授权签字：____

（盖章）

乙方：________________________________

授权签字（机构）：________________________________

（机构加盖公章）

签署日期：______年______月______日

D11097

附件一　期货投资者开户申请表（自然人）

<table>
<tr><td colspan="6">一、会员信息</td></tr>
<tr><td>会员名称</td><td colspan="5">__________期货有限公司</td></tr>
<tr><td rowspan="2">期货公司会员号</td><td>上海期货交易所</td><td></td><td colspan="2">大连期货交易所</td><td></td></tr>
<tr><td>郑州期货交易所</td><td></td><td colspan="2">中国金融期货交易所</td><td></td></tr>
<tr><td colspan="6">二、客户基本信息</td></tr>
<tr><td>姓名</td><td></td><td>性别</td><td>□男　□女</td><td>年龄</td><td></td></tr>
<tr><td>国籍</td><td></td><td>是否从事过期货交易</td><td colspan="3">□是　□否</td></tr>
<tr><td>证件类型</td><td>□身份证
□其他______</td><td>证件号码</td><td></td><td>证件到期日</td><td></td></tr>
<tr><td colspan="6">三、期货交易委托信息</td></tr>
<tr><td>指令下达人</td><td colspan="5">□同客户本人
□在《期货交易委托代理人授权书》中约定</td></tr>
<tr><td>资金调拨人</td><td colspan="5">□同客户本人
□在《期货交易委托代理人授权书》中约定</td></tr>
<tr><td>结算单确认人</td><td colspan="5">□同客户本人
□在《期货交易委托代理人授权书》中约定</td></tr>
</table>

续表

四、期货结算账户	
期货保证金存管银行名称（明确具体网点）	期货结算账号
____________银行	
____________银行	
____________银行	
备注：期货结算银行为以下银行：工商银行、农业银行、中国银行、建设银行、交通银行、浦发银行、光大银行、民生银行、兴业银行、招商银行。	
声明：以上为本人登记的用于期货交易出入金的银行结算账户，本人在期货公司的出入金均通过以上账户办理。 本人声明，如未通过期货公司直接到银行办理增加或变更银期转账账户的，期货公司可以默认该账户为本人用于期货交易出入金的银行结算账户。	

五、客户密码通知书			
您在本公司网上交易委托系统的初始交易密码和初始资金密码已告知您本人，请您及时修改您的初始密码并妥善保管，以防您的资金受损。			
资金账号		初始交易、资金密码	证件号码的后6位数字
中国期货市场监控中心查询系统用户名	用户名：______	中国期货市场监控中心查询系统初始密码	

D11101

续表

六、风险承受能力调查问卷	
本问卷旨在了解您可承受的风险程度等情况，借此协助您选择合适的金融产品和金融服务类别，以符合您的风险承受能力。 本公司特别提醒您：本公司向投资者履行风险承受能力评估等适当性职责，并不能取代您自己的投资判断，也不会降低金融产品和金融服务的固有风险。同时，与金融产品和金融服务相关的投资风险、履约责任以及费用等将由您自行承担。您应当如实提供相关信息及证明材料，并对所提供的信息和证明材料的真实性、准确性、完整性负责。建议：当您的各项状况发生重大变化时，需对您所投资的金融产品及时进行重新审视，以确保您的投资决定与您可承受的投资风险程度等实际情况一致。	
1. 您的年龄是： A.18 ～ 30 岁　　B.31 ～ 45 岁　　C.46 ～ 55 岁 D.56 ～ 65 岁　　E.65 岁以上	
2. 您的最高学历是： A. 高中或以下　　B. 大学专科 C. 大学本科　　D. 硕士及以上	
3. 您所从事的行业： A. 旅游　B. 影视娱乐　C. 批发零售业　D. 废品收购　E. 博彩　F. 艺术品收藏　G. 拍卖　H. 餐饮业　I. 娱乐场所　J. 房地产、建筑业　K. 教育、卫生、社会保障和社会福利业　L. 金融　M.IT 业　N. 文化、体育　O. 传媒业　P. 公共管理和社会组织　Q. 制造业、交通运输、仓储和邮政业　R. 住宿、租赁、中介业、商务服务业　S. 离岸公司　T. 典当、珠宝行业　U. 广告、会展　V. 人力资源　W. 财务、会计　X. 采购、贸易　Y. 技工、操作工 Z. 医院、医疗	
4. 您的家庭年收入情况： A. 小于 5 万元　　B.5 万元至 10 万元　　C.10 万元至 50 万元 D.50 万元至 100 万元　　E. 大于 100 万元	

续表

5. 您的期货专业知识及投资经验： A. 非常丰富：我是一位非常有经验的投资者，参与过权证、期货或创业板等高风险产品的交易 B. 丰富：我是一位有经验的投资者，参与过股票、基金等产品的交易，并倾向自己做出投资决策 C. 一般：除了银行活期账户和定期存款外，我购买过基金、保险等理财产品，但还需要进一步指导 D. 有限：除了银行活期账户和定期存款外，我基本没有投资经验	
6. 您投资的主要依据是： A. 朋友推荐　B. 专家建议结合盘面走势 C. 基本面和技术面分析	
7. 您资产配置（不包括自有房屋）情况是： A. 主要为储蓄存款（活期存款和定期存款）　B. 主要为较稳定投资收益（国债、货币基金） C. 混合型（储蓄存款、股票或基金）　D. 高收益型（期货、股票）	
8. 您家庭预计进行期货投资的资金占家庭现有总资产（不含自住、自用房产及汽车等）的比例是： A.10% 以下　B.10% ～ 30%　C.30% ～ 50% D.50% ～ 70%　E.70% 以上	
9. 当您进行投资时，您的首要目标是： A. 实现资产大幅增长，愿意承担较高风险　B. 产生更多收益，可以承担一定投资风险　C. 尽可能保证本金安全，不介意较低收益率　D. 资产保值，不愿承担投资风险	
10. 当您进行投资时，您的投资习惯是： A. 选择投资较为熟悉的品种　B. 选择投资波动较大的品种	
11. 您认为自己能够承受的最大损失为： A.10% 以下　B.10% ～ 30%　C.30% ～ 50%　D.50% 以上	
12. 出现风险时，后续资金是否充足： A. 是　B. 否	

D11101

续表

13. 您用于期货投资的大部分资金不会用作其他用途的时间段为： A.5 年以上　　B.1 年到 5 年　　C.1 年以内		
14. 有一位投资者一个月内做了 15 笔交易（同一个品种买卖计 1 笔），您认为这样的频率： A. 过高　　B. 偏高　　C. 正常　　D. 偏低		
七、客户联系方式确认及承诺		
地址：__________省___________市____县 / 区________________ 邮编：__________电话：______________手机：________________ 电子邮箱：________________传真：__________________________ 本人指定以上通信地址、电话号码、传真号码、电子邮箱地址等作为本人 / 机构给____________通知、报告和确认送达等往来的有效地址和号码。 本人承诺《____________期货投资者开户申请表》所有信息均为本人 / 机构真实信息，确认收到《客户密码通知书》。本人 / 机构有能力承担风险，并保证资金来源的合法性和所提供资料的真实性、有效性。 客户签字（签字留样）：__________________________________ 申请日期：______年______月______日		
八、提示		
1. 客户开立账户必须提供身份证明及相关证明文件，并保证证明文件有效性。 2. 填表人明确此份申请表是客户开户必备法律文件之一，您需保证提供的证件和以上填写内容的真实性，并在上述填写内容发生变化是及时通知本公司，否则由此造成的信息接收延误以及其他后果，由客户自行承担。		
____________期货有限公司审核栏		
营业部初审签字：	营业部复审签字：	
总部初审签字：	总部复审签字：	
期货公司盖章	审批日期：______年______月______日	

附件二　期货投资者开户申请表（机构）

文本正文：http://www.fatianshi.cn/D11100

<table>
<tr><td colspan="5">一、会员信息</td></tr>
<tr><td>会员名称</td><td colspan="4">____________期货有限公司</td></tr>
<tr><td rowspan="2">期货公司会员号</td><td>上海期货交易所</td><td></td><td>大连期货交易所</td><td></td></tr>
<tr><td>郑州期货交易所</td><td></td><td>中国金融期货交易所</td><td></td></tr>
</table>

<table>
<tr><td colspan="8">二、客户基本信息</td></tr>
<tr><td>机构全称</td><td colspan="3"></td><td>经营范围</td><td></td><td>注册资本</td><td></td></tr>
<tr><td>法定代表人/负责人</td><td></td><td>证件类型</td><td>□身份证
□其他</td><td>证件号码</td><td></td><td>证件到期日</td><td></td></tr>
<tr><td>开户代理人</td><td></td><td>证件类型</td><td>□身份证
□其他</td><td>证件号码</td><td></td><td>证件到期日</td><td></td></tr>
<tr><td>控股股东/实际控股人</td><td></td><td>证件类型</td><td>□身份证
□营业执照
□其他</td><td>证件号码</td><td></td><td>证件到期日</td><td></td></tr>
<tr><td>营业执照号(副本)</td><td></td><td>证件到期日</td><td></td><td>组织机构代码证号</td><td></td><td>证件到期日</td><td></td></tr>
</table>

D11100

续表

统一社会信用代码号		证件到期日		税务登记证号		证件到期日	

三、期货交易委托信息	
指令下达人	□同开户代理人 □在《期货交易委托代理人授权书》中约定
资金调拨人	□同开户代理人 □在《期货交易委托代理人授权书》中约定
结算单确认人	□同开户代理人 □在《期货交易委托代理人授权书》中约定

四、期货结算账户	
期货保证金存管银行名称（明确具体网点）	期货结算账号
1.__________银行	
2.__________银行	
3.__________银行	

备注：期货结算银行为以下银行：工商银行、农业银行、中国银行、建设银行、交通银行、浦发银行、光大银行、民生银行、兴业银行、招商银行。

声明：以上为本单位登记的用于期货交易出入金的银行结算账户，本单位在期货公司的出入金均通过以上账户办理。
本人声明，如未通过期货公司直接到银行办理增加或变更银期转账账户的，期货公司可以默认该账户为本单位用于期货交易出入金的银行结算账户。

五、客户密码通知书
您在本公司网上交易委托系统的初始交易密码和初始资金密码已告知您本人，请您及时修改您的初始密码并妥善保管，以防您的资金受损。

续表

资金账号		初始交易、资金密码	营业执照号 / 统一社会信用代码号后 6 位数字
中国期货市场监控中心查询系统用户名		中国期货市场监控中心查询系统初始密码	
六、风险承受能力调查问卷			
问卷旨在了解贵单位可承受的风险程度等情况，借此协助贵单位选择合适的金融产品和金融服务类别，以符合贵单位的风险承受能力。本公司特别提醒贵单位：本公司向投资者履行风险承受能力评估等适当性职责，并不能取代贵单位自己的投资判断，也不会降低金融产品和金融服务的固有风险。同时，与金融产品和金融服务相关的投资风险、履约责任以及费用等将由贵单位自行承担。您应当如实提供相关信息及证明材料，并对所提供的信息和证明材料的真实性、准确性、完整性负责。建议：当您的各项状况发生重大变化时，需对您所投资的金融产品及时进行重新审视，以确保您的投资决定与您可承受的投资风险程度等实际情况一致。			
1. 贵单位的性质： A. 国有企事业单位　　B. 非上市民营企业 C. 外资企业　　D. 上市公司			
2. 贵单位的净资产规模为： A.500 万元以下 B.500 万元～ 2000 万元 C.2000 万元～ 1 亿元　　D. 超过 1 亿元			
3. 贵单位是否具有现货背景： A. 是　　B. 否			
4. 贵单位前两年经营状况： A. 盈利　　B. 亏损			

D11100

续表

5. 贵单位拟投入资金（占自有资金比例）： A.80% 以上 B.30% ～ 80% C.30% 以下	
6. 贵单位期货专业知识及投资经验情况： A. 无投资经验，对期货不了解 B. 有一定的期货投资经验，交易人员具备一般专业知识 C. 有一定的证券投资经验或参与过期货模拟交易，交易人员具有丰富专业知识	
7. 贵单位投资的主要依据： A. 个人投资经验 B. 基本面和技术面分析	
8. 贵单位的投资交易目的： A. 投机，赚取价差 B. 套期保值 C. 混合型（投机与保值）	
9. 贵单位的投资习惯： A. 选择投资波动较大的品种 B. 选择投资较为熟悉的品种	
10. 贵单位的投资目标： A. 可以承担少量风险，本金基本安全，并获得略高于银行存款的收益率 B. 为了获取一定的收益（如 20%），可承担一定的风险，但要控制在可接受的范围内 C. 如果能获取相当高的收益（如 50% 以上），再大的风险也愿意承担	

续表

七、客户联系方式确认及承诺	
地址：____________________________________ 邮编：____________电话：____________手机：____________ 电子邮箱：____________传真：____________ 本机构指定以上通信地址、电话号码、传真号码、电子邮箱地址等作为本人 / 机构给____________通知、报告和确认送达等往来的有效地址和号码。 本机构承诺《____________期货投资者开户申请表》所有信息均为本人 / 机构真实信息，确认收到《客户密码通知书》。本人 / 机构有能力承担风险，并保证资金来源的合法性和所提供资料的真实性、有效性。 法定代表人 / 被授权人签字（签字留样）： 加盖公章：　　　　　　申请日期：______年______月______日	
八、提示	
1. 客户开立账户必须提供身份证明及相关证明文件，并保证证明文件行、有效性。 2. 填表人明确此份申请表是客户开户必备法律文件之一，您需保证提供的证件和以上填写内容的真实性，并在上述填写内容发生变化是及时通知本公司，否则由此造成的信息接收延误以及其他后果，由客户自行承担。	
____________期货有限公司审核栏	
营业部初审签字：	营业部复审签字：
总部初审签字：	总部复审签字：
期货公司盖章　　　　　　审批日期：______年______月______日	

D11100

附件三　期货经纪合同补充协议（期权）

文本正文：http://www.fatianshi.cn/D11102

甲方：______________________________

乙方：（资金账号）______________________

根据交易所的相关规则，甲乙双方经过友好协商，就期权交易事项达成如下协议，作为双方《期货经纪合同》的补充：

第一条　在签署本协议前，甲方已向乙方出示了《期权交易风险揭示书》，并充分揭示了期权交易的风险。乙方已仔细阅读、了解并理解了上述文件的内容。

第二条　甲方根据中国证监会和交易所规定对乙方进行期权交易适当性评估，乙方有义务提供真实、完整、有效的证明材料，通过甲方评估后方能进行期货合约交易或期权合约交易。乙方参与交易后不能以不符合适当性制度为由拒绝承担期货交易的结果。

乙方不符合中国证监会、交易所期权投资者适当性要求的，甲方有权限制乙方期货账户全部或部分功能，直至解除双方签署的期货经纪合同及补充协议。

乙方为特殊单位客户及做市商的，参与期权交易应当遵守中国期货市场监控中心和期货交易所关于特殊单位客户及做市商开户的规定。

第三条　乙方参与期权交易的，应当认真阅读期货交易所关于期权交易的基础知识、法律法规、期货交易所规则甲方有关期权交易的规定，充分了解期权交易风险，全面评估自身的经济实力、产品认知能力、风险控制能力、生理及心理承受能力（仅对自然人而言）等，审慎决定是否参与期权交易，并按照期权适当性制度的要求申请期权交易权限。

第四条　乙方下达的期权合约交易指令应当包括乙方账号（或交易编码）、交易方向、品种、数量、合约月份及年份、合约标的物、开平仓方向、行权价格、期权类型、权利金、行权或放弃行权等内容。

甲方有权审核乙方的交易指令，包括但不限于保证金是否充足，指令内容是否明确，是否违反有关法律法规和期货交易规则等，以确定指令的有效性。当确定乙方的指令为无效指令时，甲方有权拒绝执行乙方的指令。

甲方通过统一计算乙方期货账户内期货和期权未平仓合约的资金风险率和交易所风险率等风控指标（或者其他风险控制方式）来计算乙方期货交易的风险。

风险率的计算方法为：

风险率 =（持仓保证金 + 期权浮动保证金）÷ 客户权益 ×100%

交易所风险率 =（交易所标准持仓保证金 + 交易所标准期权浮动保证金）÷ 客户权益 ×100%

甲乙双方约定，持仓保证金是指乙方按照甲方规定的保证金收取比例应当交存的持仓保证金。交易所标准持仓保证金是指按交易所规定应当交存的持仓保证金。

期权浮动保证金 = 期权实时保证金 − 期权上一交易日结算保证金

交易所标准期权浮动保证金 = 交易所标准期权实时保证金 − 交易所标准期权上一交易日结算保证金

D11102

客户权益 = 上日结存 + 出入金 + 平仓盈亏 + 权利金收支 + 浮动（持仓）盈亏 – 手续费 + 其他

甲方对乙方在不同期货交易所的未平仓合约统一计算风险。

第五条 对于乙方在最后交易日闭市前 10 分钟未成交的期权卖出平仓委托指令，经测算为实值期权且没有充足保证金的，甲方有权对乙方的未成交委托指令进行撤单处理，乙方应承担此撤单操作所产生的后果。

第六条 在期权合约交易中乙方应当按照期货交易所的相关要求进行平仓和行权。对于符合行权条件的期权合约，在买方提出行权时或按交易规则应行权的，乙方作为卖方有义务履行。

第七条 乙方作为期权买方申请行权的，应提前准备行权所需的资金（包括行权手续费和相应期货合约持仓的交易保证金等），并通过甲方向交易所提出行权申请，甲方审核乙方资金是否充足，在交易所规定的时间内，决定是否向交易所申报乙方的行权申请。对因乙方资金不足等原因造成行权失败的后果由乙方承担。乙方作为期权卖方履约的，依照规定履约后，若出现保证金不足、持仓超限等情况的，应承担由此被强行平仓的后果。

第八条 期权到期日行权，乙方应充分了解期权到期日的行权及放弃行权规则，并妥善处理到期日期权合约持仓，收盘前保证账户内资金足够行权所需要资金（包括行权手续费和相应期货合约持仓的交易保证金等）。

乙方应当于到期日收盘前对到期的期权持仓进行平仓、行权或放弃处置，否则甲方有权对该期权持仓进行处理。对于实值期权且乙方账户内保证金不足的，甲方有权拒绝乙方的行权申请，乙方应承担由此产生的后果。

第九条　乙方可按照交易所规定对没有买卖报价的期权合约进行询价。询价请求应当指明期权合约代码，不需要输入买卖方向和手数。询价时间间隔不应低于60秒，且交易所不接受对已存在合理报价的合约进行询价。

第十条　行权通知、卖方履约及卖方违约的处理办法依照相关期货交易所和甲方的期权业务规则执行。

乙方应当向甲方支付期货合约交易、交割和期权合约交易、行权（履约）的手续费。手续费的收取标准按照双方约定标准执行。

遇因交易所根据市场情况调整手续费收取标准，甲方相应调整手续费的，甲方应当以本合同约定的方式通知乙方，乙方参与交易即视为同意该手续费收取标准。

第十一条　乙方可以通过撤销账户的方式终止本合同。但在下列情况下，乙方不得撤销账户：

（一）乙方账户上持有未平仓合约或存在交割、行权（履约）遗留问题尚未解决；

（二）乙方与甲方有未清偿的债权、债务关系；

（三）乙方与甲方有交易纠纷尚未解决的；

（四）乙方银期转账关系未解除；

（五）有关法律、法规或中国证监会、期货交易所规定的其他情形。

乙方撤销账户终止本合同的，应当办理书面销户手续。

第十二条　本协议如遇与法律、法规、规则及监管部门政策以及交易所规则相冲突时，以相关法律、法规、规则及监管部门政策以及交易所规则为准。

第十三条　本补充协议（含期权交易风险揭示书、术语定义）为期货经纪合同不可分割的组成部分，与期货经纪合同具

D11102

有同等法律效力。本协议与期货经纪合同不一致之处，以本协议为准。本协议未规定事宜，按照期货经纪合同执行。

第十四条 本协议一式叁份，甲方执贰份，乙方执壹份，自甲方盖章、乙方签字（乙方为机构客户的须加盖公章）之日起生效。

甲方（期货公司名称）：________________

授权签字：________________

（盖章）

乙方：________________

授权签字（机构）：________________

（机构加盖公章）

签署日期：______年______月______日

附件四　客户须知

文本正文：http://www.fatianshi.cn/D11103

一、客户须具备的开户条件

客户应是具备从事期货交易主体资格的自然人、法人或其他经济组织。

自然人开户须具有完全民事行为能力。

客户必须以真实的、合法的身份开户。客户须保证资金来源的合法性。客户须保证所提供的营业执照、组织机构代码证、身份证件及其他有关资料的真实性、合法性、有效性。

二、开户文件的签署

自然人开户的，必须由客户本人签署开户文件，不得委托代理人代为办理开户手续。

法人、其他经济组织等机构客户开户的，可委托代理人办理开户手续、签署开户文件。委托代理人开户的机构客户应当向公司提供真实、合法、有效的开户代理人授权委托书及其他资料。

特殊单位客户开户的，应当遵守中国期货市场监控中心和各期货交易所关于特殊单位客户开户的规定。

三、客户须知晓的事项

（一）知晓期货交易风险

客户应当知晓从事期货交易具有风险，全面评估自身的经济实力、产品认知能力、风险控制能力、生理及心理承受能力等，仔细阅读并签字确认《期货交易风险说明书》。

D11103

（二）知晓期货公司不得做获利保证

客户应当知晓期货交易中任何获利或者不会发生损失的承诺均为不可能或者是没有根据的，期货公司不得与客户约定分享利益或共担风险。

（三）知晓期货公司不得依据本合同接受客户的全权委托

客户应当知晓期货公司及其工作人员不得依据本合同接受客户的全权委托，客户也不得要求期货公司或其工作人员依据本合同以全权委托的方式进行期货交易。全权委托指期货公司代客户决定交易指令的内容。

（四）知晓客户本人必须对其代理人的代理行为承担民事责任

客户代理人是基于客户的授权，代表客户实施民事行为的人，代理人在代理权限内以客户名义进行的行为即视为客户自己的行为，代理人向客户负责，客户对代理人代理行为的后果承担一切责任。

（五）知晓从业人员资格公示网址

有关期货公司期货从业人员的信息可以通过中国期货业协会网站（www.cfachina.org）的期货从业人员执业资格公示数据库进行查询和核实。

（六）知晓期货保证金安全存管的有关规定

为保障期货保证金的安全，客户应当知晓并遵守中国证监会有关期货保证金存取的规定，应当确保将资金直接存入中国期货市场监控中心公告的期货公司的期货保证金账户，期货保证金的存取应当通过客户在期货公司登记的期货结算账户和期货公司的期货保证金账户转账办理。

（七）知晓期货公司的期货保证金账户和结算资料的查询网址

客户可以登录中国期货市场监控中心网站（www.cfmmc.com 或 www.cfmmc.cn），了解有关期货公司的期货保证金账户信息以及期货公司为客户提供的结算信息，并妥善处理自己的资金和交易持仓。

（八）知晓应当妥善保管密码

客户应当妥善保管自己的交易密码、资金密码、期货市场监控中心密码及其他与期货交易相关的密码，凡使用密码进行的所有操作均视为客户本人的操作，客户必须承担由于管理不善造成密码泄露所带来的损失。因初始密码未及时修改造成的一切损失，均由客户承担。

（九）知晓并遵守期货交易所有关异常交易、实际控制关系账户的规定

客户应当知晓并遵守期货交易所对自买自卖（自成交）、频繁报撤单及其他异常交易行为和实际控制关系账户的有关规定。

客户符合交易所实际控制关系账户认定标准的，应当主动通过期货公司向交易所如实申报实际控制关系，提交相关材料，并在实际控制关系发生变更后 5 个工作日内申报相关信息的变更情况。

交易所对存在异常交易行为的客户采取有关监管措施或者做出相关书面决定的，通过期货公司向客户发出，客户需保证与期货公司的有效联系，并积极配合监管要求，杜绝异常交易。

客户违反上述规定，经期货公司提醒、劝阻、制止无效时，期货公司有权采取提高交易保证金、限制开仓、强行平仓、限制出金、拒绝客户委托或者终止经纪关系等措施，由此造成的一切损失，均由客户承担。

D11103

（十）知晓信息公示平台

客户应当知晓中国证监会指定中国期货业协会网站为期货公司信息公示平台。

客户可以通过中国证监会指定的期货公司信息公示平台（www.cfachina.org）或本公司网站（www.×××.com）查询和核实公司及分支机构的基本情况、高级管理人员及从业人员信息、公司股东信息、诚信记录等信息以及中国证监会规定的其他信息。

（十一）知晓并遵守期货交易所持仓限额、交易限额规定

客户应当知晓并遵守期货交易所对期货合约与期权合约的持仓限额、交易限额的有关规定。

客户违反上述规定，可能被采取限制开仓、强行平仓等措施，由此造成的一切损失，均由客户承担。

（十二）知晓期货公司的通知方式

客户知晓并同意期货公司可以通过以下任意一种或多种方式对外发布与风险揭示、交易、结算等有关的重大事项：中国期货市场监控中心、公司网站、电子信箱、电话、网上交易客户端、网上行情系统、邮寄、手机短信等方式。

（十三）知晓居间人的职责范围

客户应当知晓居间人是受期货公司或客户的委托，为双方提供订立期货经纪合同中介服务的自然人或法人，双方或者一方可以向其支付报酬。

居间人是独立于期货公司和客户的法律主体，不属于期货公司工作人员。居间人独立承担基于居间关系所产生的民事责任，期货公司对其行为不承担任何责任。

居间人不得代客理财，客户不得与居间人签订全权委托协议，授权居间人代为操作期货账户；居间人不得为客户的指令下

达人、资金调拨人和结算单确认人。

（十四）知晓并遵守期货交易所和期货公司有关连续交易的业务规则

客户参与连续交易的，应当认真阅读期货交易所关于连续交易的业务规则及期货公司有关连续交易的规定，充分了解并遵守连续交易在交易时间、开户、资金划拨、风险控制、应急处置等方面的特殊规定。

参与连续交易是指客户在日盘收市后持有连续交易品种头寸或在连续交易期间买卖连续交易品种合约。

（十五）知晓从事中间介绍业务证券公司的有关规定

证券公司从事中间介绍业务限于以下服务内容：

1. 协助办理开户手续；

2. 提供期货行情信息、交易设施；

3. 协助期货公司向客户提示风险；

4. 中国证监会规定的其他服务。

从事中间介绍业务的证券公司不得代理客户进行期货交易、结算或交割，不得代期货公司、客户收付期货保证金，不得利用证券资金账户为客户存取、划转期货保证金，不得代客户下达交易指令，不得利用客户的交易编码、资金账号或者期货结算账户进行期货交易，不得代客户接收、保管或者修改交易密码，不得为客户从事期货交易提供融资或担保。

（十六）知晓反洗钱、反恐融资、反逃税法律法规的有关规定

客户应当知晓不得利用期货账户从事洗钱或恐怖融资活动、不得有逃税行为，知晓期货公司作为金融机构承担反洗钱、反恐融资、反逃税义务，客户应积极配合期货公司开展反洗钱、反恐融资、反逃税工作，包括但不限于客户身份识别、可疑交

D11103

易报告、风险等级划分、账户实际控制关系申报等。

客户存在洗钱、恐怖融资或逃税行为的，需要承担法律责任，构成犯罪的，将被追究刑事责任。

（十七）知晓投资者适当性制度的有关规定

期货公司根据法律法规、行业自律规则的各项要求对客户进行适当性评价。评价结果不构成对客户的投资建议，不构成对客户的获利保证。客户不得以不符合适当性标准为由拒绝承担期货交易结果。

（十八）知晓有关休眠账户的规定

客户应当知晓并遵守证监会有关休眠账户的规定。客户账户被认定为休眠账户的，将被限制开新仓交易权限，如需转化为非休眠账户，应按照规定申请激活。

休眠账户是指同时符合开户时间一年以上、最近一年以上无持仓、最近一年以上无交易（含一年）、结算后客户权益在1000元以下（含1000元）4个条件的账户。

（十九）知晓网上交易风险

客户应当知晓网上交易具有特殊风险，应当积极采取安全措施，加强账户、密码保护；应当定期维护电脑和互联网设备、采用防病毒及防木马软件产品、准备备用委托交易手段等。客户知晓期货公司根据国家相关法律法规的规定，已对网上委托系统采取了有效措施保护投资者资料和委托过程的安全。

（二十）知晓客户委托理财的有关规定

客户应当知晓，期货委托理财（又称代客理财），是指投资者作为委托方，为实现委托资金增值的目的，以特定的条件，将资金委托他人（受托方）进行期货交易的行为。客户应当认识到从事期货交易或委托理财业务可能导致财产损失风险，慎重对待委托理财中的高额回报承诺。

客户从事期货委托理财前，应对以下事项认真审查，必要时，应聘请专业人士出具意见：

1. 受托方的信誉、资质和能力；

2. 期货委托理财的合同或协议条款，是否公平合理、符合国家法律规章的规定，是否存在欺诈性条款，尤其应关注损失或收益的界定、是否存在资金被转移的风险等。

客户从事期货委托理财时，还应注意以下事项：

1. 经常了解期货账户的权益变化、了解受托方的交易过程以及该过程是否符合委托理财合同的约定。

2. 期货账户应当遵守期货交易所和我公司的相关规定，同时，客户有义务配合期货交易所和我公司的规范要求及监管措施。

（二十一）知晓不得参与期货市场非法配资活动

客户应当知晓非法配资活动违反了期货市场有关开户管理、账户实名制、期货经纪业务等方面的法律法规。

客户参与非法配资活动的，期货公司有权采取拒绝客户委托或者终止经纪关系等措施，并向中国证监会及其派出机构报告，由此造成的一切损失，均由客户承担。

（二十二）知晓非法期货交易的危害及风险，不得从事非法期货交易

客户应当知晓，非法期货活动是指《期货交易管理条例》规定的非法设立期货交易场所或者以其他形式组织期货交易活动，以及非法设立期货公司或者以其他形式擅自从事期货业务。

客户应当知晓非法期货交易的危害及风险，不得利用期货公司通道进行非法期货活动。客户在期货公司开立的期货账户仅供本人（机构）使用，不得将期货账户提供给他人使用或者

D11103

用于非法期货活动，如出现直接、间接参与非法期货交易行为，应自行承担相应法律责任并对因参与非法期货活动所造成的损失负全部责任。

以上《客户须知》的各项内容，本人/单位已阅读并完全理解。

____。

（请抄写以上画线部分内容）

客户签字：______________________________

（机构加盖公章）：__________________________

签署日期：______年______月______日

附件五　术语定义

文本正文：http://www.fatianshi.cn/D11104

1. 持仓指客户开仓后尚没有平仓的期货合约、期权合约。

2. 交割指合约到期时，按照期货交易所的规则和程序，交易双方通过该合约所载标的物所有权的转移，或者按照规定结算价格进行现金差价结算，了结到期未平仓合约的过程。

3. 交易指令指客户下达给期货公司的指令，期货合约交易指令一般包括乙方账号（或交易编码）、交易品种、合约到期月份、开平仓、买卖方向、数量、买卖价格等内容。期权合约交易指令一般包括乙方账号（或交易编码）、交易方向、品种、数量、合约月份及年份、合约标的物、开平仓方向、行权价格、期权类型、权利金、行权或放弃行权等内容。

4. 结算指根据期货交易所公布的结算价格对买卖双方的交易结果进行的资金清算和划转。

5. 结算账户指客户在期货结算银行开立的用于期货交易出入金的银行账户。

6. 开仓指客户新买入或新卖出一定数量的期货合约。

7. 连续交易指除日盘之外由期货交易所规定交易时间的交易，开展连续交易的期货合约由期货交易所另行规定。连续交易的交易日指从前一个工作日的连续交易开始至当天日盘结束。

8. 平仓指期货客户买入或者卖出与其所持合约的品种、数量和交割月份相同但交易方向相反的合约，了结期货交易的行为。

D11104

9. 期货保证金指客户按照规定标准交纳的资金或者提交的价值稳定、流动性强的标准仓单、国债等有价证券，用于结算和保证履约。

10. 期货保证金账户指期货公司在期货保证金存管银行开立的用于存放和管理客户保证金的专用存管账户，包括期货公司在期货交易所所在地开立的用于与期货交易所办理期货业务资金往来的专用资金账户。

11. 期货交易指采用公开的集中交易方式或者中国证监会批准的其他方式进行的以期货合约或者期权合约为交易标的的交易活动。

12. 期权，也称为选择权，是指期权的买方有权在约定的期限内，按照事先确定的价格，买入或卖出一定数量某种特定商品或金融工具的权利。

13. 期权合约，是指交易所统一制定的、规定买方有权在将来某一时间以特定价格买入或者卖出约定标的物的标准化合约。本合同所称的期权合约标的物为交易所上市交易的期货合约。

期权合约类型按照买方在行权时买卖期货合约权利的不同，分为看涨期权和看跌期权。看涨期权是指买方有权在将来某一时间以特定价格买入标的期货合约，而卖方需要履行相应义务的期权合约。看跌期权是指买方有权在将来某一时间以特定价格卖出标的期货合约，而卖方需要履行相应义务的期权合约。

期权合约根据期权合约行权价格与标的期货合约价格之间的关系，分为平值期权、实值期权和虚值期权。平值期权是指行权价格等于标的期货合约价格的期权合约。实值期权是指看涨（跌）期权的行权价格低于（高于）标的期货合约价格的期权合约。虚值期权是指看涨（跌）期权的行权价格高于（低于）标的期货合约价格的期权合约。

期权合约了结方式包括平仓、行权和放弃。平仓是指买入或者卖出与所持合约的品种、数量、月份、到期日、类型和行权价格相同但交易方向相反的合约，了结期权合约的方式。

14. 期权到期日，是指期权合约买方能够行使权利的最后交易日。

15. 权利金，是期权买方为获得期权行权权利所付给期权卖方的金额，即期权合约的价格。

16. 强行平仓指按照有关规定对会员或客户的持仓实行平仓的一种强制措施，其目的是控制期货交易风险。强行平仓分为两种情况：一是交易所对会员持仓实行的强行平仓；二是期货公司对其客户持仓实行的强行平仓。

17. 权益指客户期货账户中的资产总额，包括被合约占用的保证金以及未被合约占用的可用资金。

18. 日盘指期货交易所规定的相关期货合约在日间进行交易的时间。

19. 手续费指买卖期货合约、期权合约成交后及期货合约交割、期权合约行权完成后所支付的费用。

20. 套利指利用相关市场或相关合约之间的价差变化，在相关市场或相关合约上进行交易方向相反的交易，以期价差发生有利变化时同时将持有头寸平仓而获利的交易行为。

21. 套期保值指为了规避现货价格波动的风险，在期货市场上买进或卖出与现货商品或资产相同或相关、数量相等或相当、方向相反、月份相同或相近的期货合约，从而在期货和现货两个市场之间建立盈亏冲抵机制，以规避价格波动风险的一种交易方式。

22. 行权指期权买方在约定的未来某一日期行使与期权卖方买卖期权标的或标的对价的行为。行权方式，分为美式、欧式

D11104

以及交易所规定的其他方式。美式期权的买方在合约到期日及其之前任一交易日均可行使权利；欧式期权的买方只可在合约到期日当天行使权利。放弃指期权合约到期，买方以不行使权利了结期权持仓。

23. 行权价格指由期权合约规定的，买方有权在将来某一时间买入或者卖出标的期货合约的价格。

24. 做市商指经交易所审核批准，依照交易所的要求，为期权合约提供双边报价的特定客户。

附件六　期货交易委托代理人授权书

文本正文：http://www.fatianshi.cn/D11105

期货公司：

本人 / 单位授权下列人员办理本人 / 单位与期货相关的各项业务：

一、开户代理人（机构客户非法定代表人或负责人办理开户手续时填写）

代理权限：委托____________作为本单位的开户代理人，代表本单位与贵公司签署《期货经纪合同》及相关附属合同附件及补充协议

委托代理人（签字留样）：______________________________

证件类型：____

证件号码：____

联系电话：____

二、指令下达人（自然人、机构客户有指令下达人时填写）

代理权限：委托____________作为本人 / 单位的委托代理人，代表本人 / 单位下达交易及交割指令。

委托代理人（签字留样）：______________________________

证件类型：____

证件号码：____

联系电话：____

三、资金调拨人（自然人、机构客户有资金调拨人时填写）

代理权限：委托____________作为本人 / 单位的委托代理人，

D11105

代表本人 / 单位下达资金调拨指令。

委托代理人（签字留样）：________________

证件类型：________________

证件号码：________________

联系电话：________________

四、交易结算单确认人（自然人、机构客户有交易结算单确认人时填写）

代理权限：委托________作为本人 / 单位的委托代理人，代表本人 / 单位对交易结算结果进行确认。

委托代理人（签字留样）：________________

证件类型：________________

证件号码：________________

联系电话：________________

自本授权书签署之日起，被授权人在本授权书授予的权限内与贵公司发生的有关行为都是本人 / 单位意愿之体现，本人 / 单位将负全部责任，绝无异议。

委托人（自然人 / 法定代表人 / 负责人）签字：________

法人加盖公章：________________

______年______月______日

附件七　期权交易风险揭示书

文本正文：http://www.fatianshi.cn/D11106

尊敬的客户：

本风险揭示书只扼要陈述期权交易的风险，并未完全披露与期权交易相关的所有风险和其他重要事项。您必须完全理解期权交易性质以及您所面临的风险后，方能进行期权交易。您应当充分理解期权合约交易的全部交易规则、执行期权（行权）规则以及相关风险，并遵循“买卖自负”的金融市场原则，充分认识期权交易风险，自行承担交易结果。

一、您应当充分了解期权交易实行投资者适当性制度，您应当满足中国证监会、交易所关于投资者适当性管理的规定。根据投资者适当性制度对您的各项要求以及对您的综合评价结果，不构成对您的投资建议，也不构成对您投资获利的保证。您应根据自身判断做出投资决定，不得以不符合适当性标准为由拒绝承担期权交易结果和履约责任。

二、您应当充分了解到，期权合约交易采取权利金和保证金的交易方式，如您购买期权可能没有任何收益，甚至损失全部投资；如您卖出期权可能发生巨额损失，这一损失可能远大于该期权权利金，并可能超过您存放在期货公司的全部初始保证金以及追加保证金。

三、您应当充分了解到，在因市场行情波动剧烈出现单边涨跌停价格、投资者缺乏投资兴趣、流动性的变化或其他因素给某些合约市场的流动性、有效性、持续性等带来不利影响时，

D11106

您可能会难以或无法将持有的未平仓期货或期权合约平仓。如出现这类情况，您的所有保证金有可能无法弥补全部损失，您必须承担由此导致的全部损失。

四、您应当充分了解到，交易所可能会对期货合约或期权合约的交易和行权（履约）进行一些限制。交易所有权根据市场需要暂停期货合约或期权合约交易，如果标的期货合约暂停交易，对应期权合约交易也将暂停交易。

五、您应当充分了解到，期权合约交易可能面临平仓、行权、履约或期权到期放弃等几种后果，您应当熟知交易所期权平仓、行权、履约的规则和程序。特别是有关实值期权到期自动行权，虚值期权到期自动放弃的交易规则，妥善处理最后到期日的期权持仓，在期权合约最后交易日如您的资金不能满足行权所需资金要求（包括保证金和手续费），期货公司将对您的实值期权持仓作放弃行权申请或对您的未成交平仓单撤单，您将无法获得行权的盈利。

六、您应当充分了解到，如您买入期权，行权应该在交易所规定的时间内进行；如您卖出期权，则需要按照交易所规则承担履约责任。行权或履约后，您将获得标的期货合约，同时应当承担标的期货合约的保证金责任。

七、您应当充分了解期权持仓行权、履约后您将得到相应数量的标的期货合约，该合约同样面临市场行情变动的风险。

八、您应当充分了解到，相对最新价或收盘价的实值期权在行权时可能因为相对结算价计算而成为虚值期权，您要承担由此带来的相应损失。

九、您应当充分了解到买入临近到期深度虚值期权可能会损失全部投资，申请深度虚值期权行权将使您产生巨额亏损，您要谨慎避免此类非理性操作。

十、您应当充分了解不同交易所期权交易规则的差异。严格遵守交易所相关业务规则、市场公告中有关限仓的规定，并在交易所要求时，在规定时间内及时报告。当您的持仓量超过规定限额的，将导致其面临被限制开仓以及强行平仓的风险。

十一、您应当充分了解由于期权合约数量众多，部分合约流动性不足，如果使用市价指令进行委托，可能造成最终成交价格远远超出预期，从而带来不必要的损失。请谨慎市价指令交易。

本《期权交易风险揭示书》无法揭示从事期权交易的所有风险和有关期货市场的全部情形。您在入市交易之前，应当全面了解期权交易法律法规、期货交易所及期货公司的业务规则，全面评估自身的经济实力、产品认知能力、风险控制能力、生理及心理承受能力（仅对自然人客户而言）等，审慎决定是否参与期权交易。

以上《期权交易风险揭示书》的各项内容，本人/单位已阅读并完全理解。

____。

（请抄写以上画线部分内容）

客户签字：________________________________

（机构加盖公章）：__________________________

签署日期：______年______月______日

D11106

附件八　期权交易权限开通委托代理人授权书

期货公司：

本机构授权作为本机构的期权交易权限开通代理人，代表本机构与贵公司签署期权交易权限开通相关文件。

被授权人（签字留样）：________________

证件类型：________________

证件号码：________________

电话号码：________________

自本授权书签署之日起，被授权人在本授权书授予的权限内与贵公司发生的有关行为都是本机构意愿之体现，本机构将负全部责任，绝无异议。

委托人（法定代表人 / 负责人）签字：________________

单位公章：________________

______年______月______日

附件九　期货交易风险说明书

文本正文：http://www.fatianshi.cn/D11108

尊敬的客户：

根据中国证监会的规定，现向您提供本《期货交易风险说明书》。期货交易包括期货合约交易和期权合约交易。本说明书只扼要陈述期货交易的风险，并未完全披露与期货交易相关的所有风险和其他重要事项。您必须完全理解合约性质（及合约关系）以及您所面临的风险后，方能进行期货交易。

您应当充分理解期货合约交易与期权合约交易的全部交易规则、交割与执行期权（行权）规则以及相关风险，并遵循“买卖自负”的金融市场原则，充分认识期货交易风险，自行承担交易结果。

您在考虑是否进行期货交易时，应当明确以下几点：

一、您应当充分了解到，期货合约交易采取保证金交易方式，具有杠杆性，带有高度的风险[①]。相对较小的市场波动，可能对您产生巨大亏损，损失的总额可能超过您存放在期货公司的全部初始保证金以及追加保证金。期权合约交易采取权利金和保证金的交易方式，如您购买期权可能没有任何收益甚至损失全部投资，如您购深度买虚值期权，您应当知道该类型期权盈利的可能性通常微乎其微；如您卖出期权可能发生巨额损失，这一损失可能远大于该期权权利金，并可能超过您存放在期货公司的全部初始保证金以及追加保证金并无限大。

二、您应当充分了解到，进行期货交易，假如市场走势对

①期货交易有杠杆性，风险极大。不同于股票投资以后还可能回涨，期货交易被强行平仓后，投资者将损失全部投资且无法回涨。

投资者应充分了解该风险。

D11108

您不利导致您的账户保证金不足时，期货公司会按照期货经纪合同约定的时间和方式通知您在规定时间内追加保证金，以使您能继续持有未平仓合约。如您未于规定时间内存入所需保证金，您持有的未平仓合约将可能在亏损的情况下被强行平仓，并且您必须承担由此导致的一切损失。①

三、您必须认真阅读并遵守期货交易所和期货公司的业务规则，如您无法满足期货交易所和期货公司业务规则规定的要求，您所持有的未平仓合约将可能根据有关规则被强行平仓，您必须承担由此产生的后果。

四、您应当充分了解到，在因市场行情波动剧烈出现单边涨跌停价格、投资者缺乏投资兴趣、流动性的变化或其他因素给某些合约市场的流动性、有效性、持续性等带来不利影响时，您可能会难以或无法将持有的未平仓期货或期权合约平仓。如出现这类情况，您的所有保证金有可能无法弥补全部损失，您必须承担由此导致的全部损失。

五、您应当充分了解到，由于国家法律、法规、政策的变化、期货交易所交易规则的修改、紧急措施的出台等原因，您持有的未平仓合约可能无法继续持有，您必须承担由此导致的全部损失。

六、您应当充分了解到，交易所可能会对期货或期权合约的交易和执行进行一些限制。交易所有权根据市场需要暂停期货或期权交易，如果标的期货合约暂停交易，对应期权合约交易也将暂停交易。

七、您应当充分了解到，由于非期货交易所或者期货公司所能控制的原因，例如，地震、水灾、火灾等不可抗力因素或者计算机系统、通信系统故障等，可能造成您的指令无法成交或者无法全部成交，您必须承担由此导致的损失。

①若出现亏损，投资者应及时追加保证金，否则投资将全部亏损。

八、您应当充分了解到，在期货交易中，所有的交易结果须以当日交易所或结算机构的结算数据为依据。如您利用盘中即时回报的交易结果作进一步的交易，您可能会承担额外的风险。

九、您应当充分了解到，期货合约交易可能面临平仓、交割等几种后果，您到时未平仓或参与交割不符合期货交易所相关业务规则规定的，需要承担被强行平仓或交割违约的风险。

十、您应当充分了解到，期权合约交易可能面临平仓、行权或期权到期放弃等几种后果，您应当熟知交易所期权平仓、行权的规则和程序。行权应该在交易所规定的时间内进行，合约到期符合行权条件的持仓未提出放弃行权申请的，视为提出行权申请，由交易所按照该期权相关规则自动行权。

如果您选择对您购买的期货期权行权，您将获得标的期货合约同时应当承担标的期货合约的保证金责任。如您购买的期权到期没有价值，您将损失全部投资。如您卖出期权，您到期需要履约，如您无法在规定时间内备足期权标的，您需要承担行权失败或交割违约的责任。

十一、您应当充分了解到，“套期保值”交易同投机交易一样，同样面临价格波动引起的风险。①

①套期保值业务虽然理论上风险较小，但仍然面临价格波动的风险。

十二、您应当充分了解到，如果您未遵守中国证监会关于期货保证金安全存管的规定，将可能会影响您的期货保证金的安全性和划转及时性。

十三、您应当充分了解到，期货交易所在期权到期日收市后，对未平仓的实值期权进行自动行权，而实值期权在收市后以标的期货合约结算价认定，不是以收盘价认定，您需关注结算价和收盘价的差别，及时对持有的期权合约买持仓进行处理。

D11108

十四、您应当充分了解到，利用互联网进行期货交易时将存在但不限于以下风险，您将承担由此导致的损失：

（一）由于无法控制和不可预测的系统故障、设备故障、通信故障、电力故障、网络故障及其他因素，可能导致交易系统非正常运行甚至瘫痪，使您的交易指令出现延迟、中断、数据错误等情况；

（二）由于网上交易系统存在被网络黑客和计算机病毒等攻击的可能性，由此可能导致交易系统故障，使交易无法进行及行情信息出现错误或延迟；

（三）由于互联网上的数据传输可能因通信繁忙等原因出现延迟、中断、数据错误或不完全，从而使网上交易及行情出现延迟、中断、数据错误或不完全；

（四）由于您未充分了解期货交易及行情软件的实际功能、信息来源、固有缺陷和使用风险，导致您对软件使用不当，造成决策和操作失误；

（五）您的网络终端设备及软件系统与期货公司所提供的网上交易系统不兼容，可能导致无法下达委托或委托失败；

（六）如果您缺乏网上交易经验，可能因操作不当造成交易失败或交易失误；

（七）您的密码失密或被盗用。

十五、在开始交易前，您应当充分了解您应当承担的所有费用或者其他收费的明确解释。

本《期货交易风险说明书》无法揭示从事期货交易的所有风险和有关期货市场的全部情形。您在入市交易之前，应当全面了解期货交易法律法规、期货交易所及期货公司的业务规则，全面评估自身的经济实力、产品认知能力、风险控制能力、生理及心理承受能力（仅对自然人客户而言）等，审慎决定是否参与期货交易。

以上《期货交易风险说明书》的各项内容，本人/单位已阅读并完全理解。

____。

（请抄写以上画线部分内容）

客户签字：______________________________________

（机构加盖公章）：________________________________

签署日期：______年______月______日

D11108

附件十　术语定义（期权补充协议）

文本正文：http://www.fatianshi.cn/D11109

1. 期权，也称为选择权，是指期权的买方有权在约定的期限内，按照事先确定的价格，买入或卖出一定数量某种特定商品或金融工具的权利。

2. 期权合约，是指交易所统一制定的、规定买方有权在将来某一时间以特定价格买入或者卖出约定标的物的标准化合约。本协议所称的期权合约标的物为交易所上市交易的期货合约。

3. 期权合约类型按照买方在行权时买卖期货合约权利的不同，分为看涨期权和看跌期权。

看涨期权（又称买权），是指期权买方有权在将来某一时间以行权价格买入合约标的的期权合约。

看跌期权（又称卖权），是指期权买方有权在将来某一时间以行权价格卖出合约标的的期权合约。

4. 期权合约根据期权合约行权价格与标的期货合约价格之间的关系，分为平值期权、实值期权和虚值期权。

平值期权是指行权价格等于合约标的市场价格的状态。

实值期权是指看涨期权的行权价格低于合约标的市场价格，或者看跌期权的行权价格高于合约标的市场价格的状态。

虚值期权是指看涨期权的行权价格高于合约标的市场价格，或者看跌期权的行权价格低于合约标的市场价格的状态。

5. 期权合约了结方式包括平仓、行权和放弃。

平仓是指买入或者卖出与所持合约的品种、数量、月份、到期日、类型和行权价格相同但交易方向相反的合约，了结期权合约的方式。

行权是指期权买方按照规定行使权利，以行权价格买入或者卖出标的物，或者按照规定的结算价格进行现金差价结算以了结期权持仓的方式。行权方式，分为美式、欧式以及交易所规定的其他方式。美式期权的买方在合约到期日及其之前任一交易日均可行使权利；欧式期权的买方只能在合约到期日当天行使权利。

放弃是指期权合约到期，买方不行使权利以了结期权合约的方式。

6. 期权到期日，是指期权合约买方能够行使权利的最后交易日。

7. 权利金，是指期权合约的市场价格，期权买方将权利金支付给期权卖方，以此获得期权合约所赋予的权利。

8. 手续费指买卖期货合约、期权合约及期货合约交割、期权合约行权（履约）所支付的费用。

9. 行权价格，是指由期权合约规定的，在期权买方行权时合约标的的交易价格。

10. 期权合约交易指令一般包括乙方账号（或交易编码）、交易方向、品种、数量、合约月份及年份、合约标的物、开平仓方向、行权价格、期权类型、权利金、行权或放弃行权等内容。

甲方（签章）：________________________

______年______月______日

乙方（签章）：________________________

______年______月______日

D11109

二、证券经纪业务

证券公司客户账户开户协议

使用场景：

证券公司客户账户开户协议是投资者在证券公司开设账户，以进行证券股票买卖交易的合同。合同主要约定作为投资者的客户及作为代理机构的证券公司双方的权利、义务。

法律要点：

1. 投资者在证券公司开户，应确保开户资料的真实性、完整性、准确性、有效性。投资者应当以本人真实身份开户，开户后不得将账户出租、出借给他人，不得进行非法配资、洗钱等行为。协议履行过程中，投资者信息有变动的，应及时通知证券公司。

2. 中国证券登记结算有限责任公司在2016年对《证券账户业务指南》进行了修订，将一个投资者开立证券账户数量上限调整为3户。一个投资者只能申请开立一个一码通账户。一个投资者在同一市场最多可以申请开立3个A股账户、封闭式基金账户，只能申请开立1个信用账户、B股账户。投资者在与证券公司签署开户协议时，应统筹规划开户数量和分配。

文本正文：http://www.fatianshi.cn/D11116

证券公司客户账户开户协议

甲方（投资者）：________________________________

乙方（证券公司分支机构）：________________________

依据《中华人民共和国证券法》《中华人民共和国合同法》、《中华人民共和国电子签名法》《证券公司开立客户账户规范》、中国证券监督管理委员会（以下简称中国证监会）颁布的相关规章，以及其他有关法律、法规、规章和自律规则的规定，甲乙双方就乙方为甲方开立证券公司客户账户（以下简称客户账户或账户）及其他相关事宜达成如下协议，供双方共同遵守。

第一章　双方声明和承诺

第一条　甲方向乙方作如下声明和承诺：

1. 甲方具有中国法律所要求的进行金融投资的主体资格，不存在中国法律、法规、规章、自律规则等禁止或限制进行金融投资的任何情形，并保证用于进行金融投资的资金来源合法；

2. 甲方已经充分了解并自愿遵守有关客户账户开立的法律、法规、规章、自律规则和乙方客户账户管理相关规章制度等规定；

3. 甲方保证，其在本协议签署之时，以及存续期间内，向乙方提供的所有证件、资料和其他信息均真实、准确、完整、有效，承担因资料不实、不全或失效引致的全部责任，同意乙方对甲方信息进行合法验证和报送；

4. 甲方承诺审慎评估自身投资需求和风险承受能力，自行承担其所参与金融活动的风险；

D11116

5. 甲方确认，其已阅读并充分理解和接受《客户须知》和本协议所有条款，并准确理解其含义，特别是双方权利、义务和免责条款。

第二条 乙方向甲方作如下声明和承诺：

1. 乙方是依照中国有关法律法规设立且有效存续的证券经营机构，乙方的经营范围以证券监督管理机构批准的经营内容为限；

2. 乙方具有开展业务的必要条件，能够为甲方提供本协议下约定的金融服务；

3. 乙方已按规定实施客户交易结算资金第三方存管；

4. 乙方承诺遵守有关法律、法规、规章、自律规则的规定；

5. 除依法开展乙方营业范围内的客户资产管理业务外，乙方不接受甲方的任何全权交易委托，不对甲方进行的金融活动的投资收益或亏损进行任何形式的保证，不编造或传播虚假信息误导甲方，不诱使甲方进行不必要的金融市场投资或任何其他投资行为；

6. 乙方承诺遵守本协议，按本协议为甲方开立客户账户并提供相关账户服务。

第二章 双方权利和义务

第三条 甲方的权利和义务：

（一）甲方权利

1. 享有乙方承诺的各项服务的权利；

2. 有权获知有关甲方账户的功能、委托方式、操作方法、佣金及其他服务费率、利率、交易明细、资产余额等信息；

3. 有权在乙方的营业时间或与乙方约定的其他时间内，在乙方经营场所或通过乙方提供的自助方式，查询和核对其客户账户内的资金或证券的余额和变动情况；

4. 有权监督乙方的服务质量，对不符合质量要求的服务进行意见反馈或投诉；

5. 享有本协议约定的其他权利。

（二）甲方义务

1. 确保客户账户仅限甲方自行使用，不得出租或转借该客户账户；①

2. 严格遵守本协议及乙方公布的所有相关服务规则、业务规定等，由于甲方未遵守本协议或乙方的服务规则和业务规定等而导致的后果、风险和损失，由甲方承担；

3. 对所提交的身份证明文件以及其他开户资料的真实性、完整性、准确性和有效性负责。甲方信息发生任何变更或有效身份证明文件失效、过期的，应及时以乙方认可的方式进行修改。如因甲方未能及时以乙方认可方式对甲方信息进行修改而导致的后果、风险和损失，由甲方承担；

4. 妥善保管身份信息、账户信息、数字证书及账户密码等，不得将相关信息提供或告知他人使用。由于甲方对上述信息、数字证书或账户密码的泄露、管理不当或使用不当造成的后果、风险和损失，由甲方承担；

5. 及时关注和核对客户账户中各项交易、资金记录等。如发现有他人冒用、盗用等异常或可疑情况时，应立即按照乙方的业务规定办理账户挂失或密码重置手续。在甲方办妥上述相关手续前已发生的后果、风险和损失，由甲方承担；

6. 履行本协议约定的其他义务。

第四条 乙方的权利和义务：

（一）乙方权利

1. 依照有关法律、法规、规章、自律规则的规定，对甲方

①甲方必须以自己真实名义签订合同，不能非法配资，不能开户后出租、出借账户，否则将违背合同实名制的义务。

D11116

身份和提供的信息资料的真实性、准确性、完整性、有效性进行验证和审核，决定是否为甲方开立客户账户并提供相关账户服务等；

2. 根据相关法律、法规、规章、自律规则，制定账户管理相关的业务规定和流程，并要求甲方遵守和执行；

3. 如甲方利用乙方提供的账户服务从事洗钱或恐怖融资活动、非真实交易或其他违法违规活动的，乙方有权停止为甲方提供账户服务；

4. 享有本协议约定的其他权利。

（二）乙方义务

1. 告知甲方账户管理和使用的相关规则和规定，并进行必要的风险提示；

2. 依照相关法律及甲方以乙方认可的方式发出的指示，及时、准确地为甲方办理账户开立、查询、变更和注销等手续；

3. 公布咨询投诉电话，对甲方的咨询和投诉及时答复和办理；

4. 对甲方提供的申请资料、业务记录和其他信息予以保密，不得泄露、出售、传播及违背客户意愿使用客户信息，但根据法律法规或国家有权机关的要求披露上述信息的除外。由于乙方对甲方提供的上述信息、数字证书或账户密码的泄露、管理不当造成的后果和损失，由乙方承担；

5. 按照有关法律、法规、规章、自律规则的规定，履行投资者教育、适当性管理、客户回访、反洗钱等有关职责和义务；

6. 履行本协议约定的其他义务。

第三章　账户的开立、变更和注销

第五条　乙方可以在经营场所内为甲方现场开立账户，也可以按照相关规定，通过见证、网上及中国证监会认可的其他方式为甲方开立账户。乙方代理证券登记结算机构或法律、法规、规章认可的其他机构，为甲方开立证券账户或其他账户的，应遵循相关规定。

第六条 甲方在申请开立账户时，须出具真实有效的身份证明文件，按照乙方业务规定，如实提供和填写有关信息资料，配合乙方留存相关复印件或影印件、采集影像资料等工作。甲方委托他人代理开户时，代理人须提供真实有效的身份证明文件及授权委托文件，自然人委托他人代为办理开户的，代理人应当提供经公证的授权委托文件。

第七条 甲方在申请开立账户时，应自行设置密码并妥善保管，避免使用简单的字符组合或甲方注册号、甲方代理人姓名、生日、电话号码等相关信息作为密码。甲方应当定期修改密码，并充分认识由于密码设置过于简单而可能导致的风险。

第八条 为保护甲方权益，甲方须配合乙方就账户开立等有关事宜对甲方进行回访，乙方应以适当方式予以留痕。如回访时出现异常，乙方有权限制账户的开通或使用。

第九条 甲方须配合乙方进行投资者教育和客户风险承受能力评估。乙方须将评估的结果告知甲方，评估方式可以采用书面或电子方式。甲方可通过书面或网上方式查询评估的结果。

第十条 甲方变更甲方信息中的重要资料时，应当及时通知乙方，并按乙方要求办理变更手续。

前款所述甲方信息中的重要资料包括但不限于：客户名称、身份证明文件类型及号码、联系地址、联系电话、职业、授权代理人及授权事项等相关信息。

第十一条 甲方申请变更客户名称、身份证明文件类型及号码等关键信息时，应当经乙方重新进行身份识别，约定按亲

D11116

临乙方柜台 / 电话 / 网络____________方式办理。

第十二条　在以下所有条件均满足时，甲方可以向乙方申请注销其客户账户：

1. 账户内托管资产余额为零；

2. 账户内交易的结算、交收等均已经完成；

3. 账户不存在任何未解除的限制措施；

4. 账户不存在任何未了结的债权债务；

5. 其他法律、法规规定或双方约定的情形。

第十三条　甲方申请注销其客户账户①，应按乙方业务规定，并经乙方重新进行身份识别和审核后，采取亲临乙方柜台 / 电话 / 视频 /____________方式办理。乙方依照本协议的约定解除本协议并要求甲方注销客户账户时，也适用同样规则。

第四章　账户的使用和管理

第十四条　乙方为甲方开立的账户用于记录甲方所参与金融活动的相关信息，包括但不限于证券交易、金融投资等金融活动产生的清算交收、收益分配、支付结算、计付利息等。

第十五条　甲方存取资金应符合国家法律法规及中国人民银行、国家外汇管理局、中国证监会等监管机构的有关规定。

第十六条　为保护甲方权益，甲方在操作账户时，如果连续输错密码______次的，乙方有权暂停该委托方式甚至冻结账户，连续输错密码的次数以乙方的电脑记录为准。甲方账户的解冻事宜按照乙方业务规定处理，由甲方或甲方授权代理人凭有效身份证件亲临乙方柜台申请解冻，由此造成的损失由甲方自行承担。

第十七条　甲方委托乙方代理证券市场投资或参与其他金融投资所发出的交易指令，应符合证券市场及其他金融市场的

①甲方销户时，有时会不愿意亲临乙方柜台，因此在合同中因明确约定办理的方式。避免合同无法执行。

交易规则，并应符合本协议以及甲乙双方达成的其他有关协议的约定。甲方发出的交易指令成交与否，以证券登记结算机构及其他金融市场登记结算机构发送的清算数据为准。乙方按照相关交易规则和结算规则代理甲方进行清算交收。

第十八条 甲方通过其账户下达的交易指令及下达指令的方式应当符合法律法规、证券市场及其他金融市场交易规则的规定。如甲方的交易指令违反法律法规、证券市场及其他金融市场交易规则等规定，乙方有权按照证券交易所及其他金融监管机构或自律性组织的要求对甲方账户采取限制措施，包括但不限于时间限制、数量限制、金额限制、品种限制等，由此造成的后果由甲方自行承担。

第十九条 乙方按照有关法律、法规、规章、自律规则以及证券交易所、证券登记结算机构及其他金融市场交易和登记结算规则进行清算交收，并收取甲方各项交易费用、佣金、服务手续费，代扣代缴税费等。

乙方有权依法制定上述佣金及其他服务费用的收取标准，并可根据市场状况调整上述收取标准，但乙方应按照相关法律法规要求，事先履行有关备案及公告程序告知甲方。乙方履行公告程序即视为已经告知甲方，甲方应实时主动关注乙方公告。

第二十条 乙方按照中国人民银行、中国证监会的有关规定对甲方账户计付利息。

第二十一条 甲方应当妥善保管身份信息、账户信息、数字证书和账户密码。甲方使用数字证书或密码进行的操作视为甲方自行操作。甲方通过使用数字证书和密码办理的文件签署、信息变更等行为和转账、交易等所产生的电子信息记录，视为上述各项行为或交易的合法有效凭证。

第二十二条 当甲方遗失账户资料、数字证书或账户密码，

D11116

或发现有他人冒用、盗用等异常或可疑情况时，甲方应及时向乙方或数字证书签发机构办理挂失或密码重置，在挂失或密码重置生效前已经发生的交易或损失由甲方自行承担。如因乙方无正当理由未及时办理，造成甲方损失加重的，乙方应对损失加重的部分做出赔偿。

第二十三条 甲方可以依照法律法规及乙方业务规定，授权代理人为其办理相关业务及下达交易指令等，并可以乙方认可的方式撤销上述授权。甲方授权代理人在授权期限及范围内办理的相关业务和下达的交易指令，视同甲方自身所为。

甲方不得以[①]任何方式全权委托乙方工作人员代理其决定证券买卖、选择证券种类、决定买卖数量或者买卖价格。

第二十四条 有下列情形之一的，乙方可要求甲方限期纠正，甲方不能按期纠正或拒不纠正的，乙方可视情形对甲方账户采取相应措施。由此造成的损失，由甲方自行承担。

1. 有充分证据证明甲方以前开立的账户有假名情况，应立即要求甲方重新开立真实身份的账户，如甲方拒绝，乙方应采取停用账户的措施；

2. 甲方先前提交的身份证件或者身份证明文件已过有效期的，乙方应当要求甲方进行更新。甲方没有在合理期限内更新且没有提出合理理由的，乙方认为必要时，应限制甲方交易活动（包括但不限于注销客户账户、限制账户交易或取款等）；

3. 如乙方发现甲方的资金来源不合法或违反反洗钱相关规定的，乙方应当依法协助、配合司法机关和行政执法机关打击洗钱活动，依照法律法规的规定协助司法机关、海关、税务等部门查询、冻结和扣划客户存款；

4. 甲方存在被监管部门、证券交易所认定的异常交易行为或其他影响正常交易秩序的异常交易行为，乙方将按照证券交

①甲方需实名制进行交易，不得委托乙方工作人员代为交易或选择交易的种类、数量、时机、价格。

易所要求对甲方采取相应措施；

5. 法律、法规规定的乙方可对甲方采取相应措施的其他情形。

第五章　免责条款和争议的解决

第二十五条　因地震、台风、水灾、火灾、战争、瘟疫、社会动乱及其他不可抗力因素导致的甲方损失，乙方不承担任何赔偿责任。

第二十六条　因乙方不可预测或无法控制的系统故障、设备故障、通信故障、电力故障等突发事故及其他非乙方人为因素，以及监管部门和自律组织等规定的其他免责情形，给甲方造成的损失，乙方如无过错则不承担任何赔偿责任。

第二十七条　第二十五条、第二十六条所述事件发生后，乙方应当及时采取措施防止甲方损失可能的进一步扩大。

第二十八条　如出现涉及甲方财产继承或财产归属的事宜或纠纷，乙方将按公证机关出具的公证文件或司法机关出具的生效裁判文书办理。

第二十九条　本协议未尽事宜，按照法律、法规、规章、自律规则的规定协商解决。

第三十条　本协议执行中发生的争议，甲乙双方可以自行协商解决或向中国证券业协会证券纠纷调解中心申请调解，若协商或调解不成，双方同意按以下第______种方式解决：（如甲方不作选择，即默认为选择 2）

1. 提交____________仲裁委员会仲裁；

2. 向乙方所在地____________法院提起诉讼。

D11116

第六章 协议的生效、变更和终止

第三十一条 本协议可采用电子方式或纸质方式签署。

采用电子方式签署本协议的，甲方以电子签名方式签署本协议后本协议即告生效，甲方电子签名与在纸质合同上手写签名或盖章具有同等法律效力，无须另行签署纸质协议。

采用纸质方式签署本协议的，本协议自双方签字盖章之日起生效。本协议一式贰份，甲乙双方各执壹份，每份具有同等的法律效力。

第三十二条 本协议签署后，若有关法律、法规、规章、自律规则、证券登记结算机构业务规则以及证券交易所交易规则修订，本协议相关条款与其中强制性规定发生冲突的，按新修订的法律、法规、规章、自律规则、业务规则及交易规则办理，但本协议其他内容及条款继续有效。

第三十三条 本协议签署后，若前款所述法律、法规、规章、自律规则、证券登记结算机构业务规则以及证券交易所交易规则发生修订，本协议相关条款与其中规定存在差异，乙方认为应据此修改或变更本协议的，有关内容将由乙方在其经营场所或网站以公告方式通知甲方，若甲方在七个交易日内不提出异议，则公告内容生效，并成为本协议的组成部分，对甲乙双方均具有法律拘束力。

第三十四条 乙方提出解除本协议的，应以向甲方发送通知（以下简称解除通知）的方式告知甲方，并在该解除通知中说明理由。如乙方是依照本协议第二十四条的约定解除本协议，则在乙方发出解除通知之时，本协议即解除。解除通知的方式适用本协议第三十七条的约定。

甲方在收到乙方的解除通知后应按照第十三条所约定的账

户注销方式办理销户手续。在甲方收到乙方解除协议通知至甲方销户手续期间，乙方不再接受甲方除卖出持有证券及其他金融产品外的其他委托指令。

第三十五条 如甲方提出解除本协议的，应依照本协议第十二条、第十三条约定的条件和程序，办理账户注销手续。在甲方办理完账户注销手续后，本协议即告终止。甲方的销户申请应以双方事前约定或乙方认可的方式提出。在甲方提出销户申请时起，乙方不再接受甲方除卖出持有证券及其他金融产品以外的所有其他委托指令。

第三十六条 如遇国家法律、法规、监管规定调整，导致乙方在本协议下为甲方提供的金融服务无法正常开展的，本协议将自国家相关法律、法规、监管规定生效之日起自动终止，在此情况下，乙方无须对甲方承担违约责任。

第七章 附 则

第三十七条 本协议所指乙方的通知方式除上述条款中已有约定外，可以是书面通知、电话通知、短信通知、邮件通知或公告通知等。

邮寄的书面通知自送达甲方联系地址时生效，因甲方自己提供的联系地址不准确、送达地址变更未及时告知乙方、甲方或者其指定的代理人拒绝签收，导致书面通知未能被甲方实际接收的，书面通知退回之日视为送达之日；电话通知、短信通知和邮件通知即时生效；公告通知在乙方公告（公告内容由乙方在其营业场所及网站或至少一种中国证监会指定的信息披露报刊上发布）之日起七个交易日内甲方没有提出异议的，即行生效。

第三十八条 本协议所涉及名词、术语的解释，以法律法规的规定为准；法律法规没有解释的，适用中国证监会、证券交

D11116

易所、证券登记结算机构和中国证券业协会等规范性文件、业务规则及行业惯例。

甲方（个人签字 / 机构盖章）：______________________________

机构经办人（签字）：______________________________

签署日期：______年______月______日

乙方（签章）：______________________________

乙方经办人（签章）：______________________________

签署日期：______年______月______日

证券交易委托代理协议

使用场景：

证券交易委托代理协议是投资者委托证券公司代理其进行证券股票买卖交易的合同。合同主要约定投资者向证券公司下达委托代理指令，证券公司清算交收、保管证券资金、提供查询服务等事项。

法律要点：

1. 投资者委托证券公司，委托其代理进行交易。委托代理协议应约定委托人下达委托交易指令的方式（柜台委托、自助委托等）及载体（网络软件、电话等）。

2. 对于交易结果的异议，若协议约定了有限的异议期间及超期后的默认条款，笔者建议甲方在合同执行中要实时关注，避免纠纷。乙方也应该注意条款被司法机关认定为规避责任的格式条款，不被司法、仲裁机构支持的风险。

3. 委托代理协议明确约定了投资者的实名制义务。投资应按照自己的真实意愿进行委托交易，不得由证券公司或其员工或任何第三方能全权代替（取得资质的资产管理业务除外），证券公司也不能诱骗投资者进行不必要的交易以赚取佣金等收入。

文本正文：http://www.fatianshi.cn/D11120

证券交易委托代理协议

甲方（投资者）：______________________________

乙方（证券公司分支机构）：______________________

D11120

依据《中华人民共和国证券法》《中华人民共和国合同法》《中华人民共和国电子签名法》和其他有关法律、法规、规章、自律规则、证券登记结算机构业务规则以及证券交易所交易规则等规定，甲乙双方就甲方委托乙方代理证券（包括证券衍生品）交易及其他相关事宜达成如下协议，供双方共同遵守。

第一章　双方声明和承诺

第一条　甲方向乙方作如下声明和承诺：

1. 甲方具有中国法律所要求的进行证券市场投资活动（以下简称证券投资）的主体资格，不存在中国法律、法规、规章、自律规则等禁止或限制进行证券投资活动的情形，并保证其用于证券投资活动的资金来源合法；

2. 甲方已阅读并充分理解乙方向其提供的《证券交易委托风险揭示书》，清楚认识并愿意承担证券市场投资风险；甲方已详细阅读本协议所有条款，并准确理解其含义，特别是其中有关乙方的免责条款；

3. 甲方承诺遵守证券市场有关法律、法规、规章、自律规则、证券登记结算机构业务规则及证券交易所交易规则等规定，并承诺按照乙方的相关业务流程办理业务。

第二条　乙方向甲方作如下声明和承诺：

1. 乙方是依照中国法律设立且有效存续的证券经营机构，具有相应的证券经纪业务资格，已按相关规定实施客户交易结算资金第三方存管；

2. 乙方具有开展证券经纪业务的必要条件，能够依照本协议约定为甲方的证券交易提供相应的服务；

3. 乙方承诺遵守有关法律、法规、规章、自律规则、证券登记结算机构业务规则以及证券交易所交易规则等规定，不接受甲方的全权交易委托，不对甲方的投资收益或亏损进行任何形式的保证，[①]不编造或传播虚假信息误导投资者，不诱使甲方进行不必要的证券交易；

4. 乙方承诺将按照甲方发出的合法有效的委托，向证券交易所或证券登记结算机构发送委托指令；

5. 乙方承诺将遵守本协议，按本协议为甲方提供证券交易委托代理服务。

第二章 委托代理

第三条 双方同意，乙方接受甲方委托为其代理提供以下服务：

1. 接受并执行甲方依照本协议约定的方式下达的合法有效的委托指令；

2. 代理甲方进行资金、证券的清算、交收；

3. 代理保管甲方买入或存入的有价证券；

4. 代理甲方领取红利股息及其他利益分配；

5. 接受甲方对其委托、成交及账户内的资产及变化情况的查询，并应甲方的要求提供相应的清单；

6. 双方依法约定的其他委托事项；

7. 法律、法规、规章、自律规则规定的、乙方可以代甲方进行的其他活动。

第四条 甲方在证券投资前，应先依照法律法规、相关业务规则在乙方开立账户用于甲方的证券买卖交易、清算交收和计付利息等。乙方代理证券登记结算机构开立证券账户，应遵循证券登记结算机构的有关规定。

第五条 甲方向乙方下达委托指令的方式由双方约定。甲方向乙方下达委托指令的方式包括柜台委托、自助委托以及乙

①证券公司只能接受委托人的交易指令，证券公司及其员工不能全权替投资者进行交易，证券公司不能诱骗投资者进行不必要的交易以赚取佣金等收入。

D11120

方认可的其他合法委托方式，自助委托包括网上委托、电话委托、热键委托等，具体委托方式以实际开通为准。乙方可以根据实际情况务需要对自助委托方式进行变更、增加或减少，甲方对此表示认可。①

第六条 甲方进行网上委托时，只能使用乙方直接提供给甲方的软件，或甲方依照乙方指示从乙方指定站点下载的软件。甲方使用其他途径获得的软件进行网上委托所产生的后果、风险和损失由甲方自行承担。②

网上委托是指甲方通过互联网或移动通信网络向乙方网上委托系统下达委托指令、获取成交结果的服务方式。网上委托的上网终端包括电子计算机、手机等通过互联网或移动通信网络连接乙方委托系统的设备。

第七条 甲乙双方可以书面方式约定本协议第五条约定的委托方式之外的其他委托方式，并约定该委托方式的执行程序、身份验证方式等内容。

第八条 甲方应同时开通多种委托方式，当乙方某种自助委托系统出现故障或其他异常情况时，甲方可采用其他委托方式下达委托指令。

第九条 甲方委托乙方代理其进行证券交易而发出的委托及撤销委托等指令的内容和方式应符合证券市场的交易规则及本协议的相关约定。甲方通过乙方委托系统进行证券交易时，如因甲方操作失误或因甲方指令违反证券市场交易规则或本协议约定，或其他可归咎于甲方的原因而造成损失的，由甲方承担。

第十条 如甲方发出的指令被乙方委托系统或证券交易所交易系统拒绝受理，则该委托应视为无效委托。

甲方在进行委托前须确保已完全了解有关交易规则，避免

①本合同赋予了乙方根据实际情况，修改委托方式的权利。

②甲方只能使用双方约定的软件交易，不得使用其他有非法配资等功能的软件。

发出无效委托指令。

第十一条 乙方接受甲方委托指令时，如果出现由于甲方原委托指令未撤销而造成乙方无法执行甲方新的委托指令时，由此导致的后果、风险和损失，由甲方承担。

第十二条 甲方在委托有效期内可对未显示成交回报的委托发出撤销委托指令（交易规则另有规定的除外），但由于市场价格随时波动及成交回报速度的原因，甲方的撤销委托指令虽经乙方发出，但甲方委托可能已在市场成交，此时甲方应承认并接受该成交结果。

第十三条 甲方委托指令成交与否以证券登记结算机构发送的清算数据为准，成交即时回报仅供参考。由于市场或设备、网络通信等技术原因，如果出现高于甲方委托卖出价格或者低于甲方委托买入价格的成交价后长时间仍无成交即时回报的情况，此时甲方委托指令成交与否一律以证券登记结算机构发送的清算数据为准。乙方接受甲方对其委托成交及账户资金和证券变化情况的查询，并应根据甲方的要求提供相应的清单。

第十四条 甲方应特别注意证券市场有关股票配股缴款、红利领取、红股上市等已发布信息，并应在配股缴款截止日和红股上市当日开盘前向乙方确认配股缴款情况和红股上账情况。

第十五条 甲方发现以下异常情形时，应立即通知乙方，以保证甲方的正常交易能够尽快恢复：

1. 证券交易所已开市，甲方无法进入委托交易系统；

2. 甲方发现账户中资产余额、委托记录有异常；

3. 甲方发现第三方在未经任何授权的情况下使用其数字证书或账户密码；

4. 甲方发现其他影响其正常交易的异常情形。

出现上述系统异常情形时，如甲方未能立即通知乙方，由

D11120

关注法天使

此而导致的后果、损失和风险，由甲方自行承担。

第十六条 甲方应在委托指令下达后三个交易日内向乙方查询该委托结果，如甲方对委托结果有异议或发现任何系统异常情况，须在查询当日以书面形式向乙方提出质询。

甲方逾期未办理查询或未对有异议的查询结果以书面方式向乙方提出质询的，视同甲方对该委托结果无异议。①

第十七条 甲方可要求乙方为其提供买卖成交明细单。甲方可在乙方经营场所临柜查询和打印，也可通过乙方提供的其他方式查询和打印。双方另行通过书面方式约定交付方式和交付时间的，乙方应按约定执行。

第十八条 甲方的交易委托必须符合法律法规和证券交易所交易规则等规定。对于甲方可能影响正常交易秩序的异常交易行为，乙方有权按照证券交易所的要求对甲方的交易委托采取限制措施。

第三章 双方的责任及免责条款

第十九条 甲方委托乙方买卖证券时应保证其账户中有足够的资金或证券，保证根据成交结果承担相应的清算交收责任，否则乙方有权拒绝甲方的委托指令。

第二十条 甲方委托乙方买卖证券成交的，应当依法缴纳税费并按约定向乙方交纳佣金及其他服务费。

第二十一条 因地震、台风、水灾、火灾、战争、瘟疫、社会动乱、交易所停市及其他不可抗力因素导致的甲方损失，乙方不承担任何赔偿责任。

第二十二条 因乙方不可预测或无法控制的系统故障、设备故障、通信故障、电力故障等突发事故及其他非乙方人为因素，以及监管部门、自律组织等规定的其他免责情形，给甲方

①本合同条款对甲方提出了实时关注委托交易及结果的要求和义务，并约定了甲方逾期不提出异议的默示效果。

另外，本条为对甲方更为有利的格式条款，但一旦发生诉讼，该条款有可能被司法机关认为规避责任的格式条款，不被支持。

造成的损失，乙方如无过错则不承担任何赔偿责任。

第二十三条　第二十一条、第二十二条所述事件发生后，乙方应当及时采取措施防止甲方损失可能的进一步扩大。

第四章　争议的解决

第二十四条　如出现涉及甲方财产继承或财产归属的事宜或纠纷，乙方均按公证机关出具的公证文件或司法机关出具的生效裁判文书办理。

第二十五条　本协议执行中发生的争议，甲乙双方可以自行协商解决或向中国证券业协会证券纠纷调解中心申请调解，若协商或调解不成，双方同意按以下第______种方式解决：（如甲方不作选择，即默认为选择 2）

1. 提交____________仲裁委员会仲裁；

2. 向乙方所在地____________法院提起诉讼。

第五章　协议的生效、变更和终止

第二十六条　本协议可采用电子方式或纸质方式签署。

采用电子方式签署本协议的，甲方以电子签名方式签署本协议即告生效，甲方电子签名与在纸质合同上手写签名或盖章具有同等法律效力。

采用纸质方式签署本协议的，本协议应由双方签字盖章。

本协议在以下条件均满足之日起生效：

1. 如采用纸质方式签署本协议的，则双方均已在本协议上签字盖章；如采用电子方式签署本协议的，则甲方以电子签名方式签署了本协议；

2. 甲乙双方已签署了《证券公司客户账户开户协议》，且《证券公司客户账户开户协议》已生效。

D11120

本协议一式贰份，甲乙双方各执壹份，每份具有同等的法律效力。

第二十七条　本协议签署并生效后，若有关法律、法规、规章、规范性文件、自律规则、证券登记结算机构业务规则以及证券交易所交易规则修订，本协议相关条款与其中强制性规定发生冲突的，按新修订的法律、法规、规章、规范性文件、自律规则、业务规则及交易规则办理，但本协议其他内容及条款继续有效。

第二十八条　本协议签署并生效后，若前款所述法律、法规等规范性文件发生修订，本协议相关条款与其中规定存在差异，乙方认为应据此修改或变更本协议的，有关内容将由乙方在其经营场所或网站以公告方式通知甲方，若甲方在七个交易日内不提出异议，则公告内容生效，并成为本协议组成部分，对甲乙双方均具有法律约束力。

第二十九条　甲乙双方约定撤销指定交易、证券资产转托管按亲临乙方柜台 / 电话 / 网络______方式办理。

第三十条　乙方应及时为甲方办理撤销指定交易、证券资产转托管业务，但甲方账户存在如下情形之一的除外：

1. 甲方账户为不合格账户、休眠账户的；

2. 甲方账户上存在未完成清算或交收的；

3. 甲方账户上存在未了结债权债务的；

4. 甲方账户为异常状态（如司法冻结等情形）的；

5. 相关法律法规、证券登记结算机构业务规则和证券交易所交易规则规定的或者甲乙双方约定的其他情形的。

第三十一条　甲乙双方签署的《证券公司客户账户开户协议》终止或依照相关约定或相关法律法规的规定提前解除时，本协议自动终止。

第六章　附　　则

第三十二条　甲方委托乙方代理其他金融产品交易及其他相关事务的，如未另有协议约定，则参照本协议约定执行。

第三十三条　本协议未作约定的，参照《证券公司客户账户开户协议》的约定执行。

甲方（个人签字 / 机构盖章）：______________________

机构经办人（签字）：______________________

签署日期：______年______月______日

乙方（签章）：______________________

乙方经办人（签章）：______________________

签署日期：______年______月______日

D11120

关注法天使

个人投资者行为指引协议

使用场景：

从综合统计数据来看，个人投资者的平均投资理念和专业知识一般弱于机构投资者，本协议为上海证券交易所制定的、针对个人投资者制定的行为指引协议，协议主要目的是引导个人投资者树立正确的投资观念，理性参与证券交易，依法维护自身权益。协议主要约定了个人投资者的“实名开户”“买者自负”“合法资金来源”等原则性义务。

文本正文： http://www.fatianshi.cn/D11115

个人投资者行为指引协议

甲方（个人投资者）：________________________________

乙方（受托证券公司）：______________________证券公司

第一条 为引导个人投资者（甲方）树立正确的投资观念，理性参与证券交易，依法维护自身权益，根据《中华人民共和国证券法》及上海证券交易所（以下简称上交所）相关业务规则及《上海证券交易所个人投资者行为指引》，制定本协议。

第二条 上交所为甲方提供教育、引导和服务，依法监管其证券交易行为，保护其合法权益。

第三条 甲方应当不断增强理性投资意识，提高对证券投资风险的防范控制能力，合法参与证券交易，并通过合法途径维护自身权益。

第四条 甲方应当充分理解并遵守证券市场“买者自负”[①]原则。

甲方参与证券交易，应当根据相关市场信息理性判断、自主决策，并自行承担交易后果。

第五条 甲方参与证券交易前，应当掌握证券市场基本知识、相关法律法规和上交所相关业务规则，充分了解证券交易风险，掌握必要的风险防范和化解技巧。

第六条 甲方参与证券交易，应当保证其资金来源合法。

第七条 甲方与乙方签署证券交易委托代理协议时，应当了解乙方的资质情况、仔细阅读协议条款，并根据要求签署相关风险揭示文件。

第八条 甲方参与证券交易前，应当结合自身的家庭情况、收入状况、投资目的及知识结构等因素，合理评估自身的产品认知能力与风险承受能力，理性选择合适的投资方式、投资品种、投资时机。

第九条 甲方应当真实、准确、完整地向乙方提供有关其知识结构、资信状况、交易习惯、证券投资经验等方面的个人信息，配合乙方对其风险承受能力作出客观评估，以便受乙方对其进行分类管理。

第十条 甲方应当积极参加上交所或乙方组织的投资者培训，详细了解并掌握有关证券产品的特点、风险、交易规则等信息。

第十一条 甲方参与高风险证券产品交易或业务前，应当充分认识其特殊风险和交易规则，书面签署相关风险揭示文件。

第十二条 甲方参与上交设立合格投资者制度的产品或业务前，应当根据上交所要求，通过相关测试或认证，取得相应的合格个人投资者资格。

①投资者在参与证券市场之前，应充分了解投资的风险，确认能够承担的最大限度损失，理性投资并自行享受投资收益、承担投资损失。

D11115

关注法天使

第十三条 甲方参与特定证券产品交易前，应当认真阅读其上市公告书、上市公司财务会计报表等公开资料，全面了解该证券产品相关信息。

第十四条 甲方应当通过中国证监会指定的证券信息披露媒体或者其他相关权威媒体，获取证券市场相关信息。

第十五条 甲方可以通过上交所网站或公众咨询服务热线，获取上交所提供的证券交易知识、信息、技术等方面的服务。

第十六条 甲方①应当提高自我保护意识，防范信息欺诈，不偏信盲从通过非正常渠道传播的各类传闻。

第十七条 甲方②不得从事内幕交易、操纵市场等法律法规及上交所业务规则禁止的证券交易行为。

第十八条 甲方发生异常交易行为，被上交所限制交易或列为监管关注账户的，上交所将要求其乙方予以重点监控。

第十九条 甲方应当积极配合上交所证券交易监管工作，接受上交所根据有关法律法规和上交所业务规则进行的调查，真实、准确、完整地提供相关资料。

第二十条 甲方遇有其他市场参与人在证券交易中实施不当行为，侵害其合法权益的，可以通过司法诉讼等合法途径寻求法律救济。

第二十一条 甲方维护自身权益时应当遵守法律法规的相关规定，不得侵害国家、社会、集体利益和他人合法权益，不得扰乱社会公共秩序和上交所等有关单位的工作秩序。

第二十二条 甲方实施不正当行为，扰乱社会公共秩序或有关单位工作秩序的，上交所可通报其乙方对其证券交易账户予以特别关注，并可依据相关规则，采取取消其特定证券产品或业务合格个人投资者资格等处理措施。

①投资者应注意防范欺诈信息，避免受骗上当。

②投资者不得从事内幕交易、操纵市场等违法违规行为，否则不仅将面临违约责任，更将可能面临法律法规甚至刑法的处罚。

甲方证券交易及相关行为涉嫌违法的，上交所可提请有关机关依法追究其行政、刑事责任。

甲方（个人投资者）：________________________

日期：________________________

乙方（受托证券公司）：__________证券公司

日期：________________________

D11115

附件一　开户申请表（个人）

开户日期：______年______月______日　　客户账户：__________

姓名		性别		国籍或地区	
职业		学位 / 学历		证件类型	
证件号码				证件有效期限	
固定电话				手机号码	
联系地址				邮政编码	
E-mail 地址					
沪市 A 股账号				深市 A 股账号	
沪市 B 股账号				深市 B 股账号	
沪市基金账号				深市基金账号	
沪市其他账号				深市其他账号	
委托方式					

客户银行结算账户			
户名（全称）	开户银行编号	客户交易结算资金存管银行名称	客户银行结算账户号

续表

<table>
<tr><td>郑重声明</td><td>本人已经了解并愿意遵守国家有关客户账户开立的法律、法规、规章及相关业务规则，认真阅读了客户账户开户相关协议，有能力承担风险，并保证资金来源的合法性和所提供资料的真实性、准确性、完整性、有效性，并对其承担责任。
申请人签名：__________
日期：_____年_____月_____日</td></tr>
<tr><td colspan="2">经办人：__________　　　　复核人：__________
证券公司分支机构盖章：__________
日期：_____年_____月_____日</td></tr>
</table>

D11110

附件二　开户申请表（机构）

开户日期：______年______月______日　　客户账户：__________

机构全称		国籍或地区	
注册地址		法定代表人	
联系地址		邮政编码	
联系人		网址	
移动电话		固定电话	
有效身份证明文件类型及号码		身份证明文件有效期限	
组织机构代码		组织机构代码有效期限	
开户代理人姓名		开户代理人有效身份证明文件类型	
开户代理人有效身份证明文件号码		开户代理人证件有效期限	
沪市 A 股账号		深市 A 股账号	
沪市 B 股账号		深市 B 股账号	
沪市基金账号		深市基金账号	
沪市其他账号		深市其他账号	
委托方式			

续表

<table>
<tr><td colspan="4">客户银行结算账户</td></tr>
<tr><td>户名
（全称）</td><td>开户银行
编号</td><td>客户交易结算资金存管银行名称</td><td>客户银行结算账户号</td></tr>
<tr><td></td><td></td><td></td><td></td></tr>
<tr><td>郑重声明</td><td colspan="3">本机构已经了解并愿意遵守国家有关客户账户开立的法律、法规、规章及相关业务规则，认真阅读了客户账户开户相关协议，有能力承担风险，并保证资金来源的合法性和所提供资料的真实性、准确性、完整性、有效性，并对其承担责任。
机构盖章：________________
代理人签名：______________
日期：_____年_____月_____日</td></tr>
<tr><td colspan="4">经办人：__________　　　　复核人：__________
证券公司分支机构盖章：__________
日期：_____年_____月_____日</td></tr>
</table>

D11111

关注法天使

附件三　客户须知

文本正文：http://www.fatianshi.cn/D11112

尊敬的客户：

当您投资金融市场的时候，请您务必了解以下事项：

一、充分知晓金融市场法规知识①

当您自愿向证券公司申请开立客户账户时，应充分知晓并遵守国家有关法律法规、监管政策、业务规则及证券公司的业务制度和业务流程。如您委托他人代理开立客户账户的，代理人也应了解并遵守国家有关法律法规、监管政策、业务规则及证券公司的业务制度和业务流程。

二、审慎选择合法的证券公司及其分支机构②

当您准备进行证券交易等金融投资时，请与合法的证券公司分支机构签订客户账户开户协议以及其他业务协议等，有关合法证券公司及其分支机构和证券从业人员的信息可通过中国证券业协会网站（www.sac.net.cn）进行查询。

三、严格遵守账户实名制规定

当您开立客户账户时，应当出示本人/机构有效身份证明文件，使用实名，保证开户资料信息真实、准确、完整、有效，保证资金来源合法。如您的身份信息发生变更，您应当及时与所委托的证券公司分支机构联系进行变更。

四、严禁参与洗钱及恐怖融资活动

如您的交易涉嫌洗钱、恐怖融资，证券公司将依法履行大额交易、可疑交易报告义务；如您先前提交的身份证明文件已过

---

①投资者签署合同前，应注意核实合同对手方证券公司的资质，确认其公司及人员均具备资质，防范非法证券机构。

②投资者应确保资料真实准确有效完整，确保资金来源合法，不得非法募集资金交易、不得将账户出租、出借。

有效期，未在合理期限内更新且没有提出合理理由的，证券公司可中止为您办理业务。

五、妥善保管身份信息、账户信息、数字证书、账户密码

为确保您账户的安全性，我们特此提醒您，在申请开立客户账户时，您应自行设置相关密码，避免使用简单的字符组合或本人姓名、生日、电话号码等相关信息作为密码，并定期修改密码。您应妥善保管身份信息、账户信息、数字证书及账户密码等，不得将相关信息提供或告知他人使用（包括证券公司工作人员）。由于身份信息、账户信息、数字证书或账户密码的泄露、管理不当或使用不当造成的后果和损失，将由您自行承担。

六、选择适当的金融产品

金融市场中可供投资的产品有很多，其特点和交易规则也有很大不同，请您了解自己的风险承受能力，尽量选择相对熟悉的、与自己风险承受能力匹配的金融产品进行投资。在投资之前，请您务必详细了解该产品的特点、潜在的风险和交易规则，由于您投资决策失误而引起的损失将由您自行承担。①

①投资者应履行“买者自负”原则，匹配自己的风险偏好和承受能力，谨慎投资。

此外，除依法代销经国家有关部门或者其授权机构批准或者备案的在境内发行并允许代销的各类金融产品外，证券公司不会授权任何机构（包括证券公司分支机构）或个人（包括证券公司工作人员）擅自销售金融产品。因此，在购买金融产品时，请您核实该产品的合法性，不要私下与证券公司工作人员签署协议或向其交付资金。

七、选择熟悉的委托方式

证券公司为您提供的委托方式有柜台、自助以及您与证券公司约定的其他合法委托方式。其中，自助方式包括网上委托、电话委托、热键委托等，具体委托方式以实际开通为准。请您尽量选择自己相对熟悉的委托方式，并建议您开通两种以上委托方式。请您详

D11112

细了解各种委托方式的具体操作步骤，由于您操作不当而引起的损失将由您自行承担。对于通过互联网进行操作的方式，您应特别防范网络中断、黑客攻击、病毒感染等风险，避免造成损失。

八、审慎授权代理人

如果您授权代理人代您进行交易，我们建议您，在选择代理人以前，应对其进行充分了解，并在此基础上审慎授权。代理人在代理权限内以您的名义进行的行为即视为您自身的行为，代理人向您负责，而您将对代理人在代理权限内的代理行为承担一切责任和后果。特别提醒您不得委托证券公司工作人员（包括证券经纪人）作为您的代理人。

九、切勿全权委托投资①

除依法开展的客户资产管理业务外，证券公司不会授权任何机构（包括证券公司分支机构）或个人（包括证券公司工作人员）开展委托理财业务。建议您注意保护自身合法权益，除依法开展的客户资产管理业务外，不要与任何机构或个人签订全权委托投资协议，或将账户全权委托证券公司工作人员操作，否则由此引发的一切后果将由您自行承担。在参与依法开展的客户资产管理业务时，请您务必详细了解客户资产管理业务的法律法规和业务规则，核实所参与的资产管理产品的合法性。

十、证券公司客户投诉电话

当您与签订协议的证券公司或其分支机构发生纠纷时，可拨打证券公司客户投诉电话进行投诉，电话号码：___________。

本人 / 机构已详细阅读并理解了《客户须知》的各项内容。

客户：____

（个人签字 / 机构盖章）

签署日期：______年______月______日

---

①除了经监管机构授权的资产管理公司外，任何机构及个人（包括资管公司、证公司员工）均不得为投资者全权代理理财。否则将由投资者自行承担后果。

如果是开展资产管理业务，投资者也应当关注资产管理机构的资质及其资管产品的合法合规性。

附件四　证券交易委托风险揭示书

文本正文：http://www.fatianshi.cn/D11119

尊敬的投资者：

没有只涨不跌的市场，也没有包赚不赔的投资。在您进入证券市场之前，为了使您更好地了解相关风险，根据证券市场有关法律法规、行政规章、证券登记结算机构和证券交易所业务规则，以及中国证券业协会自律规则，特提供本风险揭示书，请您认真详细阅读。投资者从事证券投资包括但不限于如下风险：

1. 宏观经济风险：我国宏观经济形势的变化以及其他国家、地区宏观经济环境和证券市场的变化，可能引起证券市场的波动，使您存在亏损的可能，您将不得不承担由此造成的损失。

2. 政策风险：有关证券市场的法律、法规及相关政策、规则发生变化，可能引起证券市场价格波动，使您存在亏损的可能，您将不得不承担由此造成的损失。

3. 上市公司经营风险①：由于上市公司所处行业整体经营形势的变化；由于上市公司经营管理等方面的因素，如经营决策重大失误、高级管理人员变更、重大诉讼等都可能引起该公司证券价格的波动；由于上市公司经营不善甚至于会导致该公司被停牌、摘牌，这些都使您存在亏损的可能。

4. 技术风险：由于交易撮合、清算交收、行情揭示及银证转账是通过电子通信技术和电脑技术来实现的，这些技术存在着被网络黑客和计算机病毒攻击的可能，同时通信技术、电脑技

①投资股票的主体可能因为投资失误、重大诉讼等各类事件导致价格波动，甚至破产。由此会导致投资亏损。

D11119

关注法天使

术和相关软件具有存在缺陷的可能，这些风险可能给您带来损失或银证转账资金不能即时到账。

由于证券交易所主机和证券公司主机客观上存在时间差，若您的委托时间早于或晚于证券交易所服务器时间，将会产生不利于您的委托成交或不成交的风险。

5. 不可抗力因素导致的风险：因不可抗力、意外事件、技术故障或交易所认定的其他异常情况，导致部分或全部交易不能进行的，交易所可以决定单独或同时采取暂缓进入交收、技术性停牌或临时停市等措施；诸如地震、台风、火灾、水灾、战争、瘟疫、社会动乱等不可抗力因素可能导致证券交易系统瘫痪；证券公司无法控制和不可预测的系统故障、设备故障、通信故障、电力故障等也可能导致证券交易系统非正常运行甚至瘫痪；证券公司和银行无法控制和不可预测的系统故障、设备故障、通信故障、电力故障等也可能导致银证转账系统非正常运行甚至瘫痪，这些都会使您的交易委托无法成交或者无法全部成交，或者银证转账资金不能即时到账，您将不得不承担由此导致的损失和不便。

6. 特殊证券品种的风险

您应当根据自身的经济实力、承受能力和对投资品种的了解程度，认真决定证券投资品种及策略，当您有意投资 ST、*ST、退市整理类股票或者其他有较大潜在风险的证券品种（如权证等衍生品）[①]时，尤其应当清醒地认识到该类证券品种可能蕴含更大的投资风险。

7. 其他风险

由于您密码失密、数字证书保管不当、[②]投资决策失误、操作不当等原因可能会使您遭受损失；网上委托、热键委托等自助委托方式操作完毕后未及时退出，他人进行恶意操作而造成的损失；网上交易还可能遭遇黑客攻击，从而造成损失；委托他人

① ST、*ST、退市整理等股票有较大风险，投资者应充分意识到该类风险，不应盲目投资或轻信他人诱导投资，以避免不必要的损失。

②投资者应妥善保管用户、密码。

代理证券交易，且长期不关注账户变化，致使他人恶意操作而造成的损失；由于您疏于防范而轻信非法网络证券欺诈活动，可能会使您遭受损失，上述损失都将由您自行承担。在您进行证券交易时，他人给予您的保证获利或不会发生亏损的任何承诺都是没有根据的[①]，类似的承诺不会减少您发生亏损的可能。

特别提示：

本公司敬告投资者，请您配合证券公司进行风险承受能力评估，并客观判断自身风险承受能力与证券交易涉及的各类金融产品的风险是否相匹配，审慎进行投资。

如您是具备证券投资资格的境外投资者，在参与境内证券市场投资前，应充分知晓境内证券市场的相关法规知识、境内证券市场风险特征，了解并遵守境内证券市场的法律法规、监管规定、业务规则及相关规定等。

证券市场是一个风险无时不在的市场。您在进行证券交易时存在赢利的可能，也存在亏损的风险。本风险揭示书并不能揭示从事证券交易的全部风险及证券市场的全部情形。您务必对此有清醒的认识，认真考虑是否参与证券交易。当您决定参与证券交易时，请您务必认真阅读风险揭示书并签字。

股市有风险，入市需谨慎！

本人/机构已阅读并完全理解以上《证券交易委托风险揭示书》，愿意承担证券市场的各种风险。

____。

（请抄写以上画线部分内容）

客户：____

（个人签字 / 机构盖章）

签署日期：______年______月______日

①没有只赚不赔的市场，投资者不应轻信稳赚不亏的承诺，以免受骗上当，造成不必要的损失。

D11119

第二部分　证券期货居间业务

一、期货居间业务

期货居间协议

居间协议号：____________

使用场景：

期货居间协议是用于规范甲方（实操中主要是期货公司）与期货居间人就开展期货居间业务权利义务的合同。期货居间业务是指独立于期货公司和期货投资者的自然人或机构，接受期货公司或期货投资者的委托，为期货经营机构或投资者提供订立期货合同的机会或者订立期货合同中介服务。

法律要点：

1. 2016年3月自律组织出台《期货公司委托开展中间介绍业务管理办法（征求意见稿）》和《期货公司委托机构开展中间介绍业务合同指引（征求意见稿）》，但由于行业实际情况等原因，至今未落实。故本合同暂未参考上述办法和指引。待日后若能出台正式稿，则协议模板应对居间人资质、管理方式、返佣比例上限等内容做大篇幅调整。

2. 根据监管及商会等自律组织规定不同，不同辖区对居间人的主体资格及报酬比例上限有不同规定。有些地区如深圳、宁波，即允许自然人作为居间人，也允许法人机构作为居间人；有些地区如北京、杭州禁止法人机构作为居间人，只允许自然人作为居间人；还有些地区如湖南曾经完全取消过居

D11121

间人业务。

2016年的《期货公司委托开展中间介绍业务管理办法》（征求意见稿）拟只允许法人机构作为居间，禁止个人居间。

在合同签署的实操过程中，合同双方应根据各地的监管要求，确认主体是否适格、返佣比例是否合规。

3. 在实操中，合同可约定当居间人业绩低于一定标准时，期货公司有权终止协议。本条款使得期货公司具备一定主动权，居间人在签署合同前，应结合自身的实际能力，与期货公司协商最低业绩。

4. 鉴于居间业务的性质，为避免投资者纠纷，比较建议合同以专项条款明确说明居间人与期货公司之间为独立主体。居间人不得以期货公司名义对外做出任何承诺或保证。

文本正文：http://www.fatianshi.cn/D11121

期货居间协议

委托人（甲方）：________________________

地址：________________________

居间人（乙方）：________________________

身份证号：/ 营业执照号码：________________________

电话：________________________

传真：________________________

电子邮箱：________________________

甲、乙双方经过友好协商，在诚实信任、平等互利的基础上，就乙方为甲方开发期货、期权投资者（以下简称投资者）有关事宜达成协议如下：

第一章 总 则

第一条 甲方是按照中华人民共和国法律成立的、并依法享有期货、期权经营资格的独立的企业法人。

第二条 乙方是指独立于甲方和期货投资者，接受甲方或者投资者的委托，由甲方或者投资者支付相应报酬，为甲方或投资者提供订立期货、期权合同的机会或者订立期货、期权合同中介服务，能够独立承担完全民事责任的中华人民共和国自然人或按照中华人民共和国法律成立的、依法存续的企业法人或其他经济组织。①期货、期权合同是指期货经纪合同、证券经纪合同和股票期权经纪合同等。

第三条 乙方须遵守国家法律法规和甲方有关居间业务的规章制度，无犯罪记录和不良从业记录。

第四条 双方建立居间经纪关系，乙方以居间人的身份，受甲方或投资者委托为双方提供订约机会或其他推广业务。

第五条 乙方承诺在推广甲方期货、期权业务的过程中，遵守甲方有关期货、期权业务的管理制度和规定，不得有任何损害甲方形象或侵害甲方利益的行为，否则应赔偿甲方相应损失。

第二章 居间事项

第六条 乙方在与甲方签订本协议后，甲方委托乙方推广甲方所经营的期货、期权业务，向甲方推荐投资者，并促成投资者与甲方签订《期货经纪合同》或《证券经纪合同》和《股票经纪合同》。

第七条 乙方应协助甲方通过适当方法了解投资者的风险偏好，并按照期货、期权经营机构投资者教育工作要求，做好

---

①根据监管及商会等自律组织规定不同，不同辖区对居间人的主体资格有不同的规定。有些地区如深圳、宁波，既允许自然人作为居间人，也允许法人机构作为居间人；有些地区如北京、杭州禁止法人机构作为居间人，只允许自然人作为居间人；还有些地区如湖南曾经完全取消过居间人业务。

2016年的《期货公司委托开展中间介绍业务管理办法》（征求意见稿）拟只允许法人机构作为居间人，禁止个人居间。

在合同签署中，合同双方应根据各地的监管要求，确认主体是否适格。

D11121

权限内的投资者服务工作。乙方须协助甲方收集及向甲方反馈投资者在期货、期权交易中所出现的问题，并接受甲方关于对投资者资信等情况了解的要求，并予以协助。

第八条　乙方不是甲方的员工①，也不是甲方的代理人，乙方必须向期货投资者明示其居间人身份，乙方无权以甲方的名义与期货投资者签订期货合同，无权以任何方式直接或间接接受、代转投资者期货保证金，无权向投资者及其他第三者做出任何承诺和保证。

第九条　甲方就期货居间业务制定了完善的内部章程制度，乙方一经签署本协议，即被视为认可甲方所有有关居间人管理和居间业务管理的规章制度。

第十条　乙方须按甲方要求，把介绍的投资者资料预先向甲方报备。

第三章　酬金与支付方式

第十一条　乙方向甲方介绍的投资者在与甲方正式签订期货或期权合同并开始交易后，甲方开始按本协议的约定向乙方支付酬金。本协议中止、终止或者解除后，甲方不再向乙方支付酬金。

第十二条　酬金的计算：

（一）甲方按如下方法计算乙方报酬

居间协议有效期内，居间人介绍的投资者产生的交易手续费扣除公司上缴交易所的手续费、代收交易软件使用费、营业税金及附加、风险准备金、期货投资者保障基金等费用后的净额与双方约定的居间报酬计提比例的乘积。

（二）居间报酬计提比例

由甲乙双方按约定比例计提，具体为____________。②

①实操中，居间人多为期货公司委托。但居间人是独立于期货公司的第三方，其仅为期货公司与投资者提供签署合同的机会，无权代表期货公司做出任何承诺或保证。

②根据监管及商会等自律组织规定不同，我国不同辖区对居间人的报酬比例上限有不同规定。

在合同签署的实操过程中，合同双方应根据各地的监管要求，确认报酬比例是否合规。

（三）乙方税费

乙方应当根据甲方所在地监督管理部门、期货业自律性组织、税务部门的规定向甲方提供合法有效的发票。

当乙方为自然人时，甲方代扣代缴其个人所得税等乙方应付税费。

当乙方为法人时，乙方应当根据甲方所在地监督管理部门、期货业自律性组织、税务部门的规定向甲方提供合法有效的增值税专用发票。乙方应在每月收到酬金之日起 5 日内将发票联和抵扣联寄送甲方财务部门。

（四）报酬支付方式

甲方于下月 25 日前，将乙方的上月居间报酬付至以下乙方指定的本人银行账户。（遇节假日顺延至节假日后的第一个工作日）

收款人名称：______________________________

开户银行：________________________________

银行账号：________________________________

上述收款账户发生变更时，须在当月酬金支付前 5 个工作日书面正式通知甲方，否则甲方仍有权视原账户为有效账户。

第十三条 无论居间活动是否成功，甲方不支付给乙方除佣金报酬以外的任何费用。

第十四条 双方约定不管乙方是否促成投资者与期货公司签署相关业务合同，除按上述第九条规定执行外甲方不再承担其他任何费用。

第四章 双方的权利和义务

第十五条 甲方权利

（一）有权根据国家的相关法律法规和监管部门的监管要求，

D11121

对甲方有关居间业务的管理制度予以修改，并相应地修改、调整或终止本协议；

（二）有权选择是否与乙方介绍的投资者签订期货或期权相关业务合同；

（三）有权公示或告知投资者乙方的身份；

（四）有权与乙方介绍的投资者商定交易手续费；

（五）有权对乙方介绍的投资者进行回访，对于拒绝确认居间关系的投资者，甲方有权终止投资者与乙方的居间关系，停止发放酬金；

（六）有权对乙方的居间行为做调查、质询，督促乙方严格履行本协议的各项规定，并拥有对发生违约违规行为的乙方做出缓发或扣发全部或部分居间报酬、暂停居间资格、终止协议、向属地监管机构（或行业协会）通报等处分的权利；

（七）有权根据国家及监管部门、行业自律组织的规定及业务发展的需要对本协议做出调整，而无须事先通知乙方。

第十六条 甲方义务

（一）负责对乙方介绍业务规则、必要时进行期货居间业务的培训；

（二）负责乙方介绍的期货投资者的日常维护工作；

（三）负责投资者的期货及期权的交易、结算、风险控制及保证金等事项管理；

（四）按照双方约定支付乙方居间报酬；

（五）对乙方的居间活动档案进行管理，定期向管理部门备案，并接受管理部门的检查；

（六）负责乙方介绍的期货投资者基于期货合同的所有经纪事项。

第十七条 乙方权利

（一）按照双方约定获得居间报酬；

（二）乙方如不能接受甲方因市场和国家相关法律法规的变动对甲方有关居间人和居间业务的管理制度和本协议的内容作的修改和调整，有权书面通知甲方解除本协议。

第十八条 乙方义务

（一）严格按照本协议规定履行义务，并接受甲方监督；

（二）遵守国家法律、法规，遵守并执行甲方制定的所有适用于乙方的规章制度以及甲方制定的手续费收费标准；

（三）乙方应按时、定期参加甲方及所在地监督管理部门、行业自律组织安排的培训课程；

（四）乙方应保守甲方的商业机密，保守投资者的商业秘密和个人隐私；

（五）乙方应主动向投资者明示居间人身份，及自己的职责。不得制作可能使投资者对居间人与甲方关系产生误解的身份证明文件，以及向所服务的投资者发出容易使其对上述关系产生误解的其他信息；

（六）乙方应依诚实信用原则开展居间业务活动，对甲方和投资者的情况要如实介绍，如实告知投资者有关居间服务事项，如实告知投资者有关签订期货合同事项，事先向投资者阐述从事期货、期权交易存在的风险；不得故意隐瞒投资期货的风险或故意夸大投资期货的收益，不得做不实、误导的广告与宣传，不允许进行欺诈活动；

（七）不得利用期货居间人身份变相非法集资或融资；

（八）不得向投资者承诺盈利、保底或约定共担风险；

（九）不得代客理财，不得为其介绍的投资者下达交易指令、调拨资金，否则自动终止与甲方的居间关系；

D11121

（十）不得阻挠妨碍投资者与甲方的签约活动，不得损害投资者的合法权益；

（十一）不得为投资者提供甲方营业场所之外的集中交易场所，不得以甲方名义设立经营服务网点，不得超越本协议甲方委托的权限进行对外签约、承诺或其他损害甲方利益的活动，否则应赔偿给甲方造成损失；

（十二）不得与投资者串通恶意套取酬金或损害甲方利益；

（十三）不得损害或诋毁甲方及其业务人员、其他居间人及投资者的名誉，不得扰乱甲方及其业务人员的正常业务秩序，不得开发甲方已有投资者；

（十四）乙方不应与甲方从业人员存在直系近亲属关系；

（十五）不得以甲方工作人员或甲方代理人的名义开展居间业务活动或从事非居间业务活动；

（十六）在本协议有效期内，乙方不得同时在其他期货经营机构从事居间业务，不得从事与甲方业务相冲突的其他居间业务。

（十七）不得代表投资者与甲方签署任何协议、交易结算报告、发布任何文件或承诺承担任何责任；

（十八）不得存在监督管理部门、行业自律性组织等规定的居间禁止行为；

（十九）向甲方提供合法有效的地址和联系方式，甲方依照该地址和联系方式传达的通知和文件等均视为有效送达；

（二十）乙方自行承担因居间事务所支出的费用；

（二十一）乙方如需解除本协议，需书面通知甲方，双方协商一致后解除；在解除本协议之前，乙方不得从事与甲方业务相冲突的其他居间业务。

第五章 保密条款

第十九条 本协议任何条款及本协议所涉及的投资者的任何资料，均属于应该保密的信息，乙方负有保密义务，未经甲方书面正式许可乙方不能以任何理由，在任何场合泄露、披露本协议任何条款及甲方的其他商业机密、投资者秘密和个人隐私。

第六章 不可抗力

第二十条 甲乙双方约定由于战争、地震、水灾等不可抗力因素，或政策法规的变化而导致某方不能正常履行协议的，不负有违约责任。

第七章 其他事项

第二十一条 乙方知晓并[①]同意，乙方为独立承担责任的主体，并非甲方的工作人员，不纳入甲方劳动编制，不享有劳动福利、保险等甲方工作人员所享有的权益。居间业务费用由乙方自行承担。

乙方在签订居间协议后，在协议管辖范围以外从事任何违法、违规或违约的活动，由乙方单独承担责任，甲方不承担任何连带责任。如果乙方的行为给甲方造成经济或名誉上的损失和影响，甲方有权向乙方主张权益。

第二十二条 签订本协议前，乙方已经阅读理解并同意遵守国家、监管部门或者行业自律组织发布的居间业务相关法律法规和规章制度。

第二十三条 甲乙双方确认本协议首页的地址为双方通知、文件、文书、资料的送达地址。当面交付上述材料的，在交付之日视为送达。在一方有关通知、文件、文书、资料无法当面

①合同明确说明，居间人非期货公司员工，与期货公司是完全独立的关系。乙方应注意此约定，不得轻信居间人的任何承诺。

D11121

送达给另一方的情形下（包括但不限于另一方下落不明或拒收），一方以 EMS 或挂号信邮寄至该地址的，邮件寄出即视为送达。

第二十四条 当乙方介绍的投资者拒绝①乙方的服务时，甲方有权对该投资者进行其他安排，且该投资者将不再作为乙方介绍的投资者。

第二十五条 乙方介绍的投资者须本人亲自签订期货合同及相关资料，若甲方核实乙方介绍的投资者非投资者本人亲自签订合同或相关资料的，甲方将有权不再将该投资者视为乙方介绍的投资者。

第八章 协议期限、协议中止、终止和违约责任

第二十六条 本协议有效期自______年______月______日至______年______月______日。本协议期满前 30 日内经双方达成一致可以续签。

第二十七条 乙方有下列情况之一的，甲方有权终止本协议：

（一）乙方因涉嫌从事期货、期权禁止行为被期货、期权监督管理部门立案调查；

（二）乙方因涉嫌经济案件被司法机关立案调查；

（三）乙方存在拒绝居间管理等行为（包括但不限于不参加居间人培训等）的。

第二十八条 有下列情况之一的，本协议自动终止：

（一）任何一方依约解除；

（二）协议期满；

（三）乙方死亡或者丧失民事行为能力的；

（四）乙方变更地址、联系方式未及时通知甲方、导致甲方无法正常联系乙方的；

①投资者有权取消居间人资格。

（五）乙方存在拒绝居间管理等行为（包括但不限于不参加居间人培训等）的；

（六）乙方违反国家法律法规行政规章、行业自律规则，受到刑事或者行政处罚、行业自律组织惩戒的；

（七）法律法规规定的其他终止事由。

第二十九条 乙方违反本协议的约定或其他监管要求，甲方有权延期或者扣留乙方报酬并有权单方解除本协议，造成甲方损失的，乙方应对甲方损失予以赔偿。

第三十条 由于甲方单方原因，造成甲方延期支付酬金超过 30 日，乙方有权随时解除本协议并要求甲方立即支付已经到期的酬金。

第三十一条 乙方同意甲方可根据市场情况及国家政策、监管及自律组织要求对公司规章制度作相应调整，乙方在此承诺接受并遵守。如不同意，甲方有权解除本协议。

第三十二条 自本《居间协议》生效后，甲方根据乙方开发投资者的日均权益、月均收入留存、是否存在投资者投诉或代客理财等行为对乙方进行季度业绩管理和年度风险定级评估管理。对于酬金比例高于 ______% 的，季度考核日均权益低于 ______ 元且月均收入留存低于 ______ 元的，甲方有权将其酬金计算比例降至 ______% 或以下。

若连续三个考核季度乙方介绍的投资者日均权益少于 ______ 元且月均收入留存少于 ______ 元，或乙方存在投资者投诉或代客理财等行为，则本协议由甲方根据乙方具体情况决定是否终止履行协议。[①]甲方有权根据业务发展需要适时调整绩效考核标准。

①本合同约定了当居间人业绩低于一定标准时，期货公司有权取消居间人资格的条款。本条款对公司较为有利，使其在合同的履行过程中更主动。居间人在签署合同前，应结合自身的实际能力，与期货公司协商最低业绩。

D11121

第九章　协议的修改、变更、补充

第三十三条　本协议未尽事宜，双方协商后签订补充协议。非经双方协商一致，任何一方不得擅自对本协议的条款进行修改和补充。

第三十四条　甲乙双方签字（签章）认可的有关本协议的修改 / 变更 / 补充的书面文件，是本协议当然的附件，与本协议约定不同之处，具有高于本协议的法律效力。

第十章　争议的解决及管辖

第三十五条　因本协议或履行本协议产生的纠纷，双方应友好协商解决。协商不成时，任何一方可向甲方所在地人民法院起诉。

第十一章　生 效 条 款

第三十六条　本协议自双方签字（盖章）后生效，一式叁份。甲方执贰份，乙方执壹份，具备同等法律效力。

委托人（甲方）：________________________________

身份证号码：________________________________

授权签字（公章）：________________________________

日期：______年______月______日

居间人（乙方）：________________________________

营业执照号码：________________________________

签字（机构加盖公章）：________________________________

日期：______年______月______日

附件一　期货居间人自律承诺书

文本正文：http://www.fatianshi.cn/D11122

本人 / 机构是独立承担民事责任的主体，不是所签约期货、期权经营机构的员工。本人自愿履行以下承诺：

一、遵守法律法规、行政规章，自觉接受期货或期权监管部门和行业自律协会的管理。

二、（机构适用）本机构是在中华人民共和国境内依法设立的机构，近 3 年未因重大违法违规行为受到行政处罚或者刑事处罚，未因涉嫌重大违法违规行为正在被有权机关立案调查或者采取强制措施，净资产不低于人民币______万元。本机构中间介绍业务部门负责人及从事介绍业务的工作人员非证券期货公司从业人员，未被中国证监会等金融监管机构或中国期货业协会等行业自律组织采取市场禁入、暂停或撤销从业资格等处罚措施，或者处罚期已经届满；

（自然人适用）本人非证券期货公司从业人员，未被中国证监会等金融监管机构或中国期货业协会等行业自律组织采取市场禁入、暂停或撤销从业资格等处罚措施，或者处罚期已经届满。本人近 3 年未因重大违法违规行为受到行政处罚或者刑事处罚，未因涉嫌重大违法违规行为正在被有权机关立案调查或者采取强制措施。

三、遵守居间协议，按照约定全面履行自己的义务，合理行使自己的权利，自觉接受所签约期货、期权经营机构定期组织的居间业务、法律法规培训等日常管理。

D11122

四、主动明示居间人身份①，不以所签约期货、期权经营机构或其正式员工的名义或容易产生误解的名片、宣传材料等开展居间业务。

五、全面揭示期货、期权市场风险，明确告知客户独立承担期货、期权市场风险。

六、不向客户做获利保证②，或者约定分享收益或共担风险。不得与客户恶意串通损害所签约期货、期权经营机构的利益。

七、不从事或参与组织与配资业务相关活动③，不接受客户委托开展委托理财活动，不存在期货或期权监督管理部门、行业自律性组织等规定的居间人禁止行为。

八、不夸大或虚构期货或期权交易业绩诱导客户出资，不对客户隐瞒重要事实或进行虚假宣传、误导性陈述，不得欺诈、误导客户。

九、不接受客户授权委托进行期货、期权交易。包括但不限于代理客户办理合同签订和注销、交易指令下达、资金调拨、交易结算单确认、查询等事宜。

十、不组织客户集中交易，不设立非法期货或期权交易网点，不从事其他违法的期货、期权经营活动。

十一、保证提供真实、准确、完整的居间人信息，配合所签约期货、期权经营机构完成信息公示工作并符合监管要求。

十二、积极配合所签约期货、期权经营机构进行客户信访投诉事项的处理。

十三、遵循诚实信用原则，保守所签约期货、期权经营机构的商业秘密，保守客户的商业秘密和个人隐私。

十四、不同时在两家或两家以上的期货、期权经营机构从事居间业务。

①居间是人独立于期货公司的第三方，不得以期货公司名义展业。

②居间人不得向投资者做任何承诺或保证。不得与投资者共同分享收益或承担风险。不得与投资者串通恶意损害期货公司利益。

③居间人不得从事或参与非法配资业务。

十五、承诺与所签约期货、期权经营机构从业人员不存在近亲属关系。法人公司的董事、监事及高级管理人员与所签约期货、期权经营机构从业人员均不存在近亲属关系。

十六、本人违反上述自律承诺事项时，所签约期货、期权经营机构有权立即解除居间合同并扣减部分返佣，有权将本人失信行为报告期货或期权监管部门及行业自律协会的备案信息管理系统，记入“不良诚信记录”。

本人 / 机构将严格遵守以上承诺，并承担因违反上述承诺所引起的一切责任。

承诺人（签字、机构加盖公章）：______________________

身份证明文件号：___________________________________

日期：______年______月______日

D11122

附件二　期货居间人申请表（自然人）

居间协议编号：____________

<table>
<tr><td colspan="5">以下内容由居间人填写（* 为必填项）</td></tr>
<tr><td colspan="4">基本信息</td><td rowspan="8">免冠照片</td></tr>
<tr><td>* 姓名</td><td></td><td>性别</td><td>□男
□女</td></tr>
<tr><td>* 民族</td><td></td><td>* 学历（须高中以上）</td><td></td></tr>
<tr><td rowspan="2">* 身份证号码</td><td rowspan="2"></td><td>固话</td><td></td></tr>
<tr><td>* 手机</td><td></td></tr>
<tr><td rowspan="2">* 联系地址</td><td rowspan="2"></td><td>邮箱</td><td></td></tr>
<tr><td>* 邮编</td><td></td></tr>
<tr><td colspan="5">指定银行账户</td></tr>
<tr><td>* 户名</td><td></td><td>* 开户银行（具体网点）</td><td colspan="2"></td></tr>
<tr><td>* 账号</td><td colspan="4"></td></tr>
<tr><td colspan="5">本人郑重承诺，愿意成为____________期货有限公司居间业务发展人，遵守法律法规及____________期货有限公司相关的管理制度与规定，依法合规地开展期货、期权业务，并承诺在____________期货有限公司从事居间业务的同时，绝不与其他的期货公司签署居间协议，不以____________期期货有限公司的名义从事与本业务无关的任何事业。不与____________期货有限公司的员工存在近亲属关系。
若违背上述承诺，____________期货有限公司可以追究本人一切责任，并解除相关签约。
特此承诺！
签名：______________________
日期：______年______月______日</td></tr>
</table>

续表

*教育经历	
*工作经历	

以下内容由期货公司填写：

提供附件（居间人签字）	□身份证正反面复印件 □银行卡复印件
*是否有期货从业资格	□是　□否
从业资格证号（如有从业资格必须填写）	
是否有中期协查询诚信情况 □是　□否	有无不良诚信记录 □有　□无
客户经理审核意见	□乙方提交资料齐全，同意开展居间业务 □已对乙方进行岗前培训 签名：________________ 日期：____年____月____日
营业部、业务单元负责人审核意见	乙方是否与我公司员工存在近亲属关系 □是　□否 乙方是否存在不良诚信记录 □是　□否 签名：________________ 日期：____年____月____日

D11123

续表

营业部、业务单元风控或合规审核意见	□已对乙方进行居间人岗前测试，成绩合格。 □乙方符合辖区监管规定及公司内部居间要求，同意开展居间业务。 签名：______________ 日期：____年____月____日
经纪业务部综合考核岗审核意见	签名：______________ 日期：____年____月____日
经纪业务部负责人审核意见	签名：______________ 日期：____年____月____日
公司分管领导审核意见	签名：______________ 日期：____年____月____日

附件三　期货居间人申请表（法人）

文本正文：http://www.fatianshi.cn/D11124

居间协议编号：____________

以下内容由居间人填写：

<table>
<tr><td>单位名称</td><td colspan="2"></td><td>单位性质</td><td></td></tr>
<tr><td>营业执照号</td><td colspan="2"></td><td>税务登记号</td><td></td></tr>
<tr><td>组织机构代码</td><td colspan="2"></td><td>注册资本</td><td></td></tr>
<tr><td>法定代表人</td><td colspan="2"></td><td>经营范围</td><td></td></tr>
<tr><td>指定银行账户名称</td><td colspan="2"></td><td>银行账号</td><td></td></tr>
<tr><td>开户银行（具体网点）</td><td colspan="4"></td></tr>
<tr><td>法定代表人姓名</td><td></td><td>□男
□女</td><td>身份证号码</td><td></td></tr>
<tr><td>联系地址</td><td colspan="2"></td><td>手机号码</td><td></td></tr>
<tr><td>授权委托人姓名</td><td></td><td>□男
□女</td><td>身份证号码</td><td></td></tr>
<tr><td>联系地址</td><td colspan="2"></td><td>手机号码</td><td></td></tr>
<tr><td>公司注册地址</td><td colspan="4"></td></tr>
<tr><td>公司办公地址</td><td colspan="4"></td></tr>
<tr><td>业务范围</td><td colspan="2"></td><td>从业经历</td><td></td></tr>
</table>

D11124

续表

本人郑重承诺，愿意成为＿＿＿＿＿＿期货有限公司居间业务发展人，遵守法律法规及＿＿＿＿＿＿期货有限公司相关的管理制度与规定，依法合规地开展期货、期权业务，并承诺在＿＿＿＿＿＿期货有限公司从事居间业务的同时，绝不与其他的期货公司签署居间协议，不以＿＿＿＿＿＿期货有限公司的名义从事与本业务无关的任何事业。我公司董事、监事及高级管理人员与＿＿＿＿＿＿期货公司员工均不存在近亲属关系。

若违背上述承诺，＿＿＿＿＿＿期货有限公司可以追究本机构一切责任，并解除相关签约。

特此承诺！

签章：＿＿＿＿＿＿

日期：＿＿＿年＿＿＿月＿＿＿日

以下内容由期货公司填写：

<table>
<tr><td>提供附件
（加盖公章）</td><td colspan="2">□营业执照（副本）　□组织机构代码证
□税务登记证　□公司组织架构
□法人证明书　□授权委托书
□开户许可证　□身份证复印件</td></tr>
<tr><td>诚信记录</td><td>是否登录中期协网站查询
□是　□否</td><td>有无不良诚信记录
□有　□无</td></tr>
<tr><td>客户经理审核意见</td><td colspan="2">□乙方提交资料齐全，同意开展居间业务
□已对乙方进行岗前培训
签名：＿＿＿＿＿＿＿＿＿＿
日期：＿＿＿年＿＿＿月＿＿＿日</td></tr>
<tr><td>营业部、业务单元负责人审核意见</td><td colspan="2">乙方公司的董事、监事及高级管理人员是否与我公司员工存在近亲属关系
□是　□否
乙方是否存在不良诚信记录
□是　□否
签名：＿＿＿＿＿＿＿＿＿＿
日期：＿＿＿年＿＿＿月＿＿＿日</td></tr>
</table>

续表

营业部、业务单元风控或合规审核意见	□已对乙方进行居间人岗前测试，成绩合格。 □乙方符合辖区监管规定及公司内部居间要求，同意开展居间业务。 签名：____________ 日期：____年____月____日
经纪业务部综合考核岗审核意见	签名：____________ 日期：____年____月____日
经纪业务部负责人审核意见	签名：____________ 日期：____年____月____日
公司分管领导审核意见	签名：____________ 日期：____年____月____日

D11124

附件四　法定代表人证明书

__________期货有限公司：

__________同志，证件号码为__________，现任我公司__________（职务），为法定代表人，特此证明。

法定代表人签字留样：

单位名称（公章）

_____年_____月_____日

附：法定代表人性别：__________年龄：__________民族：__________住址：__________电话：__________

附件五　期货授权委托书

文本正文：http://www.fatianshi.cn/D11126

____________期货有限公司：

本单位/本人现授权____________先生/女士（身份证号码：____________）代表本单位/本人与贵公司签署《居间协议》及相关附属文件，同时代表本单位/本人全权处理与贵公司的全部委托代理事宜。自本授权书签署之日起，被授权人一切之与贵公司发生的有关行为都是本单位/本人意愿之体现，本单位/本人将负全部责任，绝无异议。

授权人（法人盖公章/自然人签字）：____________________

法人法定代表人（签字）：____________________________

被授权人签字：______________________________________

签署日期：______年______月______日

D11126

二、证券居间业务

证券经纪人委托代理合同

合同编号：____________

使用场景：

证券经纪人委托代理合同是用于规范证券公司委托证券公司以外的人员从事客户招揽和客户服务等活动的合同，主要约定了证券公司与证券经纪人之间就客户招揽和客户服务事宜的权利义务关系。

法律要点：

1. 合同主体资格。合同应约定，证券经纪人为证券从业人员，应当通过证券从业人员资格考试，具备规定的证券从业人员执业条件，并在执业期间持续具备规定的证券从业人员执业条件。合同乙方主体仅限自然人，机构不得具备本合同乙方主体资格。另外，根据相关法规规定，证券经纪人只能接受一家证券公司的委托，不得同时与多家证券公司签约，并应当专门代理证券公司从事客户招揽和客户服务等活动。

2. 代理关系。证券经纪人是指接受证券公司委托，代理其从事客户招揽和客户服务等活动的证券公司以外的独立的自然人，证券经纪人不是证券公司的员工，不得以证券公司名义对外做出任何承诺或保证。

3. 证券经纪人独立于证券公司和客户，不得从事损害证券公司或客户利益的行为。为此，对于误导交易、泄露隐私等典型的损害证券公司或客户利益的行为，合同第五章做了明确的列举性加括总概括性约定。

文本正文：http://www.fatianshi.cn/D11127

证券经纪人委托代理合同

委托人（甲方）：________________________证券公司

住所：________________________

联系电话：________________________

电子邮箱：________________________

经营证券业务许可证编号：________________________

受托人（乙方）：________________________

身份证号码：________________________

身份证住址：________________________

现居住地址：________________________

电子邮箱：________________________

联系电话：________________________

证券经纪人证书编号：________________________

第一章　合同的目的、依据和原则

第一条　为明确甲、乙双方权利义务，根据《中华人民共和国合同法》《中华人民共和国证券法》《证券公司监督管理条例》《证券经纪人管理暂行规定》《中国证券业协会证券经纪人执业规范（试行）》《证券经纪人委托合同必备条款》等法律、行政法规、证监会规定、自律规则和甲方的有关规定，根据平等、自愿的原则，就甲方委托乙方代理其从事客户招揽、客户服务

D11127

等业务事宜达成一致，签订本合同。

第二章　声明与保证

第二条　甲方声明和保证：

甲方①已经得到监管机构的认可，具备委托证券经纪人从事客户招揽和客户服务等活动的条件。

第三条　乙方声明和保证：

（一）乙方提供给甲方的信息和资料真实、准确、有效、完整。

（二）乙方资料和信息发生变更时，应及时通知甲方。

（三）乙方已充分了解知悉了本合同所依据的法律、行政法规、证监会规定、自律规则和甲方的有关规定，知悉甲方对证券经纪人的绩效考核规定，并承诺在本合同生效后遵守甲方证券从业人员的管理规定及其做出的合理修订版的规定。

第三章　甲方与乙方的法律关系

第四条　甲、乙双方之间的法律关系为委托代理关系②。甲方委托乙方作为甲方的证券经纪人，代理甲方进行客户招揽、客户服务等活动。乙方的执业地域范围为（省、市、区），乙方所服务甲方分公司 / 证券营业部（经营证券业务许可证编号为____________）。

第五条　甲、乙双方之间不构成任何劳动关系，乙方不具有甲方任何类别的员工身份。③

第六条　乙方应当遵守甲方管理规定，在合同约定的代理期限内，乙方在甲方授权范围内的行为，由甲方依法承担相应的法律责任。

第七条　乙方超出甲方授权范围的行为及自身过错行为，

①甲方须取得监管认可的资质，乙方营业须通过证券从业人员资格考试。

②乙方为独立第三方，甲乙双方关系为委托代理关系，而非劳动关系。

③证券经纪人为独立于证券公司的第三方，证券经纪人不是证券公司的员工，双方不构成任何劳动关系。

甲方不承担责任，由乙方自行依法承担相应的法律责任。如乙方虽无权、越权代理，但被认定为表见代理的，由乙方向善意第三方承担法律及赔偿责任，甲方亦有权就其损失向乙方进行追索。

第四章　委托代理权限和委托代理期间

第八条　乙方的委托代理权限为：

（一）向客户介绍甲方和证券市场的基本情况；

（二）向客户介绍证券投资的基本知识及开户、交易、资金存取等业务流程；

（三）向客户介绍与证券交易有关的法律、行政法规、证监会规定、自律规则和甲方的有关规定；

（四）向客户传递由甲方统一提供的研究报告及与证券投资有关的信息；

（五）向客户传递由甲方统一提供的证券类金融产品宣传推介材料及有关信息；

（六）向客户揭示证券投资风险和反洗钱义务；

（七）法律、行政法规和证监会规定证券经纪人可以从事的客户招揽、从事客户服务及其他活动。

第九条　乙方代理期限为______年，自______年______月日起，至______年______月______日止。本合同提前终止的，代理期限至合同提前终止日终止。

第五章　乙方行为规范

第十条　乙方在从事客户招揽和客户服务等活动时，应当遵循诚实守信、勤勉尽责，公平对待客户、客户利益优先的原则。

D11127

第十一条 乙方在执业过程中，应向客户充分揭示证券投资的风险，开展业务过程中，乙方禁止从事下列行为：

（一）替客户办理账户开立、注销、转移，证券认购、交易或者资金存取、划转、查询等事宜；

（二）提供、传播虚假或者误导客户的信息，或者诱使客户进行不必要的证券买卖；①

（三）与客户约定分享投资收益，对客户证券买卖的收益或者赔偿证券买卖的损失作出承诺；②

（四）采取贬低竞争对手、进入竞争对手营业场所劝导客户等不正当手段招揽客户；

（五）泄露客户的商业秘密或者个人隐私；

（六）为客户之间的融资提供中介、担保或者其他便利；

（七）为客户提供非法的服务场所或者交易设施，或者通过互联网络、新闻媒体从事客户招揽和客户服务等活动；

（八）委托他人代理其从事客户招揽和客户服务等活动；

（九）以甲③方或甲方分公司、证券营业部的名义，与客户或他人签订任何合同、协议；

（十）代客户在相关合同、协议、文件等资料上签字；

（十一）在执业过程中索取或收受客户款项和财物；

（十二）在执业过程中，向客户提供非由所甲方统一提供的研究报告及与证券投资有关的信息、证券类金融产品宣传推介材料及有关信息；

（十三）违反所监管、行业或甲方要求，以低于成本佣金或者零佣金等不正当竞争手段争抢客户；

（十四）损害客户合法权益、扰乱市场秩序或者违背职业道德的其他行为；

（十五）损害证券行业、甲方或甲方股东、关联人声誉或者

①乙方不得为赚取佣金，误导客户进行不必要交易。

②乙方在展业过程中，不得与客户分享投资收益，共担损失。

③乙方为独立于甲方的第三方，不得以甲方名义展业。

违背职业道德的其他行为。

第六章　甲方的权利及义务

第十二条　甲方的权利：

（一）依据法律、行政法规、监管机构及行政管理部门的规定、自律规则和甲方的有关规定，对乙方及其执业行为进行管理和监督。

（二）对乙方超越授权范围的证券业务活动，甲方有权制止；因乙方过错造成甲方或甲方客户损失的，甲方有权要求乙方进行赔偿。

（三）因乙方故意或过失造成甲方或甲方客户损失的，甲方有权要求乙方赔偿。

（四）按照甲方的规定，从乙方业绩报酬中计提一定比例的风险准备金。

（五）按照有关规定以及合同的约定，对乙方执业证书进行集中管理，办理乙方证券经纪人证书的颁发、收回、变更、注销等事宜。

第十三条　甲方的义务：

（一）向乙方说明其报酬的计算依据、计算方法和计算结果，并依照本合同的约定向乙方支付报酬。

（二）在与乙方签订本合同、对乙方进行执业前培训并经测试合格后，为乙方向中国证券业协会进行执业注册登记。

（三）根据税务机关的要求为乙方依法代扣代缴税费。

（四）为乙方提供其执业所需的有关资料和信息。

（五）为乙方提供培训及后续教育。[①]

（六）听取乙方意见和建议，对合理的意见和建议予以采纳。

①为规范从业行为，证券经纪人要进行持续的培训和教育学习。

D11127

第七章　乙方的权利和义务

第十四条　乙方的权利：

（一）按照合同约定获取报酬。

（二）了解报酬的计算依据、计算过程和计算结果。

（三）要求甲方提供执业所需的有关资料和信息。

（四）参加甲方组织的相应培训及后续教育。

（五）向甲方提出意见和建议。

（六）拒绝执行甲方违反法律法规或者违反本合同的管理制度。

第十五条　乙方的义务：

（一）遵守法律、行政法规、监管机构和行政管理部门的规定、自律规则以及职业道德，自觉遵守甲方的相关有效管理制度，保守甲方的商业秘密，维护甲方的声誉和合法权益；

（二）在本合同约定的代理权限、代理期间和执业地域范围内从事客户招揽和客户服务等活动；

（三）在本合同有效期内，只接受甲方委托并专门代理甲方从事客户招揽和客户服务等活动，不得接受其他证券公司委托从事证券经纪人业务；

（四）在执业过程中主动向客户出示证券经纪人证书，明示与甲方的委托代理关系以及代理权限、代理期间和执业地域范围。不得以甲方员工身份对外开展任何业务，不得代表甲方或以甲方员工身份发表、签署任何文件；[①]

（五）妥善保管证券经纪人证书，按时将证券经纪人证书交甲方年检，在证书载明事项变更、委托关系终止时及时将证书交回甲方；

（六）乙方代理甲方从事客户招揽、客户服务等活动取得的各项报酬，应依法纳税；

①乙方不得冒用甲方名义展业。

（七）在本合同有效期内及本合同因任何原因解除或终止后一年内，乙方不得以任何理由、方式转移甲方客户，本约定不因本合同的解除或终止而失效。

第八章 报 酬

第十六条 根据乙方为甲方提供客户招揽、产品介绍及客户服务等相关工作的情况，甲方向乙方支付报酬：

报酬的计算依据和计算方法：

按照《[证券公司]证券营业部渠道部营销人员绩效考核办法》执行。

报酬的支付时间：

按月支付：甲方应于次月第______个工作日之前支付乙方上月报酬；

按季度支付：甲方应于次季度首月第______个工作日之前支付乙方上季度报酬；

按年度支付：甲方应于次年首月第______个工作日之前支付乙方上年报酬。

报酬的支付方式：现金 / 银行转账。

乙方银行账户信息

账户名称：______________________________

开户行：______________________________

账号：______________________________

第十七条 除为满足合规要求，或经甲方和乙方协商一致且调整后有利于乙方的情形外，在合同有效期内不得调整报酬的计算依据、计算方法。

第十八条 甲方有权每月 / 季度 / 年度在乙方报酬内提取一定比例作为风险准备金。[1]风险准备金累计提取至人民

[1] 本条为保障甲方权益条款，对乙方违约行为能起到一定威慑，但同时也会占用乙方收益。甲乙双方可根据具体情况，商讨是否保留本条款，以及风险准备金的具体金额。

D11127

币______元后不再提取。

风险准备金计算公式为：

本合同终止或提前解除时，若乙方不存在违反法律、行政法规、监管机构和行政管理部门的规定、自律规则以及职业道德行为，未给甲方及甲方客户造成损失的，甲方应在合同终止后个工作日后将已提取的风险准备金不计利息返还乙方。否则，甲方可自行将该风险金相应抵扣乙方未付的款项、损失赔偿款及违约金等不予返还，风险金不足以抵偿损失的，甲方有权向乙方追讨不足部分。

第九章　保 密 条 款

第十九条　乙方对在开展业务过程中获知的甲方及甲方客户的商业秘密及个人隐私（包括但不限于业务信息、人员信息、客户信息、收益分配机制、合作机构信息、经营信息、技术信息、管理信息、财务税收信息、专利信息、档案资料等），负有保密义务，未经甲方和甲方客户事先书面许可，乙方不得对外披露、透露或提供有关的资料和信息。未经甲方书面认可，乙方不得复制甲方文件资料、不得以任何方式泄露甲方客户资料。乙方违反本合同约定给甲方或甲方客户造成损失的，应当承当赔偿责任。

第二十条　本保密条款长期有效，不因本合同的终止或解除而失效。

第十章　合同的变更、解除和终止

第二十一条　经甲、乙双方协商一致并达成书面意见的，可以对本合同进行变更或提前解除。

第二十二条　本合同有效期内，若遇国家相关法律法规、规章制度及政策修订，则本合同相关内容按新修订的法律法规、规章制度及行业规章自行变更，其他合同内容及条款继续有效。

第二十三条 本合同有效期内，若出现以下情况的，本合同提前解除。

（一）有下列情况之一的，甲方可单方提前解除本合同。若乙方给甲方或甲方客户造成损失的，乙方应承担赔偿责任。

1. 乙方在执业过程中有违反法律、行政法规、监管机构和行政管理部门的规定、自律规则、甲方规章制度；

2. 乙方执业过程中有违背社会公德或职业道德，损害甲方声誉和形象；

3. 乙方在执业过程中未主动向客户出示证券经纪人证书，明示与甲方的委托代理关系以及代理权限，超越代理权限或者执业地域范围执业；

4. 乙方不再具备规定的执业条件，丧失证券业从业资格，注销或被证券监管部门吊销证券从业资格；

5. 乙方证券经纪人执业证书未按时提交甲方办理变更或年检；

6. 在本合同有效期内，乙方同时接受甲方以外的证券公司或机构委托，进行客户招揽、客户服务等活动的；

7. 乙方泄露甲方商业秘密或客户个人意思；

8. 乙方绩效考核未达到甲方最低标准的；

9. 乙方死亡、或者被人民法院宣告死亡或者失踪的；

10. 法律法规、监管机构和行政管理部门的规定、自律规则规定的其他情况。

（二）有下列情形之一的，乙方可随时单方解除本合同。

1. 因甲方被监管机构依法责令暂停业务、撤销业务许可或者自行停业等原因，导致乙方无法正常执业；

2. 甲方相关管理制度违法违规或者违反本合同，损害乙方

D11127

合法权益；

3. 甲方未按照本合同约定向乙方支付报酬；

4. 甲方自行暂停开展业务，或不再具备开展证券经纪人委托代理资格，或甲方被依法宣告破产、托管的；

5. 法律、法规规定的其他情形。

（三）提出解除合同一方，需要以书面形式向对方提出通知，合同于通知送达对方之日终止。

甲方接受通知邮寄地址：________________________

收件人：________________________________

邮编：_________________________________

电话：_________________________________

乙方接受通知邮寄地址：________________________

收件人：________________________________

邮编：_________________________________

电话：_________________________________

第十一章　违约责任

第二十四条　双方应严格遵守本合同约定，任何一方违反本合同约定给对方造成损失的，应依法承担违约赔偿责任。

乙方违约行为导致甲方或甲方员工、分公司、证券营业部、甲方管理费受到处罚、索赔或不利影响的，乙方应承担全部赔偿责任。乙方行为涉嫌违法犯罪的，甲方有权向有关司法机关或监管机构举报。

第二十五条　甲方按照法律、行政法规、监管机构和行政管理部门的规定、自律规则的规定，或按照司法机关生效判决、执行书的作为或不作为而造成的乙方损失的，不视为违约，甲方不承担赔偿责任。

第十二章　不可抗力

第二十六条　本合同存续期间，因不可抗力（包括但不限于地震、台风、水灾、火灾、战争、罢工、暴乱，以及国家法律法规、政策等发生变化等）导致本合同一方或双方当事人无法全部履行或部分履行本合同的，任何一方或双方当事人根据不可抗力的影响部分或全部免除违约责任。遇有不可抗力的一方或双方当事人应在合理行为能力范围内勤勉尽责，及时通知对方并在合理期限内提供受到不可抗力影响的证明，并采取适当的措施以在最大限度防止损失的扩大。

第十三章　争议处理

第二十七条　因本合同的订立、内容、履行和解释或因本合同而产生的任何争议，甲乙双方应尽量通过协商、调解途径解决。甲乙双方不愿或者不能通过协商、调解解决的，任何一方均有权向甲方住所地有管辖权的人民法院提起诉讼 / 向仲裁委员会提起仲裁解决。

第十四章　合同的成立生效、期限、份数

第二十八条　本合同自甲方加盖公章以及法定代表人或法定代表人授权的代理人签字、乙方签字之日起成立并生效。

第二十九条　本合同有效期______年，自合同生效之日起，至______年______月______日终止。合同期满或提前解除的，本合同自行终止。任何一方可以在合同期满前一个月向对方提出申请，经对方同意，可续订本合同。

第三十条　本合同一式贰份，甲、乙双方各执壹份，具有同等法律效力。

第三十一条　本合同未尽事宜，由双方协商解决。经甲、

D11127

乙双方协商一致可以就未尽事宜签订补充协议，补充协议与本合同具有同等法律效力。补充协议与本合同条款不一致之处，以补充协议为准

第三十二条 其他。

甲方（签章）：____

法定代表人或授权代表：______________________________

日期：______年______月______

乙方（签名）：____

日期：______年______月______

第三部分　证券期货投资咨询、财务顾问业务

一、期货投资咨询业务

期货投资咨询合同

使用场景：

期货投资咨询合同是约定期货公司为客户提供投资咨询服务，约定双方在提供和接受投资咨询服务过程中的权利、义务的合同。期货公司期货投资咨询业务，主要包括协助客户建立风险管理制度、操作流程，提供风险管理咨询、专项培训等风险管理顾问服务；收集整理期货市场信息及各类相关经济信息，研究分析期货市场及相关现货市场的价格及其相关影响因素，制作、提供研究分析报告或者资讯信息的研究分析服务；为客户设计套期保值、套利等投资方案，拟定期货交易策略等交易咨询服务。

法律要点：

1. 主体资格。期货公司从事期货投资咨询业务，应当经中国证监会批准取得期货投资咨询业务资格，从事期货投资咨询业务的人员也应当取得期货投资咨询业务从业资格。

2. 在合同的费用条款中，要注意期货投资咨询服务机构不得按照一定的比例分享客户的收益或承担风险。

3. 在利益冲突条款中，合同应明确期货公司应当向客户明示有无利益冲突，制定投资咨询业务与其他期货业务之间利益冲突管理制度。当遇到期货公司与客户之间可能发生利益冲突的，应当遵循客户利益优先的原则予以处理；不同客户之间存在

D11130

利益冲突的，应当遵循公平对待的原则予以处理。

期货投资咨询合同

甲方：________________________

法定代表人：________________________

期货投资咨询业务经营许可证编号：________________

地址：________________________

邮编：________________________

电话：________________________

乙方：（个人）

身份证号码：________________________

电话：________________________

地址：________________________

邮编：________________________

乙方：（机构）

法人注册登记号码：____________________

法定代表人：________________________

地址：________________________

邮编：________________________

电话：________________________

根据《中华人民共和国合同法》《期货交易管理条例》《期货公司期货投资咨询业务试行办法》等相关法律、法规、规章，以及中国期货业协会（以下简称协会）的有关自律规则，甲、乙双方本着平等、自愿，诚实信用的原则，就甲方向乙方提供期货投资咨询服务事项，签订本合同。

第一章　双方声明与保证

第一条　甲方声明并保证：[①]

（1）系依法设立，并经中国证监会批准具有从事期货投资咨询业务的资格，从事期货投资咨询业务的人员已取得期货投资咨询业务从业资格；

（2）已提示乙方阅读并理解《期货投资咨询风险揭示书》、《期货投资咨询客户须知》和本合同的相关内容；

（3）向乙方提供的投资咨询建议[②]，仅供乙方参考，不以任何方式向乙方做出获利或不受损失的保证，不以任何方式承担乙方的投资损失；

（4）甲方公司及期货投资咨询业务人员不得利用期货投资咨询从事或变相从事期货委托理财活动。

第二条　乙方声明并保证：

（1）乙方是期货市场合法投资者，知晓期货市场有风险；

（2）乙方已阅读并完全理解《期货投资咨询风险揭示书》、《期货投资咨询客户须知》和本合同的相关内容；

（3）乙方提供给甲方的信息和资料均真实、准确、完整、有效。

第三条　甲方和乙方承诺不得通过签订补充协议、修改合同等任何方式，约定由甲方保证乙方期货投资收益、承担或分担投资损失，或排除乙方自行承担投资风险和损失。

第四条　甲、乙双方共同遵守有关的法律、法规，不利用本合同的关系从事任何违法、违规行为。

第二章　服务内容及方式

第五条　甲方向乙方提供服务，服务内容包括：

①甲方需取得投资咨询业务资格后，方可开展业务。

②本条款为关键性条款，期货公司提供的投资咨询仅仅为一种参考建议供客户参考，不作为客户获利的保证。

D11130

第六条 甲方[①]向乙方提供服务采用如下方式，不通过其他方式提供服务。

□手机短信 □传真 □电话 □软件、终端设备

□电子邮件 □软件 □现场指导____________

甲方以软件、终端设备为载体向乙方提供交易咨询服务或者具有类似功能服务的，承诺向乙方说明相关软件、终端设备的基本功能、揭示使用风险和局限性，说明数据信息来源，不得对软件、终端设备的使用价值或功能做出虚假、误导性宣传。

第三章 服务期限

第七条 本合同约定服务期为______年，自甲方收到乙方咨询服务费用次日开始计算。

第四章 知识产权

第八条 经过甲乙双方协商，本合同相关的识产权归（甲方、乙方或甲、乙双方共同）所有。

第九条 经甲、乙双方均应自觉维护对方的知识产权权益，不得侵犯对方的知识产权，未经对方同意，不得擅自传播或非法赢利。

第十条 有关知识产权保护的权利和义务不因本合同终止或无效而解除。

第五章 甲方的权利和义务

第十一条 甲方应当遵循诚实信用原则，以专业的技能，谨慎、勤勉、尽责地为客户提供投资咨询服务。甲方向乙方提供的产品或服务等仅供乙方作为投资参考，任何情况下甲方不对乙方的投资亏损承担责任。

第十二条 甲方有权根据提供的服务和合同约定收取咨询

①合同应明确约定甲方提供投资咨询服务的载体，且最终提供的投资咨询服务价值应与载体涵盖的投资咨询的市场价值相当。

服务费，并根据合同约定享有所提供的投资咨询产品和服务的全部知识产权。

第十三条 甲方有权根据相关规定全面了解乙方的情况，要求乙方提供与其身份、财务状况、投资经验、风险认知与承受能力和投资偏好等相关的信息和资料。

第十四条 甲方向乙方提供期货投资咨询建议，仅供乙方参考，不承担乙方的投资损失。

第十五条 未经乙方书面同意，甲方不得泄露在开展投资咨询业务过程中关系而知悉的有关乙方的非公开资料、信息，但司法机关、监管部门或其他有权机关要求披露和公开的除外。

第十六条 甲方承诺不得代理乙方直接从事期货投资，不得与乙方约定分享乙方期货投资的收益或分担损失。

第十七条 甲方应公平对待所有客户，防范利益冲突，不利用投资咨询服务便利为自身及其他利益相关方谋取不当利益。

第十八条 甲方保证其所提供的服务内容有相关根据并经合理论证，甲方基于其已掌握的市场信息和经验提供的相关服务无虚假、片面和误导性的陈述。

第十九条 甲方①承诺向乙方明示有无利益冲突、提示潜在的市场变化和投资风险，不就市场行情作出确定性判断。

第二十条 提供风险管理顾问服务的，应当定期评估风险管理服务效果和乙方反馈意见；提供研究分析服务的，应当注明相关信息资料的来源，说明研究分析报告的局限性，揭示相关风险。

第六章 乙方的权利与义务

第二十一条 乙方有权根据本协议获得甲方提供的专业服务，有权决定是否采纳甲方的投资咨询建议。

第二十二条 乙方基于独立的判断，应自主作出投资决策，

①若甲方与客户存在可能的利益冲突，应当以客户利益优先；对不同客户之间存在利益冲突的，应当公平对待。

D11130

自主进行相应的投资操作，自行承担期货投资风险和全部损失。

第二十三条 乙方应当配合甲方对自身情况进行调查，提供符合甲方要求的相关信息资料和协助。

第二十四条 乙方应当配合甲方完成回访、评估、调研等工作。

第二十五条 甲方提供的投资咨询服务建议等服务成果仅供乙方自身参考使用。乙方承诺不得擅自将甲方的知识产权成果转让给他人使用，未经甲方书面同意，乙方亦不得将该等建议泄露给任何第三方。

第二十六条 乙方应根据合同约定向甲方支付服务报酬。

第七章 咨询服务费[①]

第二十七条 甲方按照期货投资咨询服务所耗费的工作时间、咨询事项的难易程度、甲方可能承担的风险和责任以及甲方的商业信誉和工作水平等各方面因素确定收费数额。

第二十八条 乙方应向甲方支付期货投资咨询服务费，费用共计人民币______整（大写______元整）。

第二十九条 乙方应在本合同签订之日起七个工作日内应向甲方支付期货投资咨询服务费。以汇款方式支付的，应将款项汇至以下账户。

账户名称：______________________________

开户行：______________________________

账号：______________________________

第八章 违约责任

第三十条 乙方如发生以下行为之一即构成违约：

（1）未按合同约定及时向甲方支付投资咨询服务费用；

①咨询服务费不得与客户投资收益相挂钩。

（2）侵犯甲方知识产权，未经甲方同意泄露相关产品、服务信息；

（3）单方面要求终止合同。

第三十一条 乙方违约的，甲方有权中止基于本合同的服务，并依法追究乙方相关法律责任，对于乙方已经支付的投资咨询服务报酬不予退还。由于乙方个人原因导致没有及时接收到甲方所提供投资咨询服务或造成投资咨询服务中止的，甲方不承担任何责任。

第三十二条 甲方应按照约定方式为乙方提供相关投资咨询服务，乙方如果没有及时收到甲方服务，须及时通知甲方。如由于甲方原因没有及时提供相关投资咨询服务，乙方可以与甲方协商延长服务期限或按比例退还乙方部分投资咨询服务报酬。

第三十三条 任何一方违反本合同规定的，守约方有权要求其立即纠正，违约方应当向守约方承担违约责任，并赔偿因其违约给对方造成的损失。由于甲方原因造成不能提供本合同约定的咨询服务，给乙方造成损失的，甲方应向乙方承担损失赔偿，赔偿额不超过本合同服务费的 100% 。由于乙方原因造成超过约定日期未支付服务费的，乙方应向甲方按服务费的 5% / 日支付违约金。

第九章 不可抗力

第三十四条 不可抗力是指协议各方不能预见、不能避免、不能克服的客观情况，且在本合同生效之后发生的，使本合同当事人无法全部或部分履行的客观事件，包括但不限于洪水、地震及其他自然灾害、战争、骚乱、火灾、政府征用、没收、法律变化或其他突发事件、交易所非正常暂停或停止交易及通信故障、程序故障、电力故障、系统故障、网络故障及其他人

D11130

力不可抗力等不可控制的意外事件等。

第三十五条 如果任何一方因不可抗力不能履行本合同时，可根据不可抗力的影响部分或全部免除该方的责任。但应及时通知对方并在合理期限内提供受到不可抗力影响的证明，并采取适当措施防止协议各方损失的扩大。

第三十六条 由于国家有关法律、法规、规章、政策或者相关期货交易所规则的改变、紧急措施的出台等导致乙方所承担的风险，甲方不承担责任。

第十章 争议的解决

第三十七条 凡因执行本合同所发生的或与本合同有关的一切争议，甲乙双方应本着善意通过友好协商解决。协商不成的，应按下述第______种方式解决：

（一）提交____________仲裁委员会，按照申请仲裁时该会现行有效的仲裁规则进行仲裁。仲裁裁决是终局的，对双方均有约束力。仲裁费由败诉方负担。

（二）向____________人民法院提起诉讼。

第三十八条 在争议处理过程中，除双方发生争议的部分外，合同的其他部分将继续执行，双方仍应按照本合同的约定继续履行各自义务。

第十一章 合同的生效、变更和终止

第三十九条 本合同经双方签字（盖章）即生效，服务期满终止。经双方协商同意，合同可提前终止。因任何原因本合同提前终止，甲方已收取的投资咨询费用不予退还。

第四十条 若此合同一方愿意续约，必须在此合同到期之日前征得另一方同意后重新签订服务合同。

第四十一条 在合同履行过程中若发生本合同未列明的事宜，按国家有关法规、规章、政策及相关期货交易所的章程、规则和本公司有关的业务细则以及期货交易惯例执行。

第四十二条 本合同签署生效后，若有关法律、法规及行业规定已修订，本合同涉及内容及条款按新修订的法律法规执行，但其它内容及条款继续有效。如本合同与新的法律法规严重背离双方有义务在体现原合同要义的基础上修改本合同，或重新签署合同。

第四十三条 根据上述情况的变化，甲方对本合同有关条款进行的变更或补充，以直接向乙方提供或在甲方营业场所、网站公告等方式向乙方发出，变更或补充协议于该协议发出后生效。变更与补充协议生效之前，乙方有权与甲方进行协商。

第四十四条 甲乙双方经协商同意，可以修改本合同。本合同未尽事宜，双方另行议定。但甲乙双方不得通过签订补充协议、修改合同等任何方式，约定由甲方保证乙方投资收益、承担或分担投资损失，或排除乙方自行承担投资风险和损失。

第四十五条 本协议一式叁份，甲方执贰份，乙方执壹份，具有同等的法律效力。

第四十六条 《期货投资咨询风险揭示书》《期货投资咨询客户须知》及其他补充协议为本合同不可分割的组成部分，与本合同具有同等法律效力。

甲方：______________________________

签字（盖章）：______________________________

签约日期：______年______月______日

乙方：______________________________

签字（盖章）：______________________________

签约日期：______年______月______日

D11130

附件一　期货投资咨询风险揭示书

尊敬的客户：

根据中国证监会的规定，现向您提供本《期货投资咨询风险揭示书》。

一、期货公司以勤勉尽责的原则为您提供风险管理顾问服务，协助您建立风险控制体系，设计风险管理解决方案，提高风险防范能力。但您应当了解由于未来的不确定性，风险管理顾问服务不能完全消除您面临的风险，您必须自行承担经营管理和投资带来的相关风险。

二、您在委托期货公司提供期货投资咨询服务时，应当客观评估自身财务状况、交易经验，确定自身的风险偏好、风险承受能力和服务需求，自行决定是否采纳期货公司提供的咨询建议并承担相应的责任。

三、期货公司提供的期货投资咨询建议具有针对性和时效性，不能在任何市场环境下长期有效。您应当充分了解并评估期货投资咨询建议的局限性，审慎决策。

四、您应当充分了解期货市场变化的不确定性和投资风险，当期货公司及其业务人员在为您提供投资咨询服务时，任何有关期货行情的预测都可能与实际情况有差异，若您据此入市操作，您需要承担由此带来的风险和损失。

五、您应当了解期货公司的投资咨询服务存在因人员离职、离岗等原因导致更换投资咨询服务人员并影响服务连续性的风险。

六、您应了解期货公司及其投资咨询服务人员可能存在道德风险，如您发现存在违法违规行为或利益冲突情形，如泄露客户投资决策计划、传播虚假信息、进行关联交易等，可以向有关部门举报，保护您的权益。

七、您在使用期货公司提供的软件、终端设备前，应当了解其实际功能、信息来源、固有缺陷和使用风险。由于您自身原因导致该软件、传输设备、终端设备等使用不当或受到病毒入侵、黑客攻击等不良影响的，您需要承担相关风险和由此带来的损失。

本《期货投资咨询风险揭示书》的揭示事项仅为列举性质，无法揭示您委托期货公司提供投资咨询服务面临的全部风险和可能导致您投资损失的所有因素。签署完毕本《期货投资咨询风险揭示书》后，本公司将认为您已经完全了解相关风险，并承诺独立承担可能出现的风险和由此带来的损失。

以上《期货投资咨询风险揭示书》的各项内容，本人/单位已阅读并完全理解。

____。

（请抄写以上画线内容）

法人加盖公章、自然人签字：________________________

法定代表人（或被授权人）签字：____________________

签署日期：______年______月______日

附件二　期货投资咨询客户须知

一、关于期货公司及其从业人员的资格

您应当确定向您提供投资咨询服务的期货公司具有中国证监会批准的开展期货投资咨询业务资格，向您提供投资咨询服务的人员具有期货投资咨询业务从业资格。相关的业务资格和从业资格可以登录中国期货业协会网站（www.cfachina.org）进行查询。

二、关于期货投资咨询的必备知识

您应当了解期货及期货投资咨询业务的基础知识、业务特点、风险特征和相关业务规则等内容，认真阅读并理解期货投资咨询合同的内容。

三、关于期货公司及其从业人员的禁止性行为[①]

您应当知晓期货公司及其从业人员在开展期货投资咨询业务过程中不得从事下列行为：

（一）对期货投资咨询服务能力进行虚假、误导性宣传，欺诈或误导客户；

（二）向客户做获利保证，或者约定分享收益或共担风险；

（三）以虚假信息、市场传言或者内幕信息为依据向客户提供期货投资咨询服务；

（四）利用期货投资咨询活动操纵期货交易价格、进行内幕交易，或者传播虚假、误导性信息；

（五）利用研究报告、资讯信息为自身及其他利益相关方谋

①本条款对投资咨询机构的典型禁止性行为做了列举。客户应在签署合同签充分了解。

取不当利益；

（六）接受客户委托代为从事期货交易；

（七）以个人名义为客户提供期货投资咨询服务；

（八）以个人名义收取服务报酬；

（九）提供风险管理服务的，夸大期货的风险管理功能；

（十）提供研究分析服务的，侵犯他人的知识产权；

（十一）提供交易咨询服务的，就市场行情作出确定性判断；

（十二）法律、行政法规、部门规章和规范性文件等规定其他行为。

期货公司及其从业人员出现上述行为的，您可以向监管部门投诉举报。

本人 / 本单位已阅读并完全理解以上各项内容。

____。

（请抄写以上画线内容）

法人加盖公章、自然人签字：______________________

法定代表人（或被授权人）签字：____________________

签署日期：______年______月______日

D11129

二、证券期货投资咨询业务

证券投资顾问服务协议

使用场景：

证券投资顾问服务协议是约定证券公司、证券投资咨询机构（以下统称证券公司）向客户提供涉及证券及证券相关产品的投资建议服务，辅助客户作出投资决策，并直接或者间接获取经济利益的经营活动中双方权利、义务的协议。证券公司的投资建议服务内容包括投资的品种选择、投资组合以及理财规划建议等。

法律要点：

1. 主体资格。证券公司从事投资顾问服务业务，应当具备相应资质，向客户提供证券投资顾问服务的人员，也应当具有证券投资咨询执业资格，并在中国证券业协会注册登记为证券投资顾问。证券投资顾问不得同时注册为证券分析师。

2. 利益冲突。证券公司提供证券投资顾问服务，应当以客户利益至上，公平对待客户。当出现利益冲突时，证券公司不得为公司及其关联方的利益损害客户利益，不得为证券投资顾问人员及其利益相关者的利益损害客户利益，不得为特定客户利益损害其他客户利益。

3. 证券公司在履行合同前，应当充分了解客户的身份、财产与收入状况、证券投资经验、投资需求与风险偏好，评估客户的风险承受能力，并以书面或者电子文件形式予以记载、保存。

4. 业务性质。投资顾问服务在性质上仅为一种辅助性建议，仅供客户参考，客户最终应根据自己的判断作出投资决策并自行承担投资风险与损失。因此，在合同中禁止约定以任何方式向客户承诺保证投资收益或分担投资损失。

文本正文：http://www.fatianshi.cn/D11132

证券投资顾问服务协议

甲方________________个人投资者 / 机构投资者

法定代表人（机构投资者）________________

证件号码（身份证件号码 / 营业执照号码）________

授权代理人（机构投资者）________________

代理人证件号码（身份证件号码）____________

乙方________________________公司

法定代表人

住所：________________________

电话：________________________

传真：________________________

邮编：________________________

联系电话：______________________

为了规范甲乙双方开展证券投资顾问业务，明确甲乙双方在开展投资顾问业务中的权利义务关系，甲乙双方友好协商，依据《中华人民共和国证券法》《证券、期货投资顾问管理暂行办法》《证券投资顾问业务暂行规定》及其他有关法律、法规的规定，甲乙双方在平等自愿、相互合作、诚实信用的基础上，经充分协商就乙方为甲方有偿 / 无偿提供证券投资顾问服务相关

D11132

事宜达成本协议，以供双方共同遵守。

第一章　声明与承诺

第一条　甲方声明与承诺

1. 甲方系机构 / 个人投资者，需要证券投资咨询机构的专业咨询和指导。

2. 甲方具有合法的主体资格，不存在法律、行政法规、规章及其他规范性文件等禁止或限制其参与证券投资顾问业务的情形。

3. 甲方自愿遵守有关法律、行政法规、规章及其他规范性文件以及乙方制定的相关业务规则的规定。

4. 甲方承诺向乙方提供身份证明材料、联系方式、财务状况、投资经验、投资需求、投资偏好、收入状况等其他相关材料真实、完整、准确、合法。

5. 甲方承诺①根据自己的判断作出投资决策并自行承担投资风险与损失，对于甲方的盈亏乙方不承担任何责任。甲方知晓并充分了解乙方不以任何方式保证甲方获得投资收益或承担甲方投资损失，甲方保证不与乙方约定分享投资收益或者分担投资损失。

6. 已详细阅读本协议及其附件《证券投资顾问业务风险揭示书》的所有条款及内容，听取了乙方对证券投资顾问业务规则和本协议内容的充分说明，准确理解本协议及《证券投资顾问业务风险揭示书》的确切含义，清楚认识并愿意自行承担证券投资顾问业务的全部风险。

第二条　乙方声明与承诺

1. 乙方承诺②具有中国证券监督管理委员会批准的从事证券投资顾问服务的专业业务资格，在证券投资咨询方面具有专业优势。

2. 乙方承诺为甲方指定的证券投资顾问已与乙方签订劳动

①投资顾问服务在性质上仅为一种辅助性建议，仅供客户参考，客户最终应自行判断决策。禁止证券公司以任何方式承诺保证投资收益，共享收益或共担损失。

②乙方须具备投资顾问专业资质，并配备具备证券投资咨询执业资格的员工作为证券投资顾问。

合同，具有证券投资咨询执业资格并在中国证券业协会注册登记为证券投资顾问。

3. 乙方仅就深、沪证券交易所上市交易的 A、B 股股票及基金及债券等证券及相关产品等向甲方提供证券投资分析意见及投资建议，上述建议仅供甲方参考之用，乙方不保证据此操作一定能获得收益或避免损失。

4. 乙方及保证不与甲方约定分享投资收益或者分担投资损失。

5. 乙方自愿遵守有关法律、行政法规、规章及其他规范性文件的规定。

6. 乙方不以任何方式保证甲方获得投资收益或承担甲方投资损失。

第二章　服务范围及方式

第三条　投资顾问服务是证券投资咨询业务的一种基本形式，是指应乙方接受甲方的委托，根据证券市场的品种、市场行情向甲方提供深沪证券交易所上市交易的 A、B 股股票、基金及债券等证券及相关产品的投资分析意见及投资建议，甲方根据乙方提供的投资分析意见及投资建议自主做出投资决策，并由甲方自行承担相应的投资风险和损失。

第四条　乙方向甲方提供的证券投资顾问服务包括：

乙方证券投资顾问利用专业知识，结合甲方的风险偏好和市场情况，为甲方提供有关证券投资研究分析、投资指导、投资建议及监管部门允许的其他证券投资顾问服务。以及向客户提供如下服务：________________________________

第五条　乙方向甲方提供的证券投资顾问服务方式为：

1. 营业时间内当面咨询；

2. 经乙方确认的咨询电话；

D11132

3. 电子邮件 E-mail；

4. 经乙方确认的统一手机短信平台；

5. 经乙方提供的纸质 / 电子版研究报告；

6. 乙方举办的报告会；

7. 监管部门允许的其他方式。

第三章　双方的权利与义务

第六条　甲方权利与义务

一、甲方权利

1. 甲方有权求乙方为其提供证券投资顾问服务，

2. 乙方有权要求乙方更换为其服务的投资顾问；

3. 甲方有权利选择合适的方式从乙方获得证券投资咨询服务；

4. 甲方有权自主决定是否参考乙方投资建议，是否按照乙方的投资建议进行操作；甲方的投资决策由甲方自行作出，投资风险由甲方自行承担；①

5. 法律、法规规定及本协议约定的其他权利。

二、甲方义务

1. 甲方如实向乙方提供身份证明材料、联系方式、财务状况、投资经验、投资需求、投资偏好、收入状况等其他相关材料，并对所提交的各类文件、资料、信息的真实性、完整性、准确性和合法性负责；

2. 当甲方上述信息发生变更时，应及时告知乙方②；

3. 甲方确保证券投资资金合法性，并与乙方充分沟通，以便乙方充分了解甲方的投资需要；

4. 甲方有义务按本协议约定向乙方支付投资顾问服务费用；甲方③不得私自向乙方投资顾问或其他员工个人交纳投资顾问费用，否则甲方应向乙方承担违约责任；

---

①此条款对甲方来说，既是权利，也是义务。甲方既有权参考投资建议，但也不得因为乙方提供了投资建议而要求乙方承担或共担投资风险。

②甲方信息变更时，有义务应及时告知乙方。

③甲方不得跳过证券公司直接向其员工缴纳费用，否则将承担违约责任。

5. 甲方有义务妥善保管证券账户、交易密码、身份证件等资料，甲方不得将证券账户出租、出借给第三方或全权委托乙方员工对甲方证券账户进行操作，否则由此产生的责任及后果由甲方自行承担；

6. 甲方不得将乙方所提供的研究分析报告或投资建议泄露予任何第三人或与第三人共享；

7. 法律、法规规定及本协议约定的其他义务。

第七条 乙方权利与义务

一、乙方权利

1. 乙方有权要求甲方提交与证券投资顾问服务相关的，身份证明材料、联系方式、财务状况、投资经验、投资需求、投资偏好、收入状况等材料及其他相关文件；

2. 乙方有权依据本协议约定向甲方收取投资顾问费用；

3. 乙方有权根据实际情况，更换为甲方提供服务的投资顾问；①

4. 乙方有权利了解甲方的风险承受能力，对不适合承担股票投资风险或者不适合投资顾问投资指导风格的投资者，有权利拒绝或者终止为其提供投资咨询服务；

5. 法律、法规规定及本协议约定的其他义务。

二、乙方义务

1. 乙方确保为甲方提供服务的投资顾问具有证券投资咨询执业资格，且在中国证券业协会注册登记；

2. 乙方有权利给甲方以外的其他投资者提供投资咨询服务；

3. 乙方应对向甲方提供的证券投资顾问进行日常管理、培训、监督；

4. 乙方应按照甲方要求，为甲方更换证券投资顾问；

5. 乙方有义务对因提供投资顾问服务而获取的甲方资产状

①投资股票有一定风险，乙方应确保投资建议和风险适合。

D11132

况、份证明材料、联系方式、财务状况、投资经验、投资需求、投资偏好、收入状况等信息保密；

6. 法律、法规规定及本协议约定的其他义务。

第四章　证券投资顾问的职责

第八条　乙方证券投资顾问的职责：①

证券投资顾问在充分了解甲方风险偏好、风险承受能力和服务需求的基础上，向甲方提供适当的、有针对性的投资分析、预测或者建议，并提示潜在的投资风险。

证券投资顾问向甲方提供投资分析、预测或者建议应当具有合理依据（包括但不限于证券研究报告或者基于证券研究报告、理论模型以及分析方法形成的投资分析意见）。证券投资顾问就同一问题向甲方及其他投资提供的投资分析、预测或者建议应当一致。

证券投资顾问依据乙方或者其他证券公司、证券投资咨询机构的证券研究报告作出投资分析、预测或者建议的，应向甲方说明证券研究报告的发布人、发布日期。

第五章　证券投资顾问的禁止行为

第九条　乙方证券投资顾问的禁止行为如下：

1. 不得通过广播、电视、网络、报刊等公众媒体做出买入、卖出或持有具体证券的投资建议；②

2. 不得以个人名义向甲方收取证券投资顾问服务费用；

3. 禁止以任何方式向甲方承诺或者保证投资收益，禁止与甲方约定分享投资收益或者分担投资损失，禁止接受、索取甲方任何礼品或馈赠；

4. 不得吹嘘和夸大个人能力，误导甲方；

①投资顾问服务不得超出客户的风险偏好和风险承受能力。

②具体投资建议需一对一提供，不得通过广播电视等方式。

5. 不得诱使客户进行不必要的交易，不得谋取不正当利益；

6. 不得[①]私自与甲方达成任何协议（含口头协议）、不得代客理财、不得接受甲方全权委托代理甲方从事证券买卖，不得代甲方办理账户开立、注销、转移，证券认购、交易，资金存取、划转等事宜，不得代甲方在协议、文件上签字；

7. 不得利用咨询服务与他人合谋操纵市场或者进行内幕交易；

8. 不得以虚假信息、市场传言或内幕信息为依据向甲方提供投资分析、预测或建议；

9. 不得对证券价格的涨跌或者市场走势作出肯定性判断；

10. 在向甲方提供投资顾问服务时不得断章取义地引用或者篡改有关信息、资料从而误导甲方，不得以虚假信息、市场传闻或者内幕信息为依据向甲方提供投资分析、预测或建议；

11. 在提供相关服务时应当诚实信用、忠实甲方利益，不得为乙方及其关联方利益损害甲方的利益，不得为自己或他人利益损害甲方利益；

12. 不得将因提供投资顾问服务而获取的甲方资产状况、证明材料、联系方式、财务状况、投资经验、投资需求、投资偏好、收入状况、账户信息、投资决策计划等信息泄露予任何第三人或与第三人共享；

13. 不得有法律、法规、规章禁止的其他行为。

甲方知晓并理解乙方证券投资顾问不得从事上述行为，如果甲方与乙方证券投资顾问从事上述行为的，由甲方自行承担后果。

第六章　收费标准与支付方式[②]

第十条　甲乙双方经协商同意，甲方向乙方支付的证券投资顾问服务费用采用以下第______种方式：

①投资顾问只能根据合同范围提供投资建议，不能全权接受甲方委托代其理财。

②收费标准应在合同中明确约定，且不得与乙方共享投资收益。

D11132

1. 甲、乙双方在签署本协议后，甲方同意将其在乙方开立的证券账户股票交易佣金率提高至______‰。

2. 甲方向乙方提供的本协议约定的证券投资顾问服务费为人民币 ______ 元 /（年 / 月）[大写：______ 元 /（年 / 月）]，乙方应于本协议签订后五个工作日内一次性全额支付给甲方。本协议自动顺延的，自第二个服务期限起，甲方应在上一个服务周期结束前的一周内完成付款，否则乙方有权停止向甲方提供服务。

3. 上述证券投资投资顾问服务费甲方以银行转账方式支付给乙方。

乙方账户名：____

开户银行：____

银行账号：____

4. 其他方式：____

5. 如本协议提前解除，甲方已收取的证券投资顾问服务费不予退回。

第七章　违 约 责 任

第十一条　因甲乙双方中任一方的违约行为造成本协议不能履行或者不能完全履行的，由违约承担违约责任；如属甲乙双方违约，由违约方分别承担各自应负的违约责任。

第八章　通知与送达

第十二条　甲方同意乙方有权根据（1）甲方提供的联系方式；（2）乙方网站通知、交易客户端或乙方分支机构营业场所公告；（3）当面通知中的一种或多种方式对甲方发出通知，其中任意一种形式的通知送达甲方的，即视为甲方已知悉通知内容。

甲方联系方式为：______________________________

通信地址：______________________________

邮政编码：______________________________

固定电话号码：______________________________

传真号码：______________________________

移动电话号码：______________________________

电子邮箱：______________________________

其他联系方式：______________________________

第十三条 甲方以上联络方式如有变动，应当在个工作日内通知乙方并办理资料变更手续。甲方资料变更前，乙方按原联系方式通知甲方即视为乙方已经履行通知义务。因甲方未及时变更联系方式所导致的损失由甲方自行承担，乙方不承担任何责任。

第十四条 乙方向甲方发出通知，达到下列标准视为该通知已经送达甲方：

1. 以邮寄方式通知的，以寄出 48 小时起即视为通知已经送达；

2. 以传真、电子邮件方式发出通知的，以传真、电子邮件发送系统未显示发送失败提示视为通知已经送达；

3. 以电话方式通知的，以通话完毕视为通知已经送达；如电话接通，甲方拒绝通话的，视为通知已经送达；电话三次无法接通或无人接听的，以最后一次拨出电话时间视为通知已经送达；

4. 以短信方式通知的，以短信发送系统未显示发送失败提示视为通知已经送达；

5. 以乙方网站、交易客户端或乙方分支机构营业场所发布信息的，公告通知除另已有明确约定外，公告发出后即视为送达；

D11132

6. 当面通知的，乙方告知即视为送达。

乙方对甲方进行通知的，满足上述任意一条通知送达标准的，即视为甲方已知悉乙方通知内容。

第九章 保密条款

第十五条 甲乙双方均有保守秘密的义务，未经另一方事先书面许可，甲乙双方任何一方不得将在执行本协议过程中了解到的信息或内容以任何形式透露给第三方。违反本规定给对方造成损失的应当承担赔偿责任。

第十六条 国家有权司法机关、甲方监管机构依法要求查询或要求提供与本协议有关内容的，不受前款约束。

第十七条 甲乙双方的保密义务，不因本协议的变更、解除或终止而消灭。

第十章 争议或纠纷解决方式

第十八条 有关本协议的签署、效力和争议解决等均受中华人民共和国法律、法规或规则（不包含香港特别行政区、澳门特别行政区和我国台湾地区）管辖。

第十九条 如在履行本协议的过程中出现争议或纠纷，甲乙双方可以自行友好协商解决或向中国证券业协会证券纠纷调解中心申请调解，若协商或调解不成，双方同意按以下第______种方式解决：

1. 提交____________仲裁委员会仲裁；

2. 向乙方所在地____________法院提起诉讼。

第十一章 协议的生效、终止和修改解除

第二十条 本合同是约定合同当事人之间权利义务关系的

法律文件。甲方为自然人的，本协议自甲方签字，乙方加盖公章之日起成立并生效。甲方为机构的，本协议自双方法定代表人/负责人或授权代表签章并加盖公章或合同专用章之日起成立并生效。

第二十一条 本协议有效期______年/月，自______年______月______日起，至______年______月______日止。甲乙双方需要继续合作的，应续签协议。期限届满前个工作日内，甲乙双方均未书面提出终止的，则本协议将自动延长一个服务期限，并以此类推。

第二十二条 若甲、乙双方中任一方违反国家相关法律法规、本协议约定或受到司法机关、监管机构处罚的，则另一方有权提前终止本协议。本协议提前终止的，乙方已经收取的费用不再退还甲方。

第二十三条 本协议的修改须由甲乙双方共同商定，并由双方签订书面修改协议。

第十二章 免责条款

第二十四条 若发生不可抗力（包括但不限于国家政策法律、法规、规章、司法解释、规则变动，火灾、地震、瘟疫、社会动乱等不能预见、避免或克服等不可抗力）而导致甲乙双方或任何一方无法正常履行本协议的约定职责的，其相应责任应予免除，但则受不可抗力影响的一方应在遭受不可抗力、异常事故或知悉政策法律变化后尽快通知另一方，双方应积极协调善后事宜。

第十三章 其他事项

第二十五条 本协议所附《证券投资顾问业务风险揭示书》

D11132

为本协议的组成部分，与本协议具有同等法律效力。

第二十六条 本协议壹式肆份，甲乙方双方各执壹份，具有同等法律效力。

甲方：________________

甲方代表：________________

联系方式：________________

日期：________________

签订地点：________________

乙方：________________

联系方式：________________

日期：________________

附件　证券投资顾问业务风险揭示书

文本正文：http://www.fatianshi.cn/D11131

尊敬的投资者：

为了使您充分了解证券投资顾问业务的风险，依据《证券投资顾问业务暂行规定》，我公司特向您提供《证券投资顾问业务风险揭示书》，充分揭示证券投资顾问服务中存在的风险。证券投资顾问业务，是证券投资咨询业务的一种基本形式。在您接受我公司证券投资顾问服务前，请您认真阅读并理解相关业务规则、证券投资顾问服务协议及本风险揭示书的全部内容，并充分了解以下提示：

一、投资者在接受证券投资顾问服务前，必须了解我公司具备证券投资咨询业务资格可以开展证券投资顾问服务，我公司证券投资顾问服务人员具备证券投资咨询执业资格并已经注册登记为证券投资顾问。相关资质资格号码为：____________。您可在接受证券投资顾问服务前，通过中国证券业协会网站核实。

二、投资者在接受证券投资顾问服务前，必须了解证券投资顾问业务的含义，理解投资者接受证券投资顾问服务后需自主作出投资决策并独立承担投资风险。

三、投资者在接受证券投资顾问服务前，必须了解我公司其人员提供的证券投资顾问服务不能确保投资者获得盈利或本金不受损失。

四、投资者在接受证券投资顾问服务前，必须了解我公司

D11131

及其人员提供的投资建议具有针对性和时效性，不能在任何市场环境下长期有效。

五、投资者在接受证券投资顾问服务前，必须了解作为投资建议依据的证券研究报告和投资分析意见等，可能存在不准确、不全面或者被误读的风险，投资者可以向证券投资顾问了解证券研究报告的发布人和发布时间以及投资分析意见的来源，以便在进行投资决策时作出理性判断。

六、投资者在接受证券投资顾问服务前，必须了解我公司证券投资顾问服务的收费标准和方式，按照公平、合理、自愿的原则与我公司协商并书面约定收取证券投资顾问服务费用的安排。证券投资顾问服务收费应向我公司账户支付，不得向证券投资顾问人员或其他个人账户支付。

七、投资者在接受证券投资顾问服务前，必须了解我公司及其人员可能存在道德风险，如投资者发现投资顾问存在违法违规行为或利益冲突情形，如泄露客户投资决策计划、传播虚假信息、进行关联交易等，投资者可以向我公司投诉或向有关部门举报。我公司投诉方式为：

投诉电话＿＿＿＿＿＿＿＿＿＿＿＿＿＿＿＿＿＿＿＿

投诉传真＿＿＿＿＿＿＿＿＿＿＿＿＿＿＿＿＿＿＿＿

投诉网站＿＿＿＿＿＿＿＿＿＿＿＿＿＿＿＿＿＿＿＿

投诉信箱＿＿＿＿＿＿＿＿＿＿＿＿＿＿＿＿＿＿＿＿

现场投诉地址＿＿＿＿＿＿＿＿＿＿＿＿＿＿＿＿＿＿

八、投资者在接受证券投资顾问服务前，必须了解我公司存在因停业、解散、撤销、破产，或者被中国证监会撤销相关业务许可、责令停业整顿等原因导致不能履行职责的风险。

九、投资者在接受证券投资顾问服务前，必须了解我公司的投资顾问人员存在因离职、离岗等原因导致更换投资顾问服务人员并影响服务连续性的风险。

十、投资者在接受证券投资顾问服务前，应向我公司说明自身资产与收入状况、投资经验、投资需求和风险偏好等情况并接受评估，以便于我公司根据投资者的风险承受能力和服务需求，向投资者提供适当的证券投资顾问服务。

十一、投资者在接受证券投资顾问服务前，应向我公司提供有效的联系方式和服务获取方式，如有变动须及时向我公司进行说明，如因投资者自身原因或不可抗力因素导致投资者未能及时获取证券投资顾问服务，责任将由投资者自行承担。

十二、投资者在接受证券投资顾问服务时，应保管好自己的证券账户、资金账户和相应的密码，不要委托证券投资顾问人员管理自己的证券账户、资金账户，代理买卖证券，否则由此导致的风险将由投资者自行承担。

十三、我公司以软件工具、终端设备等为载体，向客户提供投资建议或者类似功能服务的，应提示投资者在接受该软件工具、终端设备等前，必须仔细阅读相关说明书，了解其实际功能、信息来源、固有缺陷和使用风险，由于投资者自身原因导致该软件工具、终端设备等使用不当或受到病毒入侵、黑客攻击等不良影响的，由此导致的风险将由投资者自行承担。如表示该软件工具、终端设备具有选择证券投资品种或者提示买卖时机功能的，应提示投资者了解其方法和局限。

本风险揭示书的揭示事项仅为列举性质，未能详尽列明投资者接受证券投资顾问服务所面临的全部风险和可能导致投资者投资损失的所有因素。

投资者在接受证券投资顾问服务前，应认真阅读并理解相关业务规则、证券投资顾问服务协议及本风险揭示书的全部内容。

D11131

接受证券投资顾问服务的投资者，自行承担投资风险，我公司不以任何方式向投资者作出不受损失或者取得最低收益的承诺。

特别提示：投资者应签署本风险揭示书，表明投资者已经理解并愿意自行承担接受证券投资顾问服务的风险和损失。

请投资者手写抄录：本人确认已阅读并理解证券投资顾问相关规则和上述风险揭示书的内容，具有相应的风险承受能力，自愿接受证券投资顾问的服务。

本风险揭示书以书面形式告知，由投资者签收确认，并由我公司归入证券投资顾问业务档案保存。

投资者（自然人）：签字________________________________

投资者（法人）：盖章__________________________________

投资者（法人授权代表人）：签字________________________

投资者账号：____

日期：______年______月______日

第四部分　证券期货中间介绍（IB）业务

证券公司为期货公司提供中间介绍业务协议

使用场景：

证券公司为期货公司提供中间介绍业务，是指证券公司接受期货公司的委托，为期货公司介绍客户参与期货交易，并协助办理开户手续、向客户提供期货行情信息、交易设施等相关服务的业务活动。开展中间介绍业务，证券公司与期货公司必须签署书面协议，明确约定介绍业务的范围、执行期货保证金安全存管制度的措施、介绍业务对接规则、客户投诉的接待处理方式、报酬支付及相关费用的分担方式、违约责任等权利义务。

法律要点：

1. 业务性质。中间介绍业务和期货经纪业务是相独立的两个业务。在中间介绍业务中，证券公司仅提供介绍业务等辅助性工作，与客户之间不存在基于期货交易产生的权利义务法律关系。证券公司不是期货经纪关系的当事人，期货交易的合同主体双方为期货经纪合同的双方当事人、即期货公司与客户。

2. 合同主体资质方面，笔者建议在合同中约定，证券公司应当配备足够的具备期货从业人员资格的业务人员，不得任用不具有期货从业人员资格的业务人员从事介绍业务，且从事介绍业务的工作人员不得进行期货交易。

3. 证券公司在向客户介绍开户过程中，负有辅助性义务。笔者建议在合同中约定，证券公司为期货公司介绍客户时，应

D11133

当向客户明示其与期货公司的介绍业务委托关系，向客户解释期货交易的方式、流程及风险。向客户充分揭示期货交易风险，解释期货公司、客户、证券公司三者之间的权利义务关系，告知期货保证金安全存管要求。另外，还建议约定期货公司不得向客户作获利保证、共担风险等承诺，不得虚假宣传，误导客户。

4. 核心风险点。由于期货交易存在杠杆特性，风险较一般证券交易更高。在实操中，是否充分揭示期货交易风险、风险控制、追加保证金、强行平仓操作是最容易产生纠纷之处。若客户出现亏损并有异议，客户往往会追究期货公司、证券公司两方责任，此时期货公司、证券公司对责任如何区分，是否承担连带责任是纠纷的核心争议点。

笔者建议在合同中，一是明确约定各主体的身份责任，明确期货公司基于期货经纪合同直接对客户的期货交易承担责任，证券公司基于中间介绍业务承担相应的责任。二是明确约定向客户揭示风险的主体责任和程序。当期货、现货市场行情发生重大变化或者客户可能出现风险时，期货公司、证券公司如何区分责任承担，如何向投资者提示风险、风险控制操作，证券公司是否协助期货公司向客户提示风险。

文本正文：http://www.fatianshi.cn/D11133

证券公司为期货公司提供中间介绍业务协议

甲方：____________证券有限公司

乙方：____________期货有限公司

依据《中华人民共和国合同法》《期货交易管理条例》《证券公司为期货公司提供中间介绍业务试行办法》（以下简称《试

行办法》）及其他相关法律、法规的规定，甲乙双方经友好协商，就甲方接受乙方委托，为乙方介绍客户参与期货交易并提供其他相关服务（以下简称中间介绍业务或者介绍业务）有关事宜达成如下协议：

第一章　声　　明

第一条　甲方声明：

（一）甲方为依法设立的证券公司，依法具有从事介绍业务的资格，不存在法律、法规和规章制度限制其为期货公司提供介绍业务资格之情形。

（二）甲方[1]具有相应的人员、经营场所和设备，能够为进行介绍业务提供必要的条件。

（三）甲方承诺按照《试行办法》的规定从事介绍业务，并对所属营业部开展的介绍业务实行统一管理。

甲方保证上述声明的真实性、准确性，并承诺承担因违背上述声明给自己及他人造成的损失。

第二条　乙方声明：

（一）乙方为依法设立的期货公司，具有金融期货经纪业务资格，并取得中国金融期货交易所会员资格，不存在法律、法规和规章制度限制其期货经纪、结算资格之情形。

（二）乙方具有相应的人员、经营场所和设备，能够为甲方开展介绍业务提供必要的条件。

（三）在签订本协议前，乙方已充分认识到委托甲方提供中间介绍业务存在的风险，并愿意承担由此产生的一切后果，但因甲方过错导致的情形除外。

乙方保证上述声明的真实性、准确性，并承诺承担因违背上述声明给自己及他人造成的损失。

①证券公司应当配备足够的具备期货从业人员资格的业务人员，不得任用不具有期货从业人员资格的业务人员从事介绍业务，且从事介绍业务的工作人员不得进行期货交易。

D11133

第二章　介绍业务范围

第三条　甲方①接受乙方委托，为乙方介绍客户参与期货交易，并提供下列服务：

（一）协助办理客户开户手续；

（二）提供期货行情信息、交易设施；

（三）协助期货公司向客户提示风险；

（四）中国证监会规定的其他服务。

第四条　介绍业务的报酬及相关费用，由甲乙双方本着平等自愿、互利互惠的原则协商确定。

第五条　甲方按照本协议约定对乙方承担介绍业务受托责任，甲方②与乙方客户之间不存在基于期货交易产生的权利义务法律关系。乙方基于期货经纪合同直接对客户承担责任。

第六条　甲方不得代理客户进行期货的交易、结算或交割，不得代客户接收、保管或者修改交易密码，也不得利用客户的交易编码、资金账号或期货结算账户进行期货交易。

第七条　甲方不得直接或者间接为客户从事期货交易提供融资或担保。

第三章　介绍业务规则

第八条　乙方应当向甲方提供与期货交易业务有关的《期货经纪合同》《期货交易风险说明书》、期货交易流程、期货保证金安全存管的方式和要求、期货结算结果的查询方式、必要的业务单据等资料；提供系统查询权限，以便甲方了解客户资产及交易情况等重要信息；提供开展介绍业务所必需的业务培训以③及其他相应业务支持。

乙方应为客户提供咨询，并通过短信、邮件等有效方式提

①笔者认为，甲方仅能提协助开户、提供信息、提示风险等供辅助性质的工作。期货交易活动的合同主体仍是客户和期货公司双方。

②甲方仅是介绍业务关系，不存在期货交易的权利义务关系。

③甲方介绍业务人员作为期货从业人员，应当遵守《期货从业人员管理办法》《期货从业人员资格管理规则（试行）》等法律法规和自律规则对从业人员的执业要求，接受中国期货业协会的自律管理，并参加中国期货业协会组织的期货从业人员后续职业培训。

供必要的咨询报告。甲方可以根据开展介绍业务的需要，要求乙方提供公司基本情况介绍、有关负责人和业务人员简历等资料，以备客户咨询。

第九条 乙方应建立完备的开户制度，甲方应建立完备的协助开户制度，甲乙双方协商确定客户开户审查的方式、内容和程序。

甲方应设专人负责协助开户及开户审核工作，严格协助执行投资者适当性制度，对客户的开户资料的真实性、合规性、完整性进行审查，核对客户的期货结算账户户名与其本人姓名或者名称是否一致，采集并留存客户影像资料，并及时将客户资料提交乙方；向客户充分揭示期货交易风险；进行相关知识测试和风险评估；做好开户入金指导。

乙方在复核甲方提交的客户开户资料无误并认为符合投资者适当性要求后，与客户签订期货经纪合同，办理开户手续。乙方应承担对投资者适当性的终审责任。

第十条 甲方应当按照合规、审慎经营的原则，制定并有效执行介绍业务规则、内部控制、合规检查等制度，确保有效防范和隔离介绍业务与其他业务的风险。

甲方总部应①指定有关负责人和部门负责介绍业务的经营管理，配备足够的具有期货从业资格的管理人员及业务人员。各开展介绍业务的证券分支机构应设开户岗、复核岗，开户岗与复核岗不得相互兼任，且分别至少由一名以上具有期货从业资格的人员担任。甲方不得任用不具有期货从业人员资格的业务人员从事介绍业务。

第十一条 甲方应当在经营场所显著位置或其官方网站，公开下列信息：

（一）受托从事的介绍业务范围；

①证券公司应当配备足够的具备期货从业人员资格的业务人员。

D11133

（二）从事介绍业务的管理人员和业务人员的照片和名单；

（三）乙方期货保证金账户信息、期货保证金安全存管方式；

（四）客户开户和交易流程、出入金流程；

（五）客户交易结算结果的查询方式；

（六）客户投诉电话及投诉处理流程；

（七）中国证监会规定的其他信息。

乙方也应在经营场所显著位置或其官方网站，对前款第（三）、（四）、（五）、（六）、（七）项规定的有关信息予以公开列示。

第十二条 甲方①在开发客户过程中，应当向客户解释期货交易的方式、流程，充分揭示期货交易风险，不得向客户作获利保证、共担风险等承诺，不得虚假宣传误导客户。

第十三条 甲方②在为乙方介绍客户时，应当向客户明示其与乙方的介绍业务委托关系，解释甲方、客户、乙方三者之间的权利义务关系，告知期货保证金安全存管要求。乙方也应在期货经纪合同中明确注明甲方、乙方、客户三者之间的权利义务关系。

第十四条 甲方在办理协助开户业务时，对客户开户资料和身份真实性等进行审核，向客户充分揭示期货交易风险，进行相关知识测试和风险评估，做好开户入金指导，严格执行投资者适当性制度。

第十五条 甲方应当及时将客户资料提交乙方。乙方在复核甲方提交的客户开户资料无误后，与客户签订期货经纪合同，办理开户手续。

第十六条 甲方应告知所介绍客户获取期货交易结算单的渠道或方式，提示客户有义务每日察看期货交易结算单，并协助有异议的客户向乙方提出异议并协助乙方对客户的结算结果进行解释工作。

第十七条 甲乙双方应共同作好期货交易数据传送的安全

---

①甲方的重要辅助义务之一，就是向客户解释期货交易的性质及风险。同时，不得为了促成交易而向客户做虚假承诺、获利保证。

在实操过程中，笔者建议甲方对此解释、揭示工作进行证据留痕。

②甲乙双方均应告知客户，三方的权利义务关系。甲方与其为介绍业务关系、乙方与客户为期货经纪业务关系。

保密工作，保证期货交易数据传送的安全和独立。

第十八条 甲乙双方可以约定，当期货、现货市场行情发生重大变化或者客户可能出现风险时，在乙方无法联系客户的前提下，甲方协助乙方联系客户，以便乙方做好风险提示和解释等工作。

第十九条 甲乙双方中任何一方被监管机关采取限制、取消相关业务资质等监管措施时，应自事发之日起第二个工作日内书面通知对方。

第四章 保证金存管

第二十条 乙方的保证金专用账户、自有资金账户和甲方的银行账户须严格分离，不得相互借用。客户出入金须在乙方的期货保证金专用账户和客户所指定期货结算账户的银行账户之间进行。

乙方应按照保证金存管的要求为每个客户设立保证金明细账，逐日记录客户的出入金、盈亏、手续费、交易保证金等。客户为从事期货交易进行保证金划转，必须遵守国家、监管部门以及乙方关于保证金管理的有关规定。客户必须在经监管部门批准的期货结算银行开立用于期货交易出入金的银行结算账户（以下简称期货结算账户）或选择已在结算银行开立的银行结算账户登记为期货结算账户。客户可以登记多家结算银行的期货结算账户，客户必须在乙方登记期货结算账户之后，方可办理期货交易出入金。

第二十一条 甲方有义务向客户公开乙方期货公司期货保证金账户、期货保证金安全存管方式和要求、出入金流程、交易结算结果查询方式等基本情况。

乙方变更或撤销期货保证金账户的，应当在向监管机关和

D11133

期货保证金安全存管监控机构备案之日起第二个工作日内书面通知甲方，并依法向客户披露变更或者撤销情况。

第二十二条 甲方不得代乙方或客户收付期货保证金，不得利用证券资金账户为客户存取、划转期货保证金。

第五章 客户投诉的处理方式[①]

第二十三条 甲乙双方应当建立健全各自的客户投诉接待处理制度以及双方的协作程序和规则，明确具体的部门和人员负责双方的客户投诉情况的沟通与联络，并将各自的客户投诉方式或渠道对外予以公布。

第二十四条 甲乙双方应按照约定的协作程序和规则，本着服务客户、服务合作伙伴的原则，积极、稳妥地处理客户投诉；对投诉本方的应及时处理不推诿，对投诉合作对方的应及时移交并配合做好处理工作，对投诉涉及双方的应及时会同处理。

第二十五条 乙方为甲方提供一般性问题的标准答案，供甲方用于客户一般事务性的解答。乙方专门设立统一的客户服务专线，用于客户的后续服务。乙方应设立专门的客户服务部门用于客户投诉的处理，并负责对客户的投诉进行解决或协调相关部门进行解决。

第六章 费用及报酬支付

第二十六条 介绍业务的报酬及相关费用，由甲乙双方本着平等自愿、互利互惠的原则协商确定。具体事宜双方另行签署补充协议。

第七章 违约责任及协议的终止

第二十七条 有下列情形之一的，甲方可要求乙方限期纠

①建议在合同中明确约定，当客户出现纠纷时，甲乙双方如何处理客户投诉，如何承担各自责任。

正，乙方未能按期纠正或拒不纠正的，甲方有权终止本协议。甲方向乙方提出终止协议的，应当提前30日以书面形式通知乙方。

1. 乙方逾期30日未向甲方结算费用；

2. 乙方有严重损害甲方合法权益，影响其正常经营秩序的行为。

第二十八条 有下列情形之一的，乙方可要求甲方限期纠正，甲方未能按期纠正或拒不纠正的，乙方有权单方终止本协议。乙方向甲方提出终止协议的，应当提前30日以书面形式通知甲方。

1. 甲方向其提供的资料、证件严重失实；

2. 甲方有严重损害乙方合法权益，影响其正常经营秩序的行为。

第二十九条 甲方若丧失中间介绍业务资格的，本协议自动终止。双方协商解决善后事宜。

第三十条 乙方若丧失从事期货业务资格的，本协议自动终止。乙方应负责甲方所介绍客户资金、持仓的安全转移，并承担相关费用。

第三十一条 甲乙双方因任何一方违反本协议，而给对方所造成实际损失的，应当承担赔偿责任。一方严重违反本协议，导致本协议不能履行的，非违约方有权解除协议并要求赔偿，协议自非违约方发出书面解约通知之日起解除。

第三十二条 协议解除或终止后，介绍业务的报酬和相关费用的支付等善后事宜，由双方协商处理。

第三十三条 因出现火灾、地震、瘟疫、社会动乱等不能预见、不能避免并不能克服的不可抗力情形，或因出现无法控制和不可预测的系统故障、设备故障、通信故障、电力故障等异常事故，或因本协议生效后新颁布、实施或修改的法律、法

D11133

规、规章、规则或政策等因素，导致协议任何一方不能及时或完全履行本协议的，其相应责任应予免除。

第三十四条 遭受不可抗力、异常事故或知悉政策法律变化的一方或双方应在遭受不可抗力、异常事故或知悉政策法律变化后的15日内书面通知另一方，并提供相应证明，双方应积极协调善后事宜。

第八章 保密责任及客户纠纷

第三十五条 甲乙双方对于在介绍业务过程中获知的对方或客户的资料和信息，负有保密义务。未经另一方和客户事先书面许可，任何一方不得对外披露、透露或提供有关的资料和信息。违反本约定给对方或客户造成损失的，应当负赔偿责任。

国家有关部门依法要求查询或要求提供有关的资料和信息的，不受前款约束。

第三十六条 甲方仅按照本协议对乙方承担介绍业务受托责任，不承担因期货经纪合同而引起的任何责任。基于期货经纪合同而引起的任何责任均由乙方直接对客户承担。若出现因履行期货经纪合同引发客户向甲方投诉、仲裁、诉讼的，由甲方牵头、乙方应积极协助配合并采取有效措施予以解决；如涉及甲方损失的，本着不增加甲方负债和负担的原则下，由双方另行协商解决。

第九章 其他约定

第三十七条 甲乙双方应妥善保存有关介绍业务的凭证、单据、账簿、报表、记录、数据信息等资料。上述文件资料的保存期限不少于20年。

第三十八条 有关本协议的签署、效力和争议解决等均适用中华人民共和国法律、法规及其他有关规章、规则。

本协议签署后，若有关法律、法规、规章、规则修订，本协议与之不相适应的内容及条款自行失效，相关内容及条款按新修订的法律、法规、规章、规则办理。但本协议其他内容和条款继续有效。若相关的法律、法规发生变更，需要修改或增补本协议时，由甲、乙双方进行协商。

第三十九条 本协议执行中如发生争议，由双方友好协商解决。协商不成的，双方可以提请中国证券业协会、中国期货业协会调解，也可以采取以下第 二 种方式解决：

（一）向________仲裁委员会申请按照该会仲裁规则进行仲裁。

（二）向甲方所在地人民法院提起诉讼。

第四十条 本协议未尽事宜，可由甲乙双方协商解决并另行签署书面协议，该补充协议与本协议具有同等法律效力。

第四十一条 本协议自甲乙双方法定代表人或授权代表签字并加盖公章之日起生效。

第四十二条 本协议一式_____份，双方各执_____份，报监管部门或其他相关机构_____份，每份具有同等法律效力。

甲方（盖章）：____________________

法定代表人或授权代表（签字）：____________

_____年_____月_____日

乙方（盖章）：____________________

法定代表人或授权代表（签字）：____________

_____年_____月_____日

D11133

关注法天使

期货公司为证券公司提供股票期权中间介绍业务协议（征求意见草案）

使用场景：

提供股票期权中间介绍业务，是指期货公司接受证券公司的委托，为证券公司介绍客户参与股票期权交易，并协助办理开户手续、向客户提供行情信息、交易设施等相关服务的业务活动中，期货公司和证券公司开展股票期权中间介绍业务，期货公司与证券公司必须签署书面协议，明确约定介绍业务的范围、介绍业务对接规则、客户投诉的接待处理方式、报酬支付及相关费用的分担方式、违约责任等权利义务。

笔者需要特别强调的是，本业务目前还限于征求意见阶段，并未出台对应监管法规细则（详见要点说明 1），因此本类合同亦暂未成立、生效，本文合同为征求意见版草案，仅供读者参考。待监管正式出台法规允许开展此项业务后，本合同方可成立、生效，并应按照新出台的法规政策修改相应条款。

法律要点：

1. 合同有效性。本合同的主体证券公司和期货公司均为证监会体系下的持牌金融机构，受证监会监管。证监会 2014 年 10 月 30 日颁布《期货公司监督管理办法》（中国证券监督管理委员会令第 110 号），该办法第 60 条规定“期货公司可以按照规定委托其他机构或者接受其他机构委托从事中间介绍业务”，为期货公司开展中介介绍业务预留了空间。中国期货业协会也在 2015 年 8 月 27 日发布了《关于就〈期货公司从事中间介绍业务规则〉公开征求意见的通知》（中期协字〔2015〕88号），但目前《期货公司从事中间介绍业务规则》仍在征求意见阶段，监管并未出台对应监管法规细则，故本合同仅为征求意见草案。在监管出台进一步法规之前，相关主体不得开展业务，协议不得成立、生效。

2. 业务性质。中间介绍业务和股票期权业务是相独立的两个业务。在中间介绍业务中，期货公司仅提供介绍业务等辅助性工作，与客户之间不存在基于股票期权业务产生的权利义务法律关系。

3. 在实操中，笔者建议在合同中明确约定各主体的身份责任，明确证券公司基于股票期权业务直接对客承担责任。

4. 风险控制。实操中，风险控制是容易产生纠纷的部分。笔者建议在合同中明确约定由何方负责承担风险控制职责（包括但不限于通知追加保证金和执行强行平仓），何方负责辅助工作。在合同的履行中，建议甲乙双方都对自己的工作进行录音录像等留痕工作，以证明履行合同义务，避免纠纷和损失。

文本正文：http://www.fatianshi.cn/D11134

期货公司为证券公司提供股票期权中间介绍业务协议（征求意见草案）

甲方：____________期货公司

乙方：____________证券公司

依据《中华人民共和国合同法》《期货公司监督管理办法》《股票期权交易试点管理办法》《证券期货经营机构参与股票期权交易试点指引》及其他相关法律、法规的规定，甲乙双方经友好协商，就甲方为乙方提供股票期权中间介绍业务（以下简

D11134

称介绍业务）有关事宜达成如下协议：

第一章　声　　明

第一条　甲方声明：

（一）甲方为依法设立的具有介绍业务相关资质的期货公司。

（二）甲方具有相应的人员、经营场所、设备和信息系统，能够为进行介绍业务提供必要的条件。

（三）甲方承诺对所属营业部开展的介绍业务实行统一管理。

甲方保证上述声明的真实性、准确性，并承诺承担因违背上述声明给自己及他人造成的损失。

第二条　乙方声明：

（一）乙方为依法设立的证券公司，具有股票期权经纪业务资质。

（二）乙方具有相应的人员、经营场所、设备和信息系统，能够为甲方开展介绍业务提供必要的条件。

（三）在签订本协议前，乙方已充分认识到委托甲方提供中间介绍业务存在的风险，并愿意承担由此产生的一切后果，但因甲方过错导致的情形除外。

乙方保证上述声明的真实性、准确性，并承诺承担因违背上述声明给自己及他人造成的损失。

第二章　介绍业务范围

第三条　甲方接受乙方委托，为乙方介绍客户参与股票期权交易，并提供下列服务：[①]

（一）协助办理客户开户手续；

（二）为客户提供股票期权行情信息、交易设施；

（三）协助乙方向客户提示风险；

①甲方仅能提供协助开户、提供信息、提供行情信息、协助提示风险等供辅助性质的工作。

（四）双方约定的其他服务。

介绍业务的报酬及相关费用，由甲乙双方本着平等自愿、互利互惠的原则协商确定。

第四条 甲方按照[①]本协议约定对乙方承担介绍业务受托责任，甲方与乙方客户之间不存在基于股票期权交易产生的权利义务法律关系。乙方基于股票期权经纪合同直接对客户承担责任。

第五条 甲方不得代理客户进行股票期权的交易、结算，不得代客户接收、保管或者修改交易密码，也不得利用客户的衍生品合约账户、衍生品保证金账户进行股票期权交易。

第六条 甲方不得代乙方、客户收付股票期权保证金。

第七条 甲方不得直接或者间接为客户从事股票期权交易提供融资或担保。

第三章 介绍业务规则

第八条 乙方向甲方提供与股票期权交易业务有关的《股票期权风险揭示书》《股票期权经纪合同》、股票期权交易流程、股票期权保证金安全存管的方式和要求、股票期权结算结果的查询方式、必要的业务单据等资料，并为甲方提供开展介绍业务所必需的业务培训以及其他相应业务支持。

甲方可以根据开展介绍业务的需要，要求乙方提供公司基本情况介绍、有关负责人和业务人员简历等资料，以备客户咨询。

第九条 甲方按照合规、审慎经营的原则，制定并有效执行介绍业务规则、内部控制、合规检查等制度，确保有效防范和隔离介绍业务与其他业务的风险。

第十条 甲方应在经营场所显著位置或其官方网站，公开

①甲方仅是介绍业务关系，不存在股票期权交易的权利义务关系。

D11134

下列信息：

（一）受托从事的介绍业务范围；

（二）从事介绍业务的管理人员和业务人员的照片和名单；

（三）乙方衍生品保证金账户信息、保证金安全存管方式；

（四）客户开户和交易流程、出入金流程；

（五）客户交易结算结果的查询方式；

（六）双方约定的其他信息。

乙方在经营场所显著位置或其官方网站，对前款第（三）、（四）（五）、（七）项规定的有关信息予以公开列示。

第十一条　甲方在为乙方介绍客户时，应当向客户明示其与乙方的介绍业务委托关系，解释甲方、客户、乙方三者之间的权利义务关系，告知股票期权保证金安全存管要求。乙方也应在股票期权经纪合同中明确注明甲方、乙方、客户三者之间的权利义务关系。

甲方在开发①客户过程中，应当向客户解释股票期权交易的方式、流程，充分揭示股票期权交易风险，并不得向客户作获利保证、共担风险等承诺，不得虚假宣传误导客户。

第十二条　甲乙双方协商确定客户开户审查的方式、内容和程序，甲方设专人负责协助开户及开户审核工作。甲方在办理协助开户业务时，对客户开户资料和身份真实性等进行审核，向客户充分揭示风险，进行相关知识测试和风险评估，完成客户身份识别工作，采集并留存客户的影像资料，严格执行投资者适当性制度。

第十三条　甲方建立并有效执行协助开户制度，协助乙方严格执行适当性管理制度，指导客户阅读和签署《股票期权风险揭示书》《股票期权经纪合同》等相关文件，对客户开户资料的真实性、合规性、完整性进行审查，做好开户入金指导，并

---

①甲方的重要辅助义务之一，是向客户解释业务的性质及风险。同时，不得为了促成交易而向客户做虚假承诺、获利保证。

在实操过程中，笔者建议甲方对此解释、揭示工作进行证据留痕。

及时将符合适当性管理要求的客户开户资料提交乙方。

乙方在复核甲方提交的客户开户资料无误后，与客户签订股票期权经纪合同，办理开户手续。乙方负责客户的反洗钱工作。

第十四条 乙方应当及时对介绍业务客户进行回访，确认客户了解股票期权交易风险及股票期权经纪合同主要条款。

第十五条 甲乙双方应各自对股票期权交易涉及的行情、交易系统及设备负责，并共同作好股票期权交易数据传送的安全保密工作。

甲方应协助乙方维护股票期权交易系统的稳定运行，保证股票期权交易数据传送的安全和独立。

第十六条 甲方应告知所介绍客户获取股票期权交易结算结果的渠道或方式，提示客户有义务及时查看，并协助有异议的客户向乙方提出异议。

第十七条 客户出入金必须在乙方的衍生品保证金账户和客户所指定的股票期权结算账户之间进行。

第十八条 乙方变更或撤销衍生品保证金账户的，应当在向监管机关和股票期权保证金安全存管监控机构备案之日起2个工作日内书面通知甲方，并依法向客户披露变更或者撤销情况。

第四章 风险控制

第十九条 乙方负责股票期权业务风险控制制度的制定和执行，并负责向客户发送追加保证金通知和执行强行平仓。[①]

第二十条 甲方按照约定承担协助风险控制职责的，[②]提供下列服务：

1. 当客户被乙方通知追加保证金或被强行平仓时，甲方受

①在实操中，追加保证金通知和执行强行平仓是核心工作和容易出现纠纷之处，合同应对进行追加保证金和强行平仓的负责人明确约定。

②在乙方对风险控制承担主要责任的同时，甲方可以协助、辅助乙方进行风险控制。

D11134

乙方委托，对客户进行通知、督促及解释工作；

2. 当股票期权、现货市场行情发生重大变化或者客户可能出现交易风险时，甲方受乙方委托进行风险提示。

甲方协助乙方从事向客户提示风险等工作的，乙方应向甲方提供必要的风险控制系统及报表等，以便甲方开展相关工作。

第二十一条 甲乙双方中任何一方被监管机关采取限制、取消相关业务资质等监管措施时，应自事发之日起3个工作日内书面通知对方。

第二十二条 甲乙双方应当建立和完善介绍业务相关信息系统管理制度。任何一方变更、升级信息系统的，应当做好变更、升级的书面留痕工作，提前3个工作日书面通知对方，并通过适当的方式告知客户防范可能出现的风险。

第五章 客户投诉

第二十三条 乙方负责客户投诉的具体处理工作，如需甲方配合，甲方应予以协助。

第二十四条 甲乙双方应当建立健全各自的客户投诉接待处理制度以及双方的协作程序和规则，明确具体的部门和人员负责双方的客户投诉情况的沟通与联络，并将各自的客户投诉方式或渠道对外予以公布。甲乙双方应将各自的客户投诉方式或渠道对外予以公布。

第二十五条 甲乙双方应按照约定的协作程序和规则，本着服务客户、服务合作伙伴的原则，积极、稳妥地处理客户投诉；对投诉本方的应及时处理不推诿，对投诉合作对方的应及时移交并配合做好处理工作，对投诉涉及双方的应及时会同处理。

第二十六条 乙方为甲方提供一般性问题的标准答案，供甲方用于客户一般事务性的解答。乙方专门设立统一的客户服务专线，用于客户的后续服务。乙方应设立专门的客户服务部门用于客户投诉的处理，并负责对客户的投诉进行解决或协调相关部门进行解决。

第六章 报酬及相关费用

第二十七条 介绍业务的报酬及相关费用，由甲乙双方本着平等自愿、互利互惠的原则协商确定。具体事宜双方另行协商并签署补充协议。

第七章 违约责任及协议终止

第二十八条 甲乙双方因任何一方违反本协议，而给对方所造成实际损失的，应当承担赔偿责任。一方严重违反本协议，导致本协议不能履行的，非违约方有权解除协议并要求赔偿，协议自非违约方发出书面解约通知之日起解除。

第二十九条 因出现火灾、地 震 、瘟疫、社会动乱等不能预见、不能避免并不能克服的不可抗力情形，或因出现无法控制和不可预测的系统故障、设备故障 、通信故障、电力故障等异常事故，或因本协议生效后新颁布、实施或修改的法律、法规、规章、规则或政策等因素，导致协议任何一方不能及时或完全履行本协议的，其相应责任应予免除。

遭受不可抗力、异常事故或知悉政策法律变化的一方或双方应在遭受不可抗力、异常事故或知悉政策法律变化后的 3 日内书面通知另一方，并提供相应证明，双方应积极协调善后事宜。

第三十条 甲乙双方均有权解除本协议。除有本协议第二十五条规定的情形外，主张解除协议的一方应当提前一个月书面通知对方。

D11134

第三十一条 甲乙双方因丧失业务资格或依法不能从事相关业务，本协议自动终止。

第八章 其他约定

第三十二条 甲乙双方应妥善保存有关介绍业务的凭证、单据、账簿、报表、记录、数据信息等资料。上述文件资料的保存期限不少于20年。

甲乙双方对于在介绍业务过程中获知的对方或客户的资料和信息，负有保密义务。未经另一方或客户事先书面许可，任何一方不得对外披露、透露或提供有关的资料和信息。违反本约定给对方或客户造成损失的，应当负赔偿责任。

国家有关部门依法要求查询或要求提供有关的资料和信息的，不受前款约束。

第三十三条 有关本协议的签署、效力和争议解决等均适用中华人民共和国法律、法规及其他有关规章、规则。

本协议签署后，若有关法律、法规、规章、规则修订，本协议与之不相适应的内容及条款自行失效，相关内容及条款按新修订的法律、法规、规章、规则办理。但本协议其他内容和条款继续有效。

第三十四条 本协议执行中如发生争议，由双方友好协商解决。协商不成的，双方可以提请中国证券业协会、中国期货业协会调解，也可以采取以下第______种方式解决：

（一）向____________仲裁委员会申请按照该会仲裁规则进行仲裁。

（二）向____________方所在地人民法院提起诉讼。

第三十五条 本协议自甲乙双方法定代表人或授权代表签字并加盖公章之日起生效。

第三十六条 本协议一式______份，双方各执______份，报监管部门______份，每份具有同等法律效力。

甲方（盖章）：________________________________

法定代表人或授权代表（签字）：________________

______年______月______日

乙方（盖章）：________________________________

法定代表人或授权代表（签字）：________________

______年______月______日

第五部分　证券期货资产管理业务

一、期货资产管理业务合同

一对一无托管型期货资产管理合同

合同编号：____________

使用场景：

期货资产管理计划资产管理合同是期货公司及投资者为约定资产管理业务相关权利义务事宜而签订的合同。期货资产管理业务，是指期货公司或其资产管理子公司（期货公司与其专门从事资产管理业务的子公司不得同时经营资产管理业务）接受投资者的书面委托，根据监管规定和合同约定，运用客户委托资产进行投资，并按照合同约定收取费用或者报酬的业务活动。

期货公司从事资产管理业务，应当遵循自愿、公平、诚实信用原则，履行谨慎勤勉的义务，保护资产委托人的合法权益。投资者委托期货公司从事资产管理业务，应当确保投资资金来源合法，不得非法汇集他人资金，并且独立承担投资风险。

从投资者人数角度区分，期货资产管理业务分为单一客户或者特定多个客户两种，其中单一客户且投资范围仅限于期货合约或场内商品期权业务的，可以不设第三方托管机构，但应在资产管理合同中明确保障资产管理计划财产安全的制度措施和纠纷解决机制，本文以单一客户资产管理计划为例。

D11135

法律要点：

期货资产管理计划资产管理合同，主要约定投资者与期货公司（或其资管子公司，下统称期货公司）之间的权利、义务。合同各方应注意以下要点：

1. 在合同主体方面，期货公司需要取得资产管理业务投资资质。投资者（委托人）应当为合格投资者，且选择投资的产品风险要与自身的风险承受能力相匹配。单只资产管理计划的投资者人数不得超过 200 人。

另外，期货资产管理合同还应约定对委托人的特别要求：期货公司董事、监事、高级管理人员、从业人员及其配偶不得作为本公司资产管理业务的委托人。期货公司股东、实际控制人及其关联人以及期货公司董事、监事、高级管理人员、从业人员的父母、子女委托本公司资产管理业务的，应当在签订合同起 5 个工作日内，向住所地中国证监会派出机构备案，并在本公司网站上披露其关联关系或者亲属关系。

在特定多个客户资产管理业务中，期货公司自有资金或关联方资金可以参加资产管理计划。但期货公司自有资金和董事、监事、高级管理人员、从业人员及其配偶，参与份额合计不得超过总份额的 50%。期货公司或子公司的关联方自有资金参与份额合计超过总份额 50% 的，期货公司还应当对资产账户进行监控。若期货公司或子公司的关联方认购其设立的分级资产管理计划劣后级，期货公司或子公司应当对相关资产账户进行监控，并及时向协会报告。

2. 投资范围。期货资产管理合同约定的投资范围，仅限于期货、期权、股票、债券证券投资基金、集合资产管理计划、央行票据、短期融资券、资产支持证券等标准化产品。合同约定的投资范围不得超越上述范围，不得约定投资非标如房地产、股权、债权、实业等投资标的。

3. 在投资规模方面，委托人的起始委托资产不得低于 100 万元人民币，且期货公司还可以在合同中约定提高起始委托资产要求。

4. 在托管机构方面，单一客户资产管理业务且投资范围仅限于期货合约及商品期权的，可以不设托管机构，但应在资产管理合同中明确保障资产管理计划财产安全的制度措施和纠纷解决机制。其他单一客户资产管理业务及特定多个客户资产管理业务均需将资产管理计划财产交由具有基金托管业务资格或私募基金综合托管业务资格的机构进行托管。另外，期货公司还应当提示托管机构可以通过中国期货保证金监控中心公司（以下简称监控中心）（监控中心现已经更名为中国期货市场监控中心）投资者查询服务系统查询资产管理计划的期货交易结算结果。

5. 风险控制是资产管理计划的重点条款。一般分为预警线和止损线，目的是限制最大金额损失。笔者建议在签署合同之前，合同各方根据实际情况商定预期最大损失的金额。对于单一客户资产管理业务，在合同中还应载明亏损达到一定限额（不得超过 50%）时，期货公司应以约定的方式于结算当日通知客户。客户在此情形下有权在一定期限内决定提前终止资产管理委托。

文本正文：http://www.fatianshi.cn/D11135

一对一无托管型期货资产管理合同

委托人（自然人）：________________________

身份证号码：________________________

联系电话：________________________

D11135

住所和邮编：________________________

电子邮箱：________________________

委托人（机构客户）：________________________

营业执照号码：________________________

法定代表人 / 机构负责人：________________________

联系人：________________________

联系电话：________________________

传真：________________________

电子邮箱：________________________

住所和邮编________________________

管理人：__________期货公司（资产管理子公司）

法定代表人 / 机构负责人：________________________

联系电话：________________________

地址和邮编：________________________

第一章　前　　言

一、为规范期货公司（资产管理子公司）（以下简称管理人）资产管理业务的运作，明确资产管理合同当事人的权利与义务，根据《中华人民共和国合同法》《期货公司监督管理办法》《期货公司资产管理业务试点办法》（以下简称《试点办法》）《期货公司资产管理业务管理规则（试行）》《私募投资基金监督管理暂行办法》以及《证券期货经营机构私募资产管理业务运作管理暂行规定》等法律、行政法规和中国证监会、中国期货业协会、中国证券投资基金业协会的有关规定，为了充分保护本合同当事人的合法权益，委托人和管理人在平等自愿、诚实信用、充分协商原则的基础上订立本合同。

二、资产委托人保证委托资产的来源及用途合法，并在签订本合同前已阅知并签署了资产管理业务风险揭示书、资产合法性及投资者适当性承诺书，进行了投资者适当性评估，并已阅知本合同全文，了解相关权利、义务和风险，明确自行独立承担投资风险。

三、管理人承诺以诚实守信、审慎尽责的原则管理和运用委托资产，但不保证委托资产一定盈利，也不保证最低收益或承担损失。管理人对委托资产未来的收益预测仅供委托人参考，不构成管理人保证委托资产本金不受损失或取得最低收益的承诺。

四、资产委托人自签订本合同起即成为本资产管理计划的当事人。在本合同存续期间，资产委托人自全部退出本资产管理计划之日起，该资产委托人不再是本资产管理计划的当事人。

本合同是规定各当事人之间权利义务关系的基本法律文件，除非本合同当事人在本合同签订之后另行签订了补充协议；否则，其他与本计划相关的涉及本合同各当事人之间权利义务关系的任何文件或表述，如与本合同不一致或有冲突，均以本合同为准。

五、本资产管理合同按相关法律法规要求将在中国证券投资基金业协会备案，但中国证券投资基金业协会接受资产管理合同的备案并不表明其对资产管理计划的价值和收益作出实质性判断或保证，也不表明投资于资产管理计划没有风险。

六、《期货公司资产管理业务风险揭示书》《资产合法性及投资者适当性承诺书》以及合同附件是本合同的组成部分，与合同正文具有同等效力。

第二章　释　　义

在本合同中，下列用语含义如下：

（一）资产委托人：指签订本合同，委托投资本资产管理计划初始金额不低于 100 万元人民币，符合《私募投资基金监督管理暂行办法》《证券期货投资者适当性管理办法》等有关监管规定，且能够识别、判断和承担相应投资风险的自然人、法人、依法成立的组织或中国证监会认可的其他特定合格投资者（在本合同中根据适用情况也称为投资者、客户或委托人）。

（二）资产管理计划、计划、本计划：指 ____________资产管理计划。

（三）资产管理合同、本合同：指资产委托人、资产管理人签署的《资产管理计划资产管理合同》及其附件，以及对该合同及附件做出的任何有效修订、补充或变更。

（四）资产管理人：____________期货公司（资产管理子公司）。

（五）委托资产、委托财产、计划资产、计划财产、资产管理计划财产、资产管理计划资产：指委托人拥有合法所有权或合法处分权，并委托管理人管理的作为本合同标的的财产。

（六）委托资产管理：指委托人依据有关法律、法规和委托人的投资意愿，与管理人签订本合同，由管理人按本合同规定将委托人委托的资产投资于国内期货交易所交易的股指期货品种、商品期货以及中国证监会认可的其他投资品种的行为。

（七）工作日、交易日：上海期货交易所、大连商品交易所、郑州商品交易所、中国金融期货交易所等交易所的正常交易日。

（八）期货交易所：指上海期货交易所、大连商品交易所、郑州商品交易所和中国金融期货交易所。

（九）期货交易账户：根据国证券监督管理委员会有关规定和中国期货市场监控中心有限责任公司等相关机构的有关业务规则，由管理人为委托资产在上海期货交易所、大连商品交易所、郑州商品交易所、中国金融期货交易所开设的专用期货交易账户。

（十）委托资产总份额：指本计划项下的资产份额总数。计划成立日的委托资产总份额为委托人交付的认购资金 ÷1 元。

（十一）委托资产总值：指资产管理计划拥有的各类有价证券、期货权益、银行存款本息 、计划应收款及其他资产及闲置资金的价值总和。

（十二）资产管理计划净值、委托资产净值：指资产管理计划资产总值减去资产管理计划负债后的价值。

（十三）资产管理计划份额累计净值：指计划份额净值和计划历史上累计单位派息金额（计划历史上所有分红派息的总额 ÷ 计划总份额）之和。

（十四）资产管理计划份额净值 ÷ 平均份额净值、份额净值 ÷ 平均份额净值：指资产管理计划资产净值 ÷ 委托资产总份额。本计划的初始份额净值为 1 元。

（十五）资产管理计划资产估值：指计算评估资产管理计划资产和负债的价值，以确定资产管理计划资产净值和资产管理计划份额净值的过程。

（十六）清算：依据委托资产清算的分配方案，将资产管理委托资产清算后的全部剩余资产扣除委托财产清算费用后，返还给资产委托人的行为。

（十七）资管结算账户：指委托人开立在期货保证金存管银行的、用于向期货公司保证金账户办理委托资产汇入、追加、提取和清退的银行账户。

（十八）委托资产期货保证金账户：指管理人为委托资产在期货公司开立的从事期货交易的账户，用于存放委托资产期货保证金、支付期货交易结算款和相关费用，以及向期货结算账户划回结算回款等，该账户与期货结算账户建立唯一的银期转账关系。

（十九）合同存续期、存续期：指资产管理合同生效至终止之间的期限。

（二十）元：指人民币元。

（二十一）认购：指在资产管理计划销售期间，资产委托人按照本合同的规定购买本计划份额的行为。

（二十二）参与：指资产委托人按照本合同的规定参与本资产管理计划份额的行为。

（二十三）不可抗力：指委托人、管理人不能预见，不能避免，并不能克服或即使预见亦无法避免的客观情况，包括但不限于任何非因合同一方或双方原因导致的通信或电脑及相关交易系统的故障，自然灾害、战争、骚乱、罢工、新法规颁布或对原法规的修改等政策因素。

（二十四）期货盘中市价：是指某一期货合约交易时的买卖盘价格。

（二十五）收盘价：是指某一期货合约当日最后一笔成交价格。

（二十六）结算价：是指某一期货合约当日成交价格按成交量的加权平均价。当日无成交的，用上一交易日的结算价作为当日结算价。结算价是当日未平仓合约盈亏结算和确定下一交易日涨跌停板幅度的依据。

资产管理计划依据不同的价格计算计划份额净值，会导致资产管理计划净值存在差异。

本计划以估值当日该期货合约结算价进行估值。

（二十七）代理销售机构：指符合中国证监会规定的条件，取得基金销售资格并接受资产管理人委托，代为办理本计划认购、参与、退出等业务的机构。本资产管理计划代理销售机构为。

（二十八）年、年度、会计年度：指公历每年 1 月 1 日至 12 月 31 日。

第三章　声明与承诺

一、委托人声明与承诺

（一）委托人具有合法参与期货公司资产管理业务的资格，不存在法律、行政法规和中国证监会有关规定禁止或限制参与资产管理业务的情形；

（二）委托人承诺以真实身份参与资产管理业务，保证提供给管理人的包括但不限于关投资目的、投资偏好、投资限制和风险承受能力等信息和资料真实、准确、完整、合法，不存在任何重大遗漏或误导。委托人提供的信息资料若发生任何变更，委托人应当及时以书面形式告知管理人；

（三）委托人声明已充分理解本合同全文，已听取了管理人对相关业务规则、合同条款、资产管理方案和交易策略的讲解，已经阅读并理解风险揭示书的相关内容，清楚认识委托投资存在的市场风险、管理风险、流动性风险和其他风险，承诺自行承担投资风险和损失，并就合同条款与管理人进行了充分协商，达成一致；

（四）委托人声明对市场及资产管理计划风险具有适当的认识，已了解资产管理方案和投资策略的风险收益特征，委托人接受管理人的审慎评估并经自我评估认为具备参与资产管理业务的风险承受能力，本委托事项符合其业务决策程序的要求；

（五）委托人①保证委托资产的来源及用途合法，保证以本人 / 本机构自有资金或合法募集的资金认购资产管理计划，未非法汇集他人资金或采取份额拆分转让等突破合格投资者标准的方式认购资产管理计划；符合有关反洗钱法律法规的要求，且委托资产中没有违反规定的公众集资；计划资产不涉及任何第三方

①投资者委托期货公司从事资产管理业务，应当确保投资资金来源合法，不得非法配资或非法会集他人资金。

D11135

的权利主张，也没有任何其他限制性条件妨碍管理人对该计划资产行使投资管理权；

（六）委托人确认，管理人未对委托资产的收益状况做出任何承诺或担保；

（七）委托人声明已知悉并同意管理人不聘请投资顾问[①]/聘请____________为本计划投资顾问。资产委托人同意资产管理人接受投资顾问为本计划委托资产的投资运作提供投资建议，承诺在投资建议符合法律法规及本合同约定的前提下，接受因管理人采纳该投资顾问提供的投资建议所带来的任何风险及损失。资产委托人同意支付相关投资顾问费用；

（八）本合同由委托人本人亲自签署[②]，如果委托人为机构客户的，委托人应保证其法定代表人、机构负责人或其授权代表有充分和完整的授权签署本合同，并在本合同上加盖委托人公章。本合同经委托人正式签署后即构成对委托人合法、有效、可执行及有约束力的法律文件。

二、管理人声明与承诺

（一）管理人是依法设立的期货经营机构，并已向中国期货业协会报备，具备资产管理业务资格；

（二）管理人承诺遵守法律、行政法规和中国证监会的有关规定，诚实守信，审慎尽责，坚持公平交易，避免利益冲突，禁止利益输送，保护委托人合法权益；

（三）管理人声明不以任何方式向委托人承诺或担保取得最低收益或分担损失；

（四）管理人承诺已向委托人披露业务资格，讲解有关业务规则和合同内容，提示委托人阅读风险揭示书；

管理人声明不以任何方式向委托人承诺或担保取得最低收益或分担损失；

①若聘请投资顾问，需要投资顾问具备监管要求的资质，合同中应明确约定投资顾问的名称、责任、费用等信息。

②若投资者为自然人，应由本人亲自签署，不得委托他人代签。

管理人承诺所提供的资料和信息真实、准确、完整、合法；

（五）管理人声明禁止本公司员工以个人名义接受客户资产管理委托或对客户做出最低收益和分担损失的承诺。

第四章　资产管理计划基本情况

一、资产管理计划名称：____________资产管理计划。

二、资产管理计划运作方式：封闭式运作。

本计划存续期间不设开放期，计划份额不可参与和退出。

自本资产管理合同生效之日起个月为封闭期（封闭期不得低于______个月）。

三、资产管理计划规模：委托人的起始委托资产不低于人民币______万元（大写：人民币______元整）。委托资产采取现金方式汇入、追加、提取或清算。

四、资产管理计划类型：单一客户资产管理计划。

五、资产管理计划初始净值：人民币 1.00 元。

六、资产管理计划存续期限：本资产管理计划存续期限为______年，自本资产管理计划成立日起计算。如本计划存续期届满最后一日为节假日，则本计划结束日期顺延至下一工作日。经资产管理人和资产委托人协商一致，本资产管理计划可提前终止或延期。

七、投资范围：在中国金融期货交易所依法上市交易、具有良好流动性的金融期货品种。

八、资产管理人：____________期货公司（资产管理子公司）。

九、资产委托人的适当性①。

（一）委托人应具备相应风险识别能力和风险承担能力，②符合《私募投资基金监督管理办法暂行办法》的有关规定，投资于单只私募基金的金额不低于 100 万元且符合下列相关标准

①起始委托资产不得低于人民币 100 万元。

另外，为防止规避此金额要求（例如，委托 200 万元之后，又立刻提取 150 万元，实委托金额只有 50 万元不足 100 万元），合同条款禁止主动提取后委托资产余额低于 100 万元。

②委托人应充分了解投资的风险，并与自身的风险承受能力相匹配。

D11135

的单位和个人：

1. 净资产不低于1000万元的单位；

2. 个人金融资产不低于300万元或者最近三年个人年均收入不低于50万元。

前款所称金融资产包括银行存款、股票、债券、基金份额、资产管理计划、银行理财产品、信托计划、保险产品、期货权益等。

（二）下列投资者视为合格投资者：

1. 社会保障基金、企业年金、慈善基金；

2. 依法设立并受国务院金融监督管理机构监管的投资计划；

3. 投资于所管理私募基金的私募基金管理人及其从业人员；

4. 中国证监会规定的其他投资者。

第五章　委托资产账户及相关情况

一、委托资产账户

（一）期货资产管理账户

管理人应按照期货市场相关开户管理规定开立专门的期货账户作为本计划的资产管理账户，并通过中国期货市场监控中心系统为资产管理账户申请交易编码，委托人应配合提供开户所需的相关材料，账户开立后由管理人予以妥善保管。该期货资产管理账户的开立和管理应符合相关法律法规的规定，并且仅限于满足开展本资产管理业务的需要。

（二）期货结算账户

委托人应按照期货行业关于保证金安全存管的相关规定，在银行开立期货结算账户并开立柜面银期转账功能，用于办理委托资产的汇入、追加、提取和清退，本计划委托人的期货结算账户信息为：

户名：____

账号：____

开户行：______________________________________

上述期货结算账户仅限于与本资产管理账户之间办理与本计划相关的汇入、追加、提取和清退等用途，并与委托人的其他期货结算账户或资金账户严格分离。

二、委托资产的汇入、追加、提取、清退

（一）委托资产的汇入：本计划初始委托资产以货币资金形式汇入，委托人初始委托资产规模：人民币现金资产万元；（大写）______万元整［不得低于人民币 100 万元；（大写）壹佰万元整］；

（二）委托资产的追加：在本合同有效期内，经管理人统一，委托人有权以书面形式追加委托资产，但需要提前个工作日以书面形式向管理人提出追加资金申请，追加的最低金额至少为人民币 100 万元或其整数倍。追加委托资产参照起始委托资产办理汇入手续，追加部分资金由资产委托人划拨至委托资产期货保证金账户。

管理人确认委托资产全部到账后，向委托人发送书面确认，并应按照本合同的约定管理追加部分的委托资产。

（三）委托资产的提取

1. 自本资产管理合同生效之日起______个月为封闭期，在封闭期内，委托人不得提取委托资产（封闭期不得低于______个月）。

本资产管理管理计划存续期不得提取资产。

2. 在本合同存续期内，封闭期过后，当资产净值扣除管理费和业绩报酬等费用后高于初始委托资产金额时，委托人可以依据合同约定提取投资收益，但提取后的资产净值不得低于初始委托资产金额，且每年提取次数不得超过______次。当资产委托人申请部分退出资产管理计划将致使其在部分退出申请确认后持有的计划资产净值低于委托资产金额的，资产管理人有权拒绝。

资产净值等于或低于起始委托资产金额时，资产委托人不得提前提取，但经合同各方当事人协商一致可以选择一次性全部退出资产管理计划，提前终止本合同。如因退出引致的损失由计划财产承担。

3. 委托人应为管理人预留充足的变现时间，资产委托人需至少提前______个交易日向资产管理人提交提取资产书面申请，（一次性提取金额高于______万元的，需至少提前______个交易日向资产管理人提交书面申请），以保证资产管理账户中的资金足以支付提取金额，若因资产管理计划的投资标的确实无法及时变现的，管理人有权拒绝委托人的提取请求。资产管理人不承担由于资产委托人通知不及时造成的资产变现损失。

（四）委托资产的清退

经委托人、管理人协商一致后，资产委托人可在委托期限未满前退出的，管理人将资产管理委托资产清算后的全部剩余资产扣除委托财产清算费用后，返还给资产委托人。委托期限不足______年的，委托人需支付______% 的退出费用。

本合同委托期限届满，管理人依据委托资产清算的分配方案，将资产管理委托资产清算后的全部剩余资产扣除委托财产清算费用后，返还给资产委托人。

三、追加份额和提取金额的计算[①]

追加资产管理计划份额的确认依据为资产管理计划份额净值。

追加计划份额 = 参与金额 ÷ 追加当天的资产管理计划份额

①投资开始后，投资者还可以追加和提取资金，追加的份额及提取的金额，均与资产管理计划的份额净值相挂钩。

净值

净提取金额 = 提取份额 × 当天的资产管理计划份额净值

上述涉及计划份额的计算结果按照四舍五入方法，保留到小数点后 2 位，由此产生的收益或损失由计划财产承担。

四、拒绝或暂停参与或提取的情形及处理

若出现不可抗力、国家监管政策变化、证券期货市场临时停市等重大事件时，资产管理人可以根据具体情况拒绝或暂停追加或提取申请，并及时通知委托人。

五、委托资产的转让

本资产管理计划接受 / 不接受转让。

本资产管理计划转让方式为：______________________

第六章　当事人及权利义务

一、委托人

（本资产管理计划资产委托人情况见合同签署页）

委托人（自然人）：______________________

身份证号码：______________________

联系电话：______________________

住所和邮编：______________________

电子邮箱：______________________

委托人（机构客户）：______________________

营业执照号码：______________________

法定代表人 / 机构负责人：______________________

联系人：______________________

联系电话：______________________

传真：______________________

电子邮箱：______________________

D11135

住所和邮编：________________________________

（一）委托人的权利

1. 分享资产管理计划财产收益。

2. 参与分配清算后的剩余资产管理计划财产。

3. 按照本合同的约定参与、追加、提取和退出资产管理计划。

4. 监督资产管理人、资产托管人（若有）履行投资管理、托管义务（若有）情况，依照法律法规或合同约定终止资产管理委托。

5. 按照本合同约定的时间和方式获得资产管理计划的盈亏、净值变动等运作信息资料。根据法律法规、自律文件、资产管理合同及其他规定，定期或不定期从资产管理人处获得资产管理业务相关报告。

6. 国家有关法律法规、监管机构、自律组织及本合同规定的其他权利。

（二）委托人的义务

1. 遵守本合同，以真实身份参与资产管理计划。接受资产管理人进行的尽职调查，向资产管理人或销售机构提供法律法规规定的信息资料及身份证明文件，配合资产管理人履行反洗钱义务。

2. 真实、完整、全面、准确地向资产管理人或销售机构告知其投资目的、投资偏好、投资限制和风险承受能力等基本情况。

3. 在向管理人或销售机构提供的各种资料、信息、联系方式发生变更时，及时通知管理人。

4. 保证委托资金来源及用途合法，按照本合同约定交纳购买资产管理计划份额的款项及规定的费用。

5. 自行承担资产管理计划的投资风险和损失，不得违反资产管理合同的约定干涉资产管理人的投资行为。

6. 不得从事任何有损资产管理计划、资产管理人管理的其他资产及资产托管人托管（若有）的其他资产合法利益的活动。

7. 保守商业秘密，不得泄露委托财产投资计划、投资意向等相关信息。

8. 及时、足额地向管理人交付委托资产。

9. 按照本合同的规定及时、足额缴纳资产管理费、托管费（如有）、业绩报酬（如有）及资产管理合同约定的费用，并承担因资产管理计划财产运作产生的税费及其他费用。

10. 对因自身重大过失、故意导致资产管理人受到的行政处罚、民事追偿等损失进行补偿。

11. 协助资产管理人办理资产管理业务相关账户设立、变更及注销手续。承担办理相关账户业务所需的费用，并不得将专用账户以出租、出借、转让或者其他方式提供给他人使用。

12. 国家有关法律法规、监管机构、自律组织及本合同规定的其他义务。

二、管理人

名称：____________期货公司（资产管理子公司）

住所：____

办公地址：____________________________________

法定代表人：__________________________________

联系人：______________________________________

联系电话：____________________________________

电子邮箱：____________________________________

传真号码：____________________________________

通信地址：____________________________________

邮政编码：____________________________________

D11135

官方网站：________________________

（一）管理人的权利

1. 按照本合同的约定，独立管理和投资运作资产管理计划财产。

2. 依照本合同的约定，及时、足额获得资产管理人报酬，并收取因委托资产运作产生的交易费用、税费及其他费用。

3. 依照有关规定行使因资产管理计划财产投资于期货或其它投资品种所产生的权利。

4. 根据本合同，监督资产托管人（若有），对资产管理计划财产及其他当事人的利益造成重大损失的，或对资产管理计划运作产生重大影响的，应及时采取措施制止，并报告中国证监会或其派出机构。

5. 自行销售或委托有基金销售资格的机构销售资产管理计划，制定和调整有关资产管理计划销售的业务规则，并对销售机构的销售行为进行必要的监督。

6. 自行担任或者委托其他机构担任资产管理计划份额的权属注册登记机构，并对权属注册登记机构的代理行为进行必要的监督和检查。

7. 要求委托人提供与其身份、财产与收入状况、资金来源及用途、资产管理需求、风险认知与承受能力等相关的信息和资料，对委托人适当性进行审慎评估。在上述文件和资料发生变更时，要求委托人及时提交变更后的相关文件与资料 。

8. 资产管理人有权委托作为投资顾问[①]为本计划提供投资顾问、投资建议相关服务，资产管理人与投资顾问另行签署委托服务协议，对相关权利、义务进行约定。

为保护委托人利益，保护计划财产安全，计划管理人有权根据计划运作情况选择、聘请、更换或撤销投资顾问。

①委托的投资顾问需满足投资经验、机构等条件，且应在合同中明示投资顾问名称，投资顾问费用、业绩报酬等信息。

9. 资产管理人有权根据市场情况对本资产管理计划的总规模、单个委托人首次认购、申购金额、每次申购金额及持有的本资产管理计划总金额限制进行调整。

10. 当发生不可抗力、国家监管政策变化、委托资产发生权属变更等可能影响资产管理业务正常运行的重大变更时，管理人有权提前终止本资产管理计划。

11. 国家有关法律法规、监管机构、自律组织及本合同规定的其他权利。

（二）管理人的义务

1. 按规定向基金业协会履行登记及备案手续，管理人应在备案完成后五个工作日内将加盖管理人资产管理业务专用章的备案函以邮件的形式发送给托管人，如有必要托管人可要求管理人将原件寄送至托管人。

2. 以诚实信用、勤勉尽责的原则管理和运用资产管理计划财产。

3. 制定和执行资产管理投资策略，配备足够的具有专业能力的人员进行投资分析、决策，以专业技能管理委托资产，不得从事有损委托人利益的行为。

4. 建立健全内部风险控制、监察与稽核、财务管理及人事管理等制度，保证所管理的资产管理计划财产与其管理的计划财产、其他委托财产和资产管理人的财产相互独立，对所管理的不同财产分别管理、分别记账，进行投资。

5. 除依据法律法规、本合同及其他有关规定外，不得为资产管理人及任何第三人谋取利益，不得委托第三人运作资产管理计划财产。

6. 负责办理或者委托其他机构代为办理资产管理计划份额的登记事宜，负责开立和注销期货账户等投资所需账户。

D11135

7. 对为管理本计划所聘用的第三方机构已建立第三方机构管理制度，对其资质条件、专业服务能力和风险管理制度等方面进行尽职调查，并与第三方机构签订协议明确权利义务。

8. 按照本合同的约定接受和配合资产委托人和资产托管人（若有）对委托资产有关投资行为等的监督。

9. 以资产管理人的名义，代表资产委托人利益行使诉讼权利或者实施其他法律行为。[①]

10. 根据法律法规和本合同的规定，编制并向资产委托人报送资产管理计划财产的投资报告，对报告期内资产管理计划财产的投资运作等情况做出说明。

11. 根据法律法规和本合同的规定，编制资产管理业务定期报告，向基金业协会等监管机构备案，并按照约定向委托人提供与资产管理相关的业务报告。

12. 计算并按照本合同的约定向资产委托人报告资产管理计划份额净值。

13. 当发生变更投资经理等可能影响委托人权益的重大事项时，应通在重大事项发生后及时以本合同约定的方式通知委托人。

14. 进行资产管理计划会计核算。

15. 在合同终止时，按照约定将剩余资产返还客户。

16. 保守商业秘密，不得向任何第三方泄露资产管理计划的投资计划、投资意向等，但法律法规、本合同及监管机构另有规定的除外。

17. 保存资产管理计划资产管理业务活动的全部会计资料，并妥善保存有关的合同、协议、交易记录及其他相关资料。

18. 公平对待所管理的不同财产，不得从事任何有损资产管理计划财产及其他当事人利益的活动。

19. 管理人以委托资产投资于管理人或与管理人有关联关系

①投资发生纠纷时，管理人可以替委托人资产进行诉讼、仲裁。

的公司发行的证券或其他金融产品的，应事先以书面形式通知委托人，并取得委托人书面认可。

20. 按照资产管理计划合同的约定，及时通知委托人委托资产亏损情况，进行预警、止损操作。

21. 资产管理人拟投资券商资产管理计划、基金公司及其子公司资产管理计划、期货公司及其子公司资产管理计划、信托计划、私募基金等非标类金融产品的，资产管理人应提前向托管人（若有）提交准确无误的投资信息，资产托管人（若有）只对产品信息、收款账户等进行形式要件审查。

22. 国家有关法律法规、监管机构、自律组织及本合同规定的其他义务。

第七章　投 资 策 略

一、投资目标

在风险可控的基础上，力争实现委托资产长期、持续、稳健保值和稳定增值。

二、投资范围①

本计划投资于在中国金融期货交易所、上海期货交易所、大连商品交易所、郑州商品交易所上市流通的标准期货合约品种、银行存款、银行理财。

三、投资比例②

期货保证金占用的资金为本计划资产净值的 0~100%，其中股指期货投资比例不超过计划资产净值的______%、国债期货投资比例不超过计划资产净值的______%。商品期货投资比例不超过计划资产净值的______%。

四、投资策略

量化对冲及 CTA 策略。

①合同中约定资产管理计划可以投资的范围，且实际操作中未经修改合同，不得投资超出范围的标的。

②约定细分各类资产的投资比例，主要是为了控制风险，避免投资范围过于集中。

D11135

五、投资限制及禁止行为

1. 资产管理计划只交易主力合约和次主力合约。

2. 个期货合约持仓不得超过该期货合约单边持仓总量的______% 且符合交易所限仓要求。

3. 品期货持仓不得进入交割月。不得交易当月交割的期货品种。持仓进入有限仓要求的月份，本计划应遵循期货交易所的限仓要求。

4. 于包括但不限于证券市场波动、上市公司合并、组合规模变动等资产管理人之外的原因导致的投资比例不符合本合同约定的投资限制或投资禁止政策，为被动超标。发生上述情形时，资产管理人应在发生不符合法律法规或投资政策之日起的交易日内进行调整，以满足法律法规及投资政策的要求，法律法规另有规定的，从其规定。

5. 管理人以委托资产投资于本公司或与本公司有关联关系的公司产品的，应事先以书面形式通知资产委托人，并取得资产委托人书面认可。

六、禁止投资或者活动

1. 违反规定向他人贷款或提供担保；

2. 从事承担无限责任的投资；

3. 利用委托资产为资产委托人之外的任何第三方谋取不正当利益、进行利益输送；

4. 承销证券；

5. 向资产管理人出资；

6. 期货实物交割；

7. 从事内幕交易、操纵证券（若有）价格、期货价格及其他不正当的期货交易活动；

8. 法律法规、中国证券监督管理委员会以及本合同规定禁止从事的其他行为。

七、业绩比较基准

本资产管理计划无业绩比较基准。

本资产管理计划业绩比较基准为。业绩比较对象为，业绩比较基准测算依据和测算过程为。

该业绩比较基准作为管理人的投资目标，管理人以获得超过业绩比较基准的收益为目标进行投资，但并不代表保证收益，也不代表委托人的本金不承担亏损。

八、投资策略的变更

根据市场情况变化，委托人、管理人、托管人（若有）可协商签订补充合同，调整投资策略。如果在本合同有效期内出现影响和限制本合同约定的投资的法律、法规和政策，委托人、管理人、托管人（若有）应对本合同进行协商修改，订立补充合同。调整投资策略应以书面形式做出，并为管理人、托管人（若有）调整投资组合变更投资策略留出充足的时间。

第八章　投资经理的指定与变更

一、投资经理的指定

本资产管理计划投资经理由资产管理人负责指定。

二、本资产管理计划投资经理情况

本资产管理计划投资经理为：

身份证号码：________________________

从业资格证号：________________________

投资经理简历：________（投资经理资产管理业务相关经验）

三、投资经理的变更[①]

资产管理人可根据业务需要变更投资经理，并在变更后及时告知资产委托人。

①投资经理是投资决策的核心。所以当发生变更投资经理等可能影响资产委托人权益的重大事项时，管理人需及时通知委托人。

D11135

资产管理人从事资产管理业务，发生变更投资经理等可能影响资产委托人权益的重大事项时，资产管理人应当在______个工作日内按本合同约定的通知方式告知资产委托人，资产委托人有权提前终止资产管理委托，但须在收到变更通知后______个工作日内向资产管理人书面提出，否则视为同意变更。资产管理人在上述变更之日起______个工作日内通过本合同约定的通知方式（包括但不限于在资产管理人公司网站公告变更事项）进行通知即视为履行了告知义务。

第九章　第三方服务机构

一、资产管理人有权根据实际需要聘请第三方服务机构提供投资策略、投资建议等专业服务。

本计划资产管理不聘请 / 聘请为本计划投资顾问。

二、资产管理人对第三方服务机构提供的专业服务行为进行合规监控和风险监测，发现第三方服务机构有违法违规行为的应当及时制止，并向中国证监会相关派出机构和中期协报告。

为份额持有人利益，保护计划财产安全，计划管理人有权根据第三方服务机构表现及资产管理计划实际运作情况选择、聘请、更换或解聘第三方服务机构。

三、委托人认可管理人聘请作为本资产管理计划的投资顾问，并同意授权投资顾问按约定的方式提供投资顾问服务[①]。委托人认可该投资顾问提供的投资建议，并承诺接受因资产管理人采纳该投资建议所带来的任何收益或损失。资产管理人不承担因执行投资顾问的投资建议而引起的任何损失或风险。除法规另行规定外，资产管理人与投资顾问之间不承担连带责任。

①投资顾问仅能向管理人提供投资建议，不得取代管理人直接发出投资指令。

管理人有义务核对投资顾问提出的投资指令是否合法合规，并决定是否采纳投资建议。

第十章　投资风险控制

一、风险控制[①]

为保护资产委托人利益，资产管理人于每个交易日对本资产管理计划进行预估值，计算预估资产管理计划份额净值（与实际资产管理计划份额净值有一定偏差，管理人不承担相应责任）并根据预估的资产管理计划份额净值采取警戒或止损风险控制。

二、预警机制

（一）预警线[②]

预估资产管理计划份额净值：______元。

（二）资产管理计划存续期间任一交易日（T 日）盘中或收盘后，当预估资产管理计划份额净值不高于预警线时，管理人应于结算当日及时以录音电话、邮件或传真等合同约定的方式向委托人提示风险。同时，管理人有权进行平仓操作直至计划非现金资产市值不高于委托资产总值的______%，且本计划只可平仓操作，不得开新仓。上述过程中，若预估资产管理计划份额净值不高于止损线的，则按照止损机制执行。

三、止损机制[③]

（一）止损线

预估资产管理计划份额净值：______元。

（二）本计划存续期间任一交易日（T 日）盘中或收盘后预估资产管理计划份额净值不高于止损线时，管理人应于结算当日以本合同约定的方式通知委托人，通知后对本计划实施不可逆的强制平仓变现操作，直至本计划全部变现为止。资产委托人应在个交易日内（不含通知当日）决定提前终止资产管理委托或继续委托资产管理人管理资产，并重新商定新的止损线。

①管理人应在每个交易日对委托人委托的资产进行估值，并按照估值结果进行风险控制。

②预警线是当资产净值低于一定限度时，即资产出现一定亏损时，管理人应通知投资者，提示风险。

在亏损未弥补之前，不得进行新的投资，以避免亏损扩大。

③止损线是指当委托资产亏损达到预期最高限度时，管理人应通知投资者，并将持仓的产品全部变现。变现后，管理人将终止资产管理计划，或与委托人协商新的止损线。

D11135

（三）资产委托人选择终止资产管理人管理资产的，资产管理人只得平仓清算，不得开仓，在______个工作日内清算完毕。清算产生的盈亏由资产委托人承担。①

（四）资产委托人选择继续委托资产管理人管理资产的，双方应就止损条件重新作出约定，继续委托可能导致委托资产不足以承担亏损，由资产委托人自行承担损失。

四、其他

（一）若因不可抗力或系统故障等因素导致资产管理人无法及时在预警线或平仓线平仓的，资产管理人不承担任何责任。若因持仓限制、停牌、涨跌停的限制不能进行平仓操作的，则平仓操作自动顺延。

（二）资产委托人对管理人按照本合同约定进行的平仓处理予以认可，当管理人根据本合同约定进行平仓处理时，若市场价格出现反弹，②计划财产可能失去弥补亏损的机会，由此可能导致计划财产遭受损失，资产委托人对此表示认可，若因本章操作导致的计划资产损失由本计划承担，资产管理人不承担任何责任。

（三）虽然本计划设置了预警止损机制，③但在实际操作中，即使资产管理人已依照恪尽职守、谨慎勤勉的原则按合同规定及时执行预警止损操作，但在极端情况下以及其他管理人不可控制的情况下，将有有可能导致本计划终止时的计划净值远低于本计划的止损线，资产委托人对此表示完全知晓和充分认可。

第十一章　资产管理计划的财产

一、资产管理计划资产④独立于资产管理人的固有资产，由资产管理人保管。资产管理人不得将资产管理计划资产归入其固有资产。

①若选择终止资产管理计划的，在平仓期不得进行新的投资。

②止损平仓后，市场价格存在出现反弹的可能性，但由于无法预期判断，必须按照合同执行平仓操作。

③因为市场原因，即使管理人按照合同进行操作，也有可能无法及时平仓止损，从而导致损失大于预期的止损线损失。

④委托资产属于委托人，虽然由管理人管理，但与管理人自有资金是相隔离的，不得与管理人自身的债权债务相抵销、混同。

二、资产管理人可以按本合同的约定收取管理费、业绩报酬以及本合同约定的其他费用。资产管理人以其固有资产承担法律责任，其债权人不得对资产管理计划资产行使请求冻结、扣押和其他权利。资产管理人因依法解散、被依法撤销或者被依法宣告破产等原因进行清算的，资产管理计划资产不属于其清算资产。

三、除本章第二条规定的情况外，资产管理人因资产管理计划资产的管理、运用或者其他情形而取得的资产和收益归入资产管理计划资产。

四、资产管理计划资产产生的债权不得与不属于资产管理计划资产本身的债务相互抵销。非因资产管理计划资产本身承担的债务，资产管理人不得主张其债权人对资产管理计划资产强制执行。上述债权人对资产管理计划资产主张权利时，资产管理人应明确告知资产管理计划资产的独立性。

第十二章　资产管理业务的费用及税收

一、资产管理业务的费用

（一）资产管理业务费用的种类①

1. 管理人的管理费；

2. 管理人收取的参与费；

3. 管理人的业绩报酬；

4. 资产托管人的托管费（若有）；

5. 投资顾问的投资顾问费；

6. 投资顾问的业绩报酬；

7. 行政服务机构的行政服务费；

8. 计划财产开立账户需要支付的费用；

9. 委托资产的交易费用（包括但不限于印花税、过户费、手续费、经纪商佣金、权证交易结算费等）；

①收取的费用标准及方式，需要在合同中明示告知投资者。

D11135

10. 按照国家法律法规及本合同的约定可以在委托资产中列支的其他费用。

（二）费用计提方法、计提标准和支付方式

1. 管理人的管理费

本计划的管理费为委托资产金额的______% 年费率计算，管理费的计算方法如下：

H ＝ E× 年管理费率 %÷ 当年天数

H 为每日应计提的管理费

E 为前一日的委托资产金额

本资产管理计划年管理费率为______%

本计划的管理费自计划成立日起，每日计提，按季/年支付；由资产管理人审核后从委托资产中支付。

资产管理人接收管理费的银行账户信息：

账户名称（接收管理费）：____________期货公司（资产管理子公司）

账号：____

开户银行：____

2. 管理人不收取参与费

管理人收取的参与费：

本资产管理计划参与费 = 参与金额 × 参与费率

本资产管理计划参与费率为______%。

委托人的参与金额包括参与费用和净参与金额。

委托资产 = 参与金额 – 参与费用

3. 管理人的业绩报酬（若有）

本计划管理人不收取业绩报酬

本计划管理人的业绩报酬为：__________________________

按照年化收益率水平设定业绩报酬计提，按年度支付。

在年化收益率低于______%（包含）时，按账户盈利总额的______%计算业绩报酬；在年化收益率在______%以上时，提取超过______%部分的______%作为业绩报酬。

如资产管理期内客户追加资金的，按照份额折算收益率。

4. 资产托管人的托管费（若有）

5. 投资顾问的投资顾问费（若有）

本计划 投资顾问费为：________________________________

本计划不收取投资顾问费

6. 投资顾问的业绩报酬（若有）

本计划投资顾问的业绩报酬为：________________________

本计划不收取投资顾问业绩报酬

7. 本条第（一）款第7~10项相关费用，根据国家法律法规及本合同规定，按实际支出金额列入当期费用，由管理人从计划财产中支付。

（三）计划的期货交易费用

1. 委托人应当向管理人支付期货交易手续费。

管理人对本委托资产进行股指期货合约交易收取的交易手续费标准为相应交易所相关费用收取标准的倍，股指期货的平今手续费标准为______%，投资者保障基金另收。股指期货交易的申报费按交易所标准收取。具体计算公式如下：

手续费 = 手续费标准 × 成交金额。

管理人对本委托资产进行国债期货合约交易收取的交易手续费标准为相应交易所相关费用收取标准的______倍，______年期国债期货的平均手续费标准为______元 / 手，投资者保障基金另收。具体计算公式如下：

手续费 = 手续费标准 × 成交手数。

2. 因政策改变、交易所或第三方金融机构规则变化等原因

D11135

导致双方约定的手续费收取方式或收取标准须进行调整时，管理人有权对手续费进行相应调整，该种情况下的调整无须再征得委托人的同意。该调整将以在管理人经营场所、网站公示的形式向委托人发出，委托人应时刻保持关注。

3. 委托人应支付的期货交易手续费等费用由管理人于相关费用发生之日直接从委托资产中提取。

（四）费用的调整

管理人与委托人协商一致后，可根据市场发展情况调整资产管理费用，并报相关机关备案。

二、资产管理业务的税收①

委托资产运作过程中涉及的各纳税主体，其纳税义务按国家税收法律、法规执行，各自履行纳税义务。资产委托人必须自行缴纳的税收，由资产委托人负责，资产管理人不承担代扣代缴或纳税的义务。

根据国家法律法规、部门规章和其他规范性文件，若本资产管理计划运作过程中产生增值税计算、提取及缴纳等应税行为，需要缴纳增值税等税费的，由管理人依据相关国家法律、法规及规章从资产管理计划资产中提取与应承担税费等额的费用并向相关税务机关缴纳。

第十三章　资产管理计划的收益分配

本资产管理计划存续期间不进行 / 进行收益分配。

收益分配方式如下：______________________________

第十四章　资产管理计划资产的估值和会计政策

一、估值目的②

指计算评估资产管理计划资产和负债的价值，以确定资产

---

①根据《财政部、税务总局关于资管产品增值税有关问题的通知》（财税〔2017〕56号）的规定，自2018年1月1日起，资管产品管理人运营资管产品过程中发生的增值税应税行为的，暂适用简易计税方法，按照3%的征收率缴纳增值税。

由于该笔税费成本，会对资产管理的收益产生较大影响，故一定要提前在合同中约定清晰资产管理计划所需承担的增值税费（税金及附加等）由管理人还是委托人承担以避免纠纷。

②估值的目的，主要是反映资产管理计划投资的盈亏情况，及时告知投资者，并作为风险控制措施及追加投资及赎回的计算依据。

管理计划资产净值和资产管理计划份额净值的过程。

资产管理计划财产估值的目的是客观、准确地反映资产管理计划财产的价值，衡量计划是否贬值、增值，并为计划份额的参与、退出、风险控制等提供计算依据。

二、估值时间

本资产管理计划的估值日为计划成立后的每个正常交易日。本委托资产日常实行 T+1 日估值，T 日的委托资产净值在估值日（T+1 日）进行估值计算。

如果由于证券、期货交割清算制度变化等政策原因造成不能按上述规定日期估算的，则根据相应政策调整。

为保护资产委托人利益，资产管理人于每个交易日对本资产管理计划进行预估值，计算预估资产管理计划份额净值（与实际资产管理计划份额净值有一定偏差，管理人不承担相应责任）并根据预估的资产管理计划份额净值采取警戒或止损风险控制。

三、估值依据

本计划资产的估值依据为《证券投资基金会计核算业务指引》《证券投资基金股指期货投资会计核算业务细则（试行）》及其他相关法律、法规的规定。

四、估值对象

资产管理人管理、运用委托资产所形成的全部资产和负债。

五、估值公式

资产管理计划份额初始面值人民币 1.00 元。

本计划的份额净值计算：

NAVt ＝ T 日闭市后的本计划资产净值 ÷T 日本计划的资产管理总份额数量

资产净值 = 累计委托资产总值 – 累计资产管理计划费用

六、估值方法

（一）资产管理计划资产的估值由资产管理人按照合同约定的估值方法和程序进行。计划份额净值的计算精确到 0.001 元，小数点后第四位四舍五入，相关法律法规另有规定的，从其规定。

（二）各种类资产的估值方法

1. 证券交易所上市的有价证券的估值

（1）交易所上市的有价证券（包括股票、封闭债券基金、分级基金的优先级等），以其估值日在证券交易所挂牌的市价（收盘价）估值；估值日无交易的，且最近交易日后经济环境未发生重大变化，以最近交易日的市价（收盘价）估值；如最近交易日后经济环境发生了重大变化的，可参考类似投资品种的现行市价及重大变化因素，调整最近交易市价，确定公允价格。

（2）交易所上市实行净价交易的债券按估值日收盘价估值，估值日没有交易的，且最近交易日后经济环境未发生重大变化，按最近交易日的收盘价估值。如最近交易日后经济环境发生了重大变化的，可参考类似投资品种的现行市价及重大变化因素，调整最近交易市价，确定公允价格。

（3）交易所上市未实行净价交易的债券按估值日收盘价减去债券收盘价中所含的债券应收利息得到的净价进行估值；估值日没有交易的，且最近交易日后经济环境未发生重大变化，按最近交易日债券收盘价减去债券收盘价中所含截止最近交易日的债券应收利息得到的净价进行估值。如最近交易日后经济环境发生了重大变化的，可参考类似投资品种的现行市价及重大变化因素，调整最近交易市价，确定公允价格。

（4）交易所上市不存在活跃市场的有价证券，采用估值技术确定公允价值。交易所上市的资产支持证券，采用估值技术确定公允价值，在估值技术难以可靠计量公允价值的情况下，按成本估值。

（5）交易所上市的资产支持证券，采用估值技术确定公允价值，在估值技术难以可靠计量公允价值的情况下，按成本估值。

2. 处于未上市期间的有价证券应区分如下情况处理：

（1）送股、转增股、配股和公开增发的新股，按估值日在证券交易所挂牌的同一股票的市价（收盘价）估值；该日无交易的，以最近一日的市价（收盘价）估值。

（2）首次公开发行未上市的股票、债券和权证，采用估值技术确定公允价值，在估值技术难以可靠计量公允价值的情况下，按成本估值。

（3）首次公开发行有明确锁定期的股票，同一股票在交易所上市后，按交易所上市的同一股票的市价（收盘价）估值；非公开发行有明确锁定期的股票，按监管机构或行业协会有关规定确定公允价值。

3. 因持有股票而享有的配股权，采用估值技术确认公允价值。

4. 全国银行间债券的估值采用中央国债登记结算有限责任公司或银行间市场清算所股份有限公司当日公布的估值价确定公允价值，当日未提供的，使用最近一日的债券估值价进行估值。

5. 同一债券同时在两个或两个以上市场交易的，按债券所处的市场分别估值。

6. 开放式基金（包括托管在场外的上市开放式基金 LOF）以估值日前一交易日基金净值估值，估值日前一交易日开放式基金份额净值未公布的，以此前最近一个交易日基金份额净值计算。

7. 持有的货币基金按基金管理公司公布的估值日前一日每万份收益计提收益。

8. 银行固定收益现金类理财产品，按照固定收益率每日计提收益；定期公布份额净值的产品，按估值日前一工作日公布的份额净值进行估值，估值日前一工作日份额净值未公布的，以此前最近一个工作日份额净值计算；既无固定收益率，也不定期公布份额净值的产品，按成本估值。

9. 银行存款和债券逆回购按照成本估值，按照约定利率在持有期内逐日计提应收利息，在利息到账日以实收利息入账。

10. 中小企业私募债采用估值技术确定公允价值，在估值技术难以可靠计量公允价值的情况下，按成本估值。

11. 期货以估值日的结算价估值，若估值当日无结算价的，且最近交易日后经济环境未发生重大变化的，采用最近交易日结算价估值。法律法规另有规定的，从其规定。

12. 所投资的收益互换交易，按照估值日交易对手提供的收益互换估值报告或损益报告进行估值。

13. 对所投资的资产管理计划的估值以该计划管理人网站上公布的资产管理计划上一个工作日的净值进行估值；若当日本资产管理人在该计划管理人网站上无法查询资产管理计划上一个工作日的净值，则本资产管理人应以该资产管理计划网站公布的最近一个工作日的净值进行估值。

若资产管理人认为按本项规定的方法对本资产管理计划资产进行估值不能客观反映其公允价值的，资产管理人可根据具体情况，并与资产托管人商定后，按最能反映公允价值的价格估值。

14. 如有确凿证据表明按上述方法进行估值不能客观反映其

公允价值的，资产管理人可根据具体情况与资产托管人商定后，按最能反映公允价值的价格估值。

15. 相关法律法规以及监管部门有强制规定的，从其规定。如有新增事项，按国家最新规定估值。

七、暂停估值的情形

（一）资产管理计划投资所涉及的证券期货交易场所遇法定节假日或因其他原因暂停营业时；

（二）因不可抗力或其他情形致使资产管理人、资产托管人（若有）无法准确评估资产管理计划财产价值时；

（三）占资产管理计划相当比例的投资品种的估值出现重大转变，资产管理人为保障委托人的利益决定暂停估值的；

（四）中国证监会认定的其他情形。

八、估值错误的处理

（一）如资产管理人发现资产管理计划估值违反本合同订明的估值方法、程序及相关法律法规的规定或者未能充分维护资产委托人利益时，应立即核对，查明原因，寻找解决方案。

（二）当计划财产估值出现错误时，资产管理人和资产托管人（若有）应该立即采取更正措施，并按本合同约定的报告方式向委托人及监管机关及时披露 。

（三）资产管理人按本合同约定的估值方法进行估值的，所造成的误差不作为资产管理计划资产估值错误处理。

（四）若由于不可抗力或证券交易所及其注册登记公司发送的数据错误原因造成估值错误，资产管理人不承担责任，但应当在第一时间告知委托人并在能力范围内采取必要的措施尽量消除或减轻由此造成的影响。

九、资产管理计划的会计政策

资产管理计划的会计政策比照证券投资基金现行政策执行：

（一）根据有关法律法规，资产管理计划资产净值计算和会计核算的义务由资产管理人承担，资产管理人为本计划的会计责任方。

（二）本计划的会计年度为公历年度的1月1日至12月31日。

（三）本计划核算以人民币为记账本位币，以人民币元为记账单位。

（四）会计制度执行国家有关会计制度。

（五）本计划单独建账、独立核算。

（六）资产管理人保留完整的会计账目、凭证并进行日常的会计核算，编制会计报表。

第十五章 信息披露[①]

一、监管机构报告

资产管理人应当根据法律法规和监管机构、自律组织的要求，按时履行报告义务。

资产管理人按照相关规定及合同约定定期以书面（含电子）形式向资产委托人披露委托资产的运作情况，包括投资经理简介，期末资产配置、期末净值、风险控制情况，管理费，业绩报酬、交易费用、税费及其他费用的支出等情况。

资产管理人为委托人提供相关信息的查询服务，相关信息包括资金余额、资产净值等。

二、季度报告

资产管理人应当在每个季度（有年度报告的季度除外）结束后个工作日向委托人提供资产管理报告，资产管理报告应说明投资经理简介，期末资产配置、期末净值、风险控制情况，管理费、业绩报酬、交易费用、税费及其他费用的支出等情况。

①管理人应定期或不定期向投资者披露委托资产运作的情况，并向监管机构报备。

三、年度报告

管理人应当在每年结束后起个月内向委托人提供资产管理年度报告，披露报告期内投资经理情况、期末资产配置、期末净值、风险控制情况、管理费、业绩报酬、交易费用、税费及其他费用的支出等情况做出详细说明。

四、期货交易结算报告

为确保资产管理人履行通知义务，使得资产委托人及时了解资产管理计划情况，双方同意将中国期货市场监控中心查询系统作为资产管理人向资产委托人发送期货交易结算报告的主要通知方式。管理人应当于每个工作日结算后通过中国期货市场监控中心发送本计划的结算单，委托人应主动通过该系统进行查询，以便及时了解委托账户的资金盈亏、净值等数据变动情况。委托人未收到结算单或对结算单有异议的，应该在下一个工作日______：______之前以电话或传真方式向管理人提出，否则视为委托人已收悉并认可结算单内容。

五、通知方式及确认

资产管理人可通过以下任何一种或多种通知方式向资产委托人发送季度报告、年度报告、期货交易结算报告等文件与数据信息：

（一）中国期货市场监控中心查询系统；

（二）录音电话通知；

（三）传真通知；

（四）手机短信通知；

（五）网上交易系统通知；

（六）行情系统确认；

（七）电子邮件；

（八）邮寄通知；

D11135

（九）资产管理人官方网站 www.×××.com。

资产委托人同意按照录音电话通知、传真通知、手机短信通知、电子邮件、邮寄通知的通知方式中，均以资产委托人在本合同预留的电话号码、电子邮件地址、邮寄地址作为合法有效的通信号码，资产委托人保证预留电话号码、电子邮件地址、邮寄地址的真实、有效、畅通。如资产委托人对预留手机电话号码、电子邮件地址、邮寄地址等联系方式进行变更的，应当及时以书面方式通知资产管理人，并经资产管理人确认后方可生效，否则由此造成的通知延误等后果及损失，资产管理人不承担责任，由资产委托人自行承担。

资产委托人有义务保证以上通知渠道的畅通。资产委托人同意，只要资产管理人通过中国期货市场监控中心查询系统或者本合同约定的任何一种方式发送了交易结算报告以及各种通知文件，均视为资产管理人履行了本合同约定的通知义务。如果非因资产管理人原因使得资产委托人未能收到上述通知，由此造成的后果及损失，资产管理人不承担责任。

第十六章　资产管理计划的成立和备案

一、资产管理计划的成立

委托资金到达资产管理计划账户，经管理人确认委托资产全部到账后，向委托人发送《委托资产起始运作通知书》，本资产管理计划于《委托资产起始运作通知书》载明的日期成立。

二、资产管理计划的备案[①]

资产管理计划成立后，资产管理人应当在5个工作日通过备案系统向中国证券投资基金业协会办理计划备案手续。自取得中国证券投资基金业协会书面确认之日起，资产管理计划备案手续办理完毕。本计划在基金业协会完成备案后方可进行投

①资管管理计划成立后，应及时备案，否则不得进行投资运作。

资运作。

中国证券[①]投资基金业协会出具备案确认函，不能免除资产管理人真实、准确、完整、及时地披露资产管理计划信息的法律责任，不代表中国证券投资基金业协会对资产管理计划的合规性和投资风险做出判断。资产委托人应当自行识别资产管理计划投资风险并承担投资行为可能出现的损失。

①即使备案成功，也不代表一定合法合规，管理人需要全程实时监控投资风险和合规风险。

三、资产管理计划不满足备案条件的处理方式

本资产管理计划备案不成功的，管理人在收到中国证券投资基金业协会书面通知后______个工作日内，返还资产委托人已缴纳的委托资金，并加计同期银行活期存款利息。因资产管理计划销售行为而产生的债务和费用由资产计划管理人承担。

第十七章 越权交易

一、越权交易的定义

越权交易是指资产管理人违反有关法律法规的规定以及违反或超出本合同约定而进行的投资交易行为，包括：

（一）违反有关法律法规和本合同规定进行的投资交易行为。

（二）法律法规禁止的超买、超卖行为。

二、资产管理人应在有关法律法规和本合同规定的权限内运用资产管理计划财产进行投资管理，不得违反有关法律法规和本合同的约定，超越权限管理从事证券期货投资。因证券期货市场波动、上市公司合并、交易所限制、资产管理计划规模变动等资产管理人以外的因素致使资产管理计划投资不符合本合同约定的情况除外。

三、越权交易所发生的损失及相关交易费用由计划财产或委托人负担，所发生的收益归本资产管理计划财产所有。

D11135

第十八章 风险揭示

一、本资产管理人提示委托人充分了解资产管理计划投资的风险和收益特征，建议委托人在选择本计划之前，通过正规的途径，对本计划进行充分、详细的了解。委托人应对自己的资金状况、投资期限、收益预期、风险承受能力和风险偏好做出客观合理的评估后，再做出是否投资的决定。

本资产管理人提醒委托人“买者自负”投资原则，在委托人做出投资决策后，计划的运营状况与计划净值变化引致的投资风险，由委托人自行负责。

本资产管理人将按照本合同的约定，依照恪尽职守、诚实信用、谨慎勤勉的原则管理和运用计划资产，在风险控制的基础上为投资者争取最大的投资收益，但不保证本计划一定盈利，也不保证最低收益。请委托人正确认识和对待本计划未来可能的收益和风险。

二、本计划在投资管理过程中面临的各项风险包括但不限于：

（一）市场风险

证券市场价格受到经济因素、政治因素、投资心理和交易制度等各种因素的影响，导致资产管理计划财产收益水平变化，产生风险，主要包括：

1. 政策风险

因国家宏观政策（如货币政策、财政政策、行业政策、地区发展政策等）发生变化，导致市场价格波动而产生风险。

2. 经济周期风险

随经济运行的周期性变化，证券市场的收益水平也呈周期性变化。资产管理计划财产投资于期货，收益水平也会随之变化，从而产生风险。

3. 利率风险

金融市场利率的波动会导致证券市场价格和收益率的变动。利率直接影响着债券的价格和收益率，影响着企业的融资成本和利润。资产管理计划财产投资于期货，其收益水平会受到利率变化的影响。

4. 购买力风险

资产管理计划财产的利润将主要通过现金形式来分配，而现金可能因为通货膨胀的影响而导致购买力下降，从而使资产管理计划财产的实际收益下降。

（二）信用风险

指本计划在交易过程发生交收违约，或者本计划所投资方出现违约、拒绝支付到期本息，导致计划财产损失。信用风险主要来自于交易对手、发行人和担保人。在资产管理计划财产投资运作中，如果资产管理人对信用产品或交易对手的信用水平判断不准确，可能使资产管理计划财产承受信用风险所带来的损失。

（三）流动性风险

指计划资产不能迅速转变成现金，或者不能应付可能出现的投资者大额赎回等的风险。

1. 市场整体流动性风险

证券市场的流动性受到价格、投资群体等诸多因素的影响，在不同状况下，其流动性表现是不均衡的，具体表现为：在某些时期成交活跃，流动性非常好，而在另一些时期，则可能成交稀少，流动性差。在市场流动性出现问题时，本计划的操作有可能发生建仓成本增加或变现困难的情况。

D11135

2. 期货品种流动性风险

由于不同投资品种受到市场影响的程度不同，即使在整体市场流动性较好的情况下，一些单一投资品种仍可能出现流动性问题，这种情况的存在使本计划在进行投资操作时，可能难以按计划买入或卖出相应数量的期货合约品种，或买入卖出行为对期货合约价格产生比较大的影响，增加投资成本。

（四）操作风险

1. 在资产管理计划财产管理运作过程中，对主要业务人员如资产管理计划投资经理的依赖可能产生管理风险。可能因资产管理人对经济形势和证券市场等判断有误、获取的信息不全等影响资产管理计划的收益水平。资产管理人的管理水平、管理手段和管理技术等对资产管理计划收益水平存在影响。

2. 在资产管理计划财产管理运作过程中，相关当事人在业务各环节操作过程中，因内部控制存在缺陷或者人为因素，可能造成操作失误或违反操作规程等引致的风险，例如，越权违规交易、内幕交易、欺诈、交易错误等。

3. 税务风险：在投资各国或地区市场时，因各国、地区税务法律法规的不同，可能会就股息、利息、资本利得等收益向各国、地区税务机构缴纳税金，包括预扣税，该行为可能会使资产回报受到一定影响。各国、地区的税收法律法规的规定可能变化，或者加以具有追溯力的修订，所以可能须向该等国家或地区缴纳委托财产销售、估值或者出售投资当日并未预计的额外税项。

4. 法律及政治管制风险：由于各个国家 / 地区适用不同法律法规的原因，可能导致委托财产的某些投资行为在部分国家 / 地区受到限制或合同不能正常执行，或使资产管理计划违反国家法律法规或资产管理计划合同的规定，从而使委托财产面临损失的可能性。

（五）管理风险

在资产管理计划财产管理运作过程中，对主要业务人员如资产管理计划投资经理的依赖可能产生管理风险。可能因资产管理人对经济形势和期货市场等判断有误、获取的信息不全等影响资产管理计划的收益水平。资产管理人和资产托管人（若有）的管理水平、管理手段和管理技术等对资产管理计划收益水平存在影响。

（六）技术风险

在定期开放的资产管理计划的各种交易行为或者后台运作中，可能因为技术系统的故障或者差错而影响交易的正常进行或者导致投资者的利益受到影响。这种技术风险可能来自资产管理公司、注册登记机构、销售机构、证券期货交易所、证券登记结算机构等。

（七）税务风险

在投资各国或地区市场时，因各国、地区税务法律法规的不同，可能会就股息、利息、资本利得等收益向各国、地区税务机构缴纳税金，包括预扣税，该行为可能会使得资产回报受到一定影响。各国、地区的税收法律法规的规定可能变化，或者加以具有追溯力的修订，所以可能须向该等国家或地区缴纳委托财产销售、估值或者出售投资当日并未预计的额外税项。

（八）相关机构的经营风险

1. 资产管理人经营风险

按照我国金融监管法律规定，虽资产管理人相信其本身将按照相关法律的规定进行营运及管理，但无法保证其本身可以永久维持符合监管部门的金融监管法律。如在计划存续期间资产管理人无法继续经营资产管理业务，则可能会对资金管理计划产生不利影响。

2. 证券经纪商及期货经纪商经营风险

按照我国金融监管法律规定，证券公司须获得中国证监会核准的证券经营资格方可从事证券业务。虽证券经纪商及期货经纪商相信其本身将按照相关法律的规定进行营运及管理，但无法保证其本身可以永久维持符合监管部门的金融监管法律。如在计划存续期间证券经纪商及期货经纪商无法继续从事证券业务，则可能会对资产管理计划产生不利影响。

3. 第三方服务机构风险

本计划聘请提供投资建议和投资顾问服务，资产管理人按照投资顾问的“投资建议”进行投资交易。投资顾问的投资服务能力、服务水平将直接影响本计划的收益水平。在本计划投资管理运作过程中，可能因投资顾问对经济形势和期货市场等判断有误、获取的信息不全等因素影响本计划的收益水平。

4. 期货投资风险

进行期货交易风险较大。期货交易采取保证金交易方式，其投资收益与风险具有杠杆效应，具有杠杆性风险，可能产生巨大亏损，损失的总额可能超过全部初始保证金以及追加保证金。由于期货价格朝不利方向变动，导致期货账户的资金低于期货交易所或者期货经纪商的最低保证金要求，如果不能及时补充保证金，期货头寸将被强行平仓，导致无法规避对冲系统性风险，直接影响本计划收益水平，从而产生风险。

在期货市场成交不活跃时，本资产管理计划可能在建仓和平仓期货时面临交易价格或者交易数量上的风险。由于国家法律、法规、政策的变化、期货交易所交易规则的修改等原因，本计划持有的未平仓合约可能无法继续持有，本计划必须承担由此导致的损失。

（九）预警止损风险

当份额净值触及止损线时，管理人将进行强制平仓，在强制平仓过程中，本计划由于快速变现资产，平仓价格可能低于市场均价，同时也无法继续长期持有某些在未来可能获得更高收益的投资品种，可能给资产投资者造成严重损失。由于市场流动性原因，存在无法如期完成平仓的可能性。

虽然本计划设计有预警止损机制，且资产管理人已依照恪尽职守、诚实信用、谨慎勤勉的原则按合同规定及时执行预警止损，但计划终止时的单位净值仍有可能远低于本资产管理计划的止损线。

（十）法律及政治管制风险

由于各国家 / 地区适用不同法律法规的原因，可能导致委托财产的某些投资行为在部分国家 / 地区受到限制或合同不能正常执行，或使资产管理计划违反国家法律法规或资产管理计划合同的规定，从而使得委托财产面临损失的可能性。

（十一）不可抗力等其他风险

1. 战争、自然灾害等不可抗力因素的出现，将会严重影响证券市场的运行，可能导致资产管理计划财产的损失；

2. 金融市场危机、行业竞争、代理商违约等超出资产管理人自身直接控制能力之外的风险，也可能导致资产委托人利益受损。

上述风险揭示内容仅为列举性质，未能详尽列明委托人参与资产管理业务所面临的全部风险和可能导致资产损失的所有因素。本计划本金存在部分亏损甚至全部亏损的可能。委托人在签约前，应当认真阅读并理解相关业务规则、资产管理业务合同及相关风险揭示内容，充分认识加入本计划的投资风险。

D11135

第十九章　保　　密

一、本合同各方应就计划资产以及相关信息承担保密责任。除法律、法规的规定和监管部门要求外，未经对方书面同意，任何一方不得以任何方式披露或利用上述信息。

二、本合同任何一方未经对方事先书面同意，不得使用对方的商标、标识、商业信息等知识产权，否则守约方有权解除本合同并向违约方追究责任。

三、在本合同终止后，各方当事人均应持续履行保密义务，保密义务不因本合同的解除、终止而终止。

第二十章　资产管理合同的成立、生效、变更、终止

一、合同成立

资产委托人为机构的，本合同经委托人、资产管理人加盖公章或合同专用章以及各方法定代表人、机构负责人或其授权代表签章之日起成立；委托人为自然人的，本合同经委托人本人签字、资产管理人加盖公章或合同专用章及其法定代表人或其授权代表签章之日起成立。

二、合同的生效

本合同自该资产管理计划通过中国证券投资基金业协会备案之日起生效。

本合同自生效之日起对资产委托人、资产管理人具有同等的法律约束力。

三、合同的变更

委托人和管理人协商一致后，可对本合同内容进行变更。

资产委托人、资产管理人协商一致后，可对本合同内容进

行变更。但因相应的法律法规、自律规则发生变动而需要对资产管理合同进行变更，且变更不涉及合同当事人权实质利义务关系发生变化、对资产委托人利益无实质性不利影响的，资产管理人有权单方变更本合同。

对资产管理合同任何形式的变更，资产管理人应当在合同变更后起5个工作日内报中国证券投资基金业协会备案。

四、合同终止

（一）本合同有效期为资产管理计划合同生效日至资产管理计划存续期届满。

（二）本合同终止的情形包括下列事项：

1. 存续期届满而未延期的；

2. 经合同双方当事人协商一致决定终止的；

3. 管理人被依法取消资产管理业务资格的；

4. 管理人依法解散、被依法撤销或被依法宣告破产的；

5. 本计划触发本合同约定的止损条件，导致本计划提前终止的；

6. 当委托人委托资产发生权属变更等可能影响管理人资产管理业务正常运行的重大变更时，管理人有权提前终止资产管理委托；

7. 因法律法规、自律规则及监管要求的变化导致本计划不符合相关要求而无法继续运作的；

8. 法律法规、自律规则和本合同规定的其他情形。

第二十一章　资产管理计划资产的清算资产管理计划资产的清算

本资产管理计划终止，应当按法律法规和本合同的有关规定对计划资产进行清算。

D11135

一、清算程序

（一）本计划资产全部变现后，由资产管理人对计划财产进行清理。

（二）资产管理人对本计划进行清理后，扣除已计提但尚未支付的管理费和业绩报酬等相关应付费用后，编制委托资产清算报告，提供给资产委托人。

（三）对计划财产进行处理和分配。

依据委托资产清算的分配方案，将资产管理委托资产清算后的全部剩余资产扣除委托财产清算费用后，______个工作日内返还给资产委托人。

二、清算费用

（一）清算费用是在计划清算过程中发生的所有合理费用，清算费用优先从资产管理计划财产中支付。

（二）清算费用包括但不限于：

1. 聘请会计师、律师，以及其他机构所发生的费用；

2. 保管、清理、估价、变现和分配产生的费用；

3. 信息披露费用；

4. 诉讼、仲裁、申请强制执行等相关费用；

5. 其他与清算有关的费用。

三、清算的分配顺序

（一）委托财产按下列顺序清偿：

1. 支付清算费用；

2. 交纳所欠税款；

3. 支付管理费、业绩报酬等计划相关费用；

4. 清偿资产管理业务债务；

5. 向委托人分配剩余委托资产。

如果存在被合法冻结或因市场流动性等原因无法及时变现

的资产管理计划资产的，管理人应该在该资产能变现后及时变现，并将剩余委托财产支付给资产委托人，期间管理费照常提取。

（二）计划资产未按前款第 1、2、3、4 项规定清偿前，不向委托人分配。

四、资产管理计划清算报告的通知及备案

管理人完成计划资产清算工作后，应编制清算报告后提交给委托人，委托人应在收到委托资产清算报告之日起______个工作日内书面确认，如委托人对清算报告有异议，应在收到清算报告之日起______个工作日内未以书面形式向管理人提出，否则视为委托人已经完全接受资产清算报告所列内容，管理人就清算报告所列事项解除责任。

资产管理人应将清算报告向相关监管机关备案，并保存资产清算账册及资料 20 年以上。

第二十二章　通知与送达

一、合同各方应按照本合同中约定的各自的通信方式，以专人、电话、手机短信、特快专递、传真、电子邮件、营业场所或网站公告等方式进行本合同项下相关事宜的通知和相关文件的送到。

二、通知在下列日期视为送达被通知方：

（一）专人送达：被通知方在签收单或回执单上签收所示日视为通知送达之日；

（二）电话：以通话当时视为通知已经送达；电话拨打三次无法接通或无人接听的，以最后一次拨出电话时间为通知经送达之日；

（三）手机短信：管理人手机短信发送系统发出之日视为通

知送达之日；

（四）邮寄送达：被通知方在签收单上或回执单签收所示日，若通知方自成功寄出之日起______个工作日内未收到被通知方回执或异议的视为通知送达之日；

（五）传真：传真发出送当日视为通知送达之日；

（六）电子邮件：以发出方电子系统显示成功发送之日视为视为通知送达之日；

（七）以营业场所或网站[①]公告的，在管理人营业场所张贴公告或在资产管理人网站（www..com）、中国证券投资基金业协会网站（www.amac.org.cn）、中国期货业协会（www.cfachina.org）等网站发出公告之日视为通知送达之日。

三、一方通信地址或联络方式发生变更，变更方应提前______个工作日以书面形式通知其他合同方。如果通信地址或联络方式发生变更的一方，未将有关变化及时通知对方，除非法律另有规定，一方按原通信地址或联络方式发出通知的，视为已经履行通知义务，未通知方应对由此而造成的影响和损失承担责任。

第二十三章 违约责任

一、因本合同当事人的违约行为造成本合同不能履行或者不能完全履行的，由违约的一方承担违约责任；如属当事人双方违约，根据实际情况，由违约方分别承担各自应负的违约责任。

二、发生下列情况，当事人可以免责：

（一）因不可抗力（包括但不限于地震、台风、水灾、火灾、战争、罢工、暴乱，以及国家法律法规、政策等发生变化等）导致本合同一方或双方当事人无法全部履行或部分履行本合同的，任何一方或双方当事人根据不可抗力的影响部分或全

①投资者应密切关注管理人官方网站，避免遗漏通知信息。

部免除违约责任。

遇有不可抗力的一方或双方当事人应在合理行为能力范围内勤勉尽责，及时通知对方并在合理期限内提供受到不可抗力影响的证明，并采取适当的措施以在最大限度防止损失的扩大。

（二）资产管理人按照法律法规或中国证监会、交易所、行业自律组织的要求或市场惯例、本合同约定的作为或不作为而造成的资产委托人损失 。

（三）资产管理人由于按照本合同约定的投资策略行使或不行使其投资权而造成的资产委托人损失 。

（四）资产委托人未能事前就其关联证券或其他禁止交易证券明确告知资产管理人致使资产管理计划产生违规投资行为的，资产管理人不承担任何责任。

（五）本合同一方应保证本合同规定必须由其提供的信息、数据真实完整，并承担相应的法律责任。若一方当事人基于另一方提供的不完整或不真实信息进行作为或不作为，给计划财产或者另一方当事人造成损失的，该一方当事人不承担违约责任，损失赔偿责任由另一方当事人承担。

（六）法律法规规定及本合同约定的其他情况。

三、合同一方当事人违反法律法规或本合同约定，给计划财产或者另一方当事人造成损失的，应当对本合同约定的职责以内行为依法承担赔偿责任，但不因职责以外的事由与其他当事人承担连带赔偿责任。

四、在一方违约的情况下，本合同能继续履行的，应当继续履行。

五、在发生一方当事人违约的情况下，另一方当事人在职责范围内有义务及时采取必要的措施，防止损失的扩大。没有采取适当措施致使损失进一步扩大的，不得就扩大的损失要求

D11135

赔偿。守约方因防止损失扩大而支出的合理费用由违约方承担。

六、本合同所指损失均指直接损失。

第二十四章　法律适用与争议处理

一、本合同适用于中华人民共和国法律法规（不包括香港特别行政区、澳门特别行政区及我国台湾地区法律法规）。

二、因本合同的订立、内容、履行和解释或因本合同而产生的任何争议，合同双方当事人应尽量通过协商、调解途径解决。合同双方当事人不愿或者不能通过协商、调解解决的，任何一方均有权向管理人住所地有管辖权的人民法院提起诉讼 / 向仲裁委员会提起仲裁解决。

争议处理期间，合同当事人应恪守各自的职责，继续忠实、勤勉、尽责地履行本合同无争议部分，尽量维护双方的合法权益。

第二十五章　其 他 事 项

一、本合同履行过程中，如果相关法律、法规、规章、政策及交易所、自律组织规则发生变化的，直接适用修订后的相关法律法规、政策、交易所、自律组织规则。管理人有权依据修订后的法律法规、政策、交易所、自律组织规则修订本合同相应条款。

二、本合同如有未尽事宜，由合同当事人双方按有关法律法规、规范性文件及交易惯例协商解决。

三、本合同一式叁份，管理人执贰份，委托人执壹份，各份均具有同等法律效力。

资产委托人：________________________________

法定代表人或授权签字人：______________________________

签署日期：______年______月______日

资产管理人：____

法定代表人或授权签字人：______________________________

签署日期：______年______月______日

D11135

一对一有托管型合同资产管理主合同

合同编号：____________

使用场景：

期货资产管理计划资产管理合同是期货公司及投资者为约定资产管理业务相关权利义务事宜而签订的合同。期货资产管理业务，是指期货公司或其资产管理子公司（期货公司与其专门从事资产管理业务的子公司不得同时经营资产管理业务）接受投资者的书面委托，根据监管规定和合同约定，运用客户委托资产进行投资，并按照合同约定收取费用或者报酬的业务活动。

期货公司从事资产管理业务，应当遵循自愿、公平、诚实信用原则，履行谨慎勤勉的义务，保护资产委托人的合法权益。投资者委托期货公司从事资产管理业务，应当确保投资资金来源合法，不得非法会集他人资金，并且独立承担投资风险。

从投资者人数角度区分，期货资产管理业务分为单一客户或者特定多个客户两种，其中单一客户且投资范围仅限于期货合约或商品期权业务的，可以不设第三方托管机构，但应在资产管理合同中明确保障资产管理计划财产安全的制度措施和纠纷解决机制；投资范围超出期货合约或商品期权业务的单一客户以及特定多个客户期货资产管理业务则必须设置第三方托管机构，本文以有第三方托管机构的单一客户资产管理计划为例。

法律要点：

期货资产管理计划资产管理合同，主要约定投资者与期货公司（或其资管子公司，以下统称期货公司）之间的权利、义务。合同各方应注意以下要点：

1. 在合同主体方面，期货公司需要取得资产管理业务投资资质。投资者（委托人）应当为合格投资者，且选择投资的产品风险要与自身的风险承受能力相匹配。单只资产管理计划的投资者人数不得超过 200 人。

另外，期货资产管理合同还应约定对委托人的特别要求：期货公司董事、监事、高级管理人员、从业人员及其配偶不得作为本公司资产管理业务的委托人。期货公司股东、实际控制人及其关联人以及期货公司董事、监事、高级管理人员、从业人员的父母、子女委托本公司资产管理业务的，应当在签订合同起 5 个工作日内，向住所地中国证监会派出机构备案，并在本公司网站上披露其关联关系或者亲属关系。

在特定多个客户资产管理业务中，期货公司自有资金或关联方资金可以参加资产管理计划。但期货公司自有资金和董事、监事、高级管理人员、从业人员及其配偶，参与份额合计不得超过总份额的 50%。期货公司或子公司的关联方自有资金参与份额合计超过总份额 50% 的，期货公司还应当对资产账户进行监控。若期货公司或子公司的关联方认购其设立的分级资产管理计划劣后级，期货公司或子公司应当对相关资产账户进行监控，并及时向协会报告。

2. 在投资范围方面，期货资产管理业务投资范围仅限于期货、期权、股票、债券证券投资基金、集合资产管理计划、央行票据、短期融资券、资产支持证券等标准化产品。合同约定的投资范围不得超越上述范围，不得约定投资非标如房地产、股权、债权、实业等投资标的。

3. 在投资规模方面，委托人的起始委托资产不得低于 100

D11136

万元人民币，且期货公司还可以在合同中约定提高起始委托资产要求。

4. 在托管机构方面，单一客户资产管理业务且投资范围仅限于期货合约及商品期权的，可以不设托管机构，但应在资产管理合同中明确保障资产管理计划财产安全的制度措施和纠纷解决机制。其他单一客户资产管理业务及特定多个客户资产管理业务均需将资产管理计划财产交由具有基金托管业务资格或私募基金综合托管业务资格的机构进行托管。另外，期货公司还应当提示托管机构可以通过中国期货保证金监控中心公司（以下简称监控中心）（监控中心现已经更名为中国期货市场监控中心）投资者查询服务系统查询资产管理计划的期货交易结算结果。

5. 风险控制。风险控制是资产管理计划的重点条款。一般分为预警线和止损线，目的是限制最大金额损失。预期最大损失的金额，需要由合同各方根据实际情况商定。对于单一客户资产管理业务的，在合同中还应载明，亏损达到一定限额（不得超过 50%）时，期货公司应以约定的方式于结算当日通知客户。客户在此情形下有权在一定期限内决定提前终止资产管理委托。

6. 第三方托管机构。为了维护投资者利益，确保委托资产的安全，除了纯投资期货合约或场内商品期权的单一客户资产管理业务外（资产管理合同中应明确约定保障资产管理计划财产安全的制度措施和纠纷解决机制条款），其他单一客户和全部特定多个客户资产管理业务都应该在合同中约定将资产管理计划财产交由具有基金托管业务资格或私募基金综合托管业务资格的第三方托管机构进行托管。

另外，合同还应约定期货公司应当提示托管机构可以通过中国期货保证金监控中心公司（现已经更名为中国期货市场监控中心）投资者查询服务系统查询资产管理计划的期货交易结算结果。

文本正文：http://www.fatianshi.cn/D11136

一对一有托管型合同资产管理主合同

委托人（自然人）：________________

身份证号码：________________

联系电话：________________

住所和邮编：________________

电子邮箱：________________

委托人（机构客户）：________________

营业执照号码：________________

法定代表人/机构负责人：________________

联系人：________________

联系电话：________________

传真：________________

电子邮箱：________________

住所和邮编________________

管理人：________期货公司（资产管理子公司）

法定代表人/机构负责人：________________

联系电话：________________

地址和邮编：________________

托管人：________________

营业执照号码：________________

法定代表人/机构负责人：________________

联系人：________________

D11136

联系电话：________________________________

传真：____________________________________

电子邮箱：________________________________

住所和邮编：______________________________

第一章 前 言

一、为规范期货公司（资产管理子公司）（以下简称管理人）资产管理业务的运作，明确资产管理合同当事人的权利与义务，根据《中华人民共和国合同法》《期货公司监督管理办法》《期货公司资产管理业务试点办法》（以下简称《试点办法》）《期货公司资产管理业务管理规则（试行）》《私募投资基金监督管理暂行办法》以及《证券期货经营机构私募资产管理业务运作管理暂行规定》等法律、行政法规和中国证监会、中国期货业协会、中国证券投资基金业协会的有关规定，为了充分保护本合同当事人的合法权益，委托人和管理人在平等自愿、诚实信用、充分协商原则的基础上订立本合同。

二、资产委托人保证委托资产的来源及用途合法，并在签订本合同前已阅知并签署了资产管理业务风险揭示书、资产合法性及投资者适当性承诺书，进行了投资者适当性评估，并已阅知本合同全文，了解相关权利、义务和风险，明确自行独立承担投资风险。

三、管理人承诺以诚实守信、审慎尽责的原则管理和运用委托资产，但不保证委托资产一定盈利，也不保证最低收益或承担损失。管理人对委托资产未来的收益预测仅供委托人参考，不构成管理人保证委托资产本金不受损失或取得最低收益的承诺。

四、资产委托人自签订本合同起即成为本资产管理计划的当事人。在本合同存续期间，资产委托人自全部退出本资产管理计划之日起，该资产委托人不再是本资产管理计划的当事人。

本合同是规定各当事人之间权利义务关系的基本法律文件，除非本合同当事人在本合同签订之后另行签订了补充协议；否则，其他与本计划相关的涉及本合同各当事人之间权利义务关系的任何文件或表述，如与本合同不一致或有冲突，均以本合同为准。

五、本资产管理合同按相关法律法规要求将在中国证券投资基金业协会备案，但中国证券投资基金业协会接受资产管理合同的备案并不表明其对资产管理计划的价值和收益作出实质性判断或保证，也不表明投资于资产管理计划没有风险。

六、《期货公司资产管理业务风险揭示书》《资产合法性及投资者适当性承诺书》以及合同附件是本合同的组成部分，与合同正文具有同等效力。

七、托管人作为计划资产的托管机构承诺按照诚实信用、勤勉尽责的原则安全保管委托人的计划资产，并履行本合同约定的相关义务。

第二章　释　　义

在本合同中，下列用语含义如下：

一、资产委托人：指签订本合同，委托投资本资产管理计划初始金额不低于 100 万元人民币，符合《私募投资基金监督管理暂行办法》《证券期货投资者适当性管理办法》等有关监管规定且能够识别、判断和承担相应投资风险的自然人、法人、依法成立的组织或中国证监会认可的其他特定合格投资者（在本合同中根据适用情况也称为投资者、客户或委托人）。

二、资产管理计划、计划、本计划：指____________资产管理计划。

三、资产管理合同、本合同：指资产委托人、资产管理人、托管人签署的《资产管理计划资产管理合同》及其附件，以及对该合同及附件做出的任何有效修订、补充或变更。

四、资产管理人：____________期货公司（资产管理子公司）

五、资产管理计划托管人、资产托管人、托管人：指____。

六、委托资产、委托财产、计划资产、计划财产、资产管理计划财产、资产管理计划资产：指委托人拥有合法所有权或合法处分权，并委托管理人管理的作为本合同标的的财产。

七、委托资产管理：指委托人依据有关法律、法规和委托人的投资意愿，与管理人签订本合同，由管理人按本合同规定将委托人委托的资产投资于国内期货交易所交易的股指期货品种、商品期货以及中国证监会认可的其他投资品种的行为。

八、工作日、交易日：上海期货交易所、大连商品交易所、郑州商品交易所、中国金融期货交易所等交易所的正常交易日。

期货交易所：指上海期货交易所、大连商品交易所、郑州商品交易所和中国金融期货交易所。

九、期货交易账户：根据国证券监督管理委员会有关规定和中国期货市场监控中心有限责任公司等相关机构的有关业务规则，由管理人为委托资产在上海期货交易所、大连商品交易所、郑州商品交易所、中国金融期货交易所开设的专用期货交易账户。

十、委托资产总份额：指本计划项下的资产份额总数。计划成立日的委托资产总份额为委托人交付的认购资金 ÷1 元。

十一、委托资产总值：指资产管理计划拥有的各类有价证券、期货权益、银行存款本息 、计划应收款及其他资产及闲置资金的价值总和。

十二、资产管理计划净值、委托资产净值：指资产管理计划资产总值减去资产管理计划负债后的价值。

十三、资产管理计划份额累计净值：指计划份额净值和计划历史上累计单位派息金额（计划历史上所有分红派息的总额 ÷ 计划总份额）之和。

十四、资产管理计划份额净值 ÷ 平均份额净值、份额净值 / 平均份额净值：指资产管理计划资产净值 ÷ 委托资产总份额。本计划的初始份额净值为 1 元。

十五、资产管理计划资产估值：指计算评估资产管理计划资产和负债的价值，以确定资产管理计划资产净值和资产管理计划份额净值的过程。

十六、清算：依据委托资产清算的分配方案，将资产管理委托资产清算后的全部剩余资产扣除委托财产清算费用后，返还给资产委托人的行为。

十七、资管结算账户：指委托人开立在期货保证金存管银行的、用于向期货公司保证金账户办理委托资产汇入、追加、提取和清退的银行账户。

十八、托管账户：指资产托管人根据有关规定为本资产管理计划开立的专门用于清算交收的银行账户。

十九、委托资产期货保证金账户：指管理人为委托资产在期货公司开立的从事期货交易的账户，用于存放委托资产期货保证金、支付期货交易结算款和相关费用以及向期货结算账户划回结算回款等，该账户与期货结算账户建立唯一的银期转账关系。

二十、合同存续期、存续期：指资产管理合同生效至终止之间的期限。

二十一、元：指人民币元。

二十二、不可抗力：指委托人、管理人不能预见，不能避免，并不能克服或即使预见亦无法避免的客观情况，包括但不限于任何非因合同一方或多方原因导致的通信或电脑及相关交易系统的故障，自然灾害、战争、骚乱、罢工、新法规颁布或对原法规的修改等政策因素。

二十三、期货盘中市价：是指某一期货合约交易时的买卖盘价格。

收盘价：是指某一期货合约当日最后一笔成交价格。

结算价：是指某一期货合约当日成交价格按成交量的加权平均价。当日无成交的，用上一交易日的结算价作为当日结算价。结算价是当日未平仓合约盈亏结算和确定下一交易日涨跌停板幅度的依据。

资产管理计划依据不同的价格计算计划份额净值，会导致资产管理计划净值存在差异。

本计划以估值当日该期货合约结算价进行估值。

二十四、代理销售机构：指符合中国证监会规定的条件，取得基金销售资格并接受资产管理人委托，代为办理本计划认购、参与、退出等业务的机构。本资产管理计划代理销售机构为____________。

二十五、年、年度、会计年度：指公历每年1月1日至12月31日。

二十六、认购：指在资产管理计划销售期间，资产委托人按照本合同的规定购买本计划份额的行为。

二十七、参与：指在资产管理计划开放日，资产委托人按照本合同的规定参与本资产管理计划份额的行为。

第三章　声明与承诺

一、委托人声明与承诺

（一）委托人具有合法参与期货公司资产管理业务的资格，

不存在法律、行政法规和中国证监会有关规定禁止或限制参与资产管理业务的情形；

（二）委托人承诺以真实身份参与资产管理业务，保证提供给管理人的包括但不限于关投资目的、投资偏好、投资限制和风险承受能力等信息和资料真实、准确、完整、合法，不存在任何重大遗漏或误导。委托人提供的信息资料若发生任何变更，委托人应当及时以书面形式告知管理人；

（三）委托人声明已充分理解本合同全文，已听取了管理人对相关业务规则、合同条款、资产管理方案和交易策略的讲解，已经阅读并理解风险揭示书的相关内容，清楚认识委托投资存在的市场风险、管理风险、流动性风险和其他风险，承诺自行承担投资风险和损失，并就合同条款与管理人进行了充分协商，达成一致；

（四）委托人声明对市场及资产管理计划风险具有适当的认识，已了解资产管理方案和投资策略的风险收益特征，委托人接受管理人的审慎评估并经自我评估认为具备参与资产管理业务的风险承受能力，本委托事项符合其业务决策程序的要求；

（五）委托人保证委托资产的来源及用途合法，[①]保证以本人 / 本机构自有资金或合法募集的资金认购资产管理计划，未非法汇集他人资金或采取份额拆分转让等突破合格投资者标准的方式认购资产管理计划；符合有关反洗钱法律法规的要求，且委托资产中没有违反规定的公众集资；计划资产不涉及任何第三方的权利主张，也没有任何其他限制性条件妨碍管理人对该计划资产行使投资管理权；

（六）委托人确认，管理人未对委托资产的收益状况做出任何承诺或担保；

（七）委托人声明已知悉并同意管理人不聘请投资顾问 /[②]

①投资者委托期货公司从事资产管理业务，应当确保投资资金来源合法，不得非法配资或非法会集他人资金。

②若聘请投资顾问，需要投资顾问具备监管要求的资质，合同中应明确约定投资顾问的名称、责任、费用等信息。

D11136

聘请____________为本计划投资顾问。资产委托人同意资产管理人接受投资顾问为本计划委托资产的投资运作提供投资建议，承诺在投资建议符合法律法规及本合同约定的前提下，接受因管理人采纳该投资顾问提供的投资建议所带来的任何风险及损失。资产委托人同意支付相关投资顾问费用；

（八）本合同由委托人本人亲自签署，[①]如果委托人为机构客户的，委托人应保证其法定代表人、机构负责人或其授权代表有充分和完整的授权签署本合同，并在本合同上加盖委托人公章。本合同经委托人正式签署后即构成对委托人合法、有效、可执行及有约束力的法律文件。

二、管理人声明与承诺

（一）管理人是依法设立的期货经营机构，并已向中国期货业协会报备，具备资产管理业务资格；

（二）管理人承诺遵守法律、行政法规和中国证监会的有关规定，诚实守信，审慎尽责，坚持公平交易，避免利益冲突，禁止利益输送，保护委托人合法权益；

（三）管理人声明不以任何方式向委托人承诺或担保取得最低收益或分担损失；

（四）管理人承诺已向委托人披露业务资格，讲解有关业务规则和合同内容，提示委托人阅读风险揭示书；

管理人声明不以任何方式向委托人承诺或担保取得最低收益或分担损失；

管理人承诺所提供的资料和信息真实、准确、完整、合法；

（五）管理人声明禁止本公司员工以个人名义接受客户资产管理委托或对客户做出最低收益和分担损失的承诺。

三、托管人的声明与承诺

（一）托管人具有中国证监会认可的从事资产托管业务的资格；

①若投资者为自然人，应由本人亲自签署，不得委托他人代签。

（二）托管人承诺按照诚实信用、勤勉尽责的原则安全保管客户计划资产，履行本合同约定的义务；

（三）托管人承诺遵守法律、行政法规和中国证监会有关规定，按照法律法规及本合同的约定监督资产管理人的投资运作；不保证客户计划资产本金不受投资损失或取得最低收益；

（四）托管人保证所提供的资料和信息真实、准确、完整、合法。

第四章　资产管理计划基本情况

一、资产管理计划名称：____________资产管理计划

二、资产管理计划运作方式：封闭式运作。

本计划存续期间不设开放期，计划份额不可参与和退出。

自本资产管理合同生效之日起______个月为封闭期（封闭期不得低于______个月）。

三、资产管理计划规模：委托人的起始委托资产不低于人民币______万元（大写：人民币______万元整）。委托资产采取现金方式汇入、追加、提取或清算。

四、资产管理计划类型：单一客户资产管理计划。

五、资产管理计划初始净值：人民币 1.00 元。

六、资产管理计划存续期 7 限：本资产管理计划存续期限为______年，自本资产管理计划成立日起计算。如本计划存续期届满最后一日为节假日，则本计划结束日期顺延至下一工作日。经资产管理人和资产委托人协商一致，本资产管理计划可提前终止或延期。

七、投资范围：在中国金融期货交易所依法上市交易、具有良好流动性的金融期货品种。

八、资产管理人：____________期货公司（资产管理子公司）。

九、资产委托人的适当性：①

委托人应具备相应风险识别能力和风险承担能力②，符合《私募投资基金监督管理办法暂行办法》的有关规定，投资于单只私募基金的金额不低于100万元且符合下列相关标准的单位和个人：

1. 净资产不低于1000万元的单位；

2. 个人金融资产不低于300万元或者最近三年个人年均收入不低于50万元。

前款所称金融资产包括银行存款、股票、债券、基金份额、资产管理计划、银行理财产品、信托计划、保险产品、期货权益等。

下列投资者视为合格投资者：

1. 社会保障基金、企业年金、慈善基金；

2. 依法设立并受国务院金融监督管理机构监管的投资计划；

3. 投资于所管理私募基金的私募基金管理人及其从业人员；

4. 中国证监会规定的其他投资者。

第五章　资产管理计划的财产及账户

一、资产管理计划资产③独立于资产管理人、资产托管人的固有资产，由资产托管人保管。资产管理人、资产托管人不得将资产管理计划资产归入其固有资产。

二、资产管理人、资产托管人可以按本合同的约定收取管理费、托管费、业绩报酬以及本合同约定的其他费用。资产管理人、资产托管人以其固有资产承担法律责任，其债权人不得对资产管理计划资产行使请求冻结、扣押和其他权利。资产管理人、资产托管人因依法解散、被依法撤销或者被依法宣告破产等原因进行清算的，资产管理计划资产不属于其清算资产。

①起始委托资产不得低于人民币100万元。

另外，为防止规避此金额要求（例如，委托200万元之后，又立刻提取150万元，实际委托金额只有50万元不足100万元），合同条款禁止主动提取后委托资产余额低于100万元。

②委托人应充分了解投资的风险，并与自身的风险承受能力相匹配。

③委托资产独立于管理人和托管人的资产，不能与其债权债务混同、抵销。

三、除本章第二条规定的情况外，资产管理人、资产托管人因资产管理计划资产的管理、保管、运用或者其他情形而取得的资产和收益归入资产管理计划资产。

四、资产管理计划资产产生的债权不得与不属于资产管理计划资产本身的债务相互抵销。非因资产管理计划资产本身承担的债务，资产管理人、资产托管人不得主张其债权人对资产管理计划资产强制执行。上述债权人对资产管理计划资产主张权利时，资产管理人、资产托管人应明确告知资产管理计划资产的独立性。

五、委托资产账户

（一）期货资产管理账户

管理人应代表本计划，按照期货市场相关开户管理规定在上海期货交易所、大连商品交易所、郑州商品交易所和中国金融期货交易所获取交易编码。开立专门的期货账户作为本计划的资产管理账户，并通过中国期货市场监控中心系统为资产管理账户申请交易编码，委托人应配合提供开户所需的相关材料，账户开立后由管理人予以妥善保管。该期货资产管理账户的开立和管理应符合相关法律法规的规定，并且仅限于满足开展本资产管理业务的需要。管理人授权托管人选择具有期货保证金存管资格的商业银行办理相关银期转账业务。本计划的管理人负责申请或者注销交易编码，对期货资产管理账户及其交易编码进行单独标识、单独管理。

（二）期货结算账户

委托人应按照期货行业关于保证金安全存管的相关规定，在银行开立期货结算账户并开立柜面银期转账功能，用于办理委托资产的汇入、追加、提取和清退，本计划委托人的期货结算账户信息为：

D11136

户名：______________________________

账号：______________________________

开户行：____________________________

上述期货结算账户仅限于与本资产管理账户之间办理与本计划相关的汇入、追加、提取和清退等用途，并与委托人的其他期货结算账户或资金账户严格分离。

（三）托管账户

1. 托管人负责本计划有关的银行账户的开设和管理，管理人应配合托管人办理开立账户事宜并提供相关资料。托管账户应与期货资产管理账户、非期货类资产管理账户建立对应关系。

2. 托管人在商业银行代理开设托管账户，保管计划的银行存款。该账户的开设和管理由托管人负责，本计划的一切货币收支活动，包括但不限于投资、支付退出金额、支付收益、收取参与款，均需通过该账户进行。管理人在确定托管账户名称时应考虑满足三方存管、银行间市场开户要求等需要。

3. 托管账户的开立和使用，限于满足开展托管业务的需要。托管人和管理人不得假借本计划的名义开立其他任何银行账户；亦不得使用本计划的任何银行账户进行本计划业务以外的活动。

4. 托管账户的管理应符合《人民币银行结算账户管理办法》《现金管理暂行条例》《支付结算办法》和中国人民银行利率管理的有关规定以及其他有关规定。

（四）证券账户的开设和管理

1. 资产托管人应当在中国证券登记结算有限责任公司开设证券账户，用于本计划证券投资的清算和存管。

2. 本计划证券账户的开立和使用，限于满足本计划业务需要。资产托管人和资产管理人不得出借和未经另一方同意擅自转让本计划的任何证券账户；亦不得使用本计划的任何证券账户进行本计划业务以外的活动。

3. 本计划证券账户的开立和证券账户卡的保管由资产托管人负责，相关账户的管理和使用由管理人负责。

（五）其他账户的开立和管理

1. 因业务发展而需要开立的其他账户，应由托管人或管理人根据有关法律法规的规定开立。新账户按有关规则管理并使用。

2. 因投资运作而需要开立的其他账户，由托管人或管理人根据有关法律法规或注册机构的规定开立。如该账户是以管理人名义开立，由管理人负责开立的，管理人应保证该账户专款专用，可聘请资金监管机构对该账户的资金划付进行监管。相应的投资回款及收益，也由管理人负责及时原路划回托管账户，已聘请资金监管机构的，管理人应配合资金监管机构完成投资回款的划付。管理人开立此类账户后需及时通知托管人。

3. 法律法规等有关规定对相关账户的开立和管理另有规定的，从其规定办理。

4. 对于非由托管人管理的账户，托管人不承担保管职责。

第六章　委托资产的汇入、追加、参与退出、清退、转让

一、委托资产的汇入、追加

（一）委托资产的汇入：本计划初始委托资产以货币资金形式汇入，委托人初始委托资产规模：人民币现金资产______万元；（大写）______万元整［不得低于人民币 100 万元；（大写）壹佰万元整］；

（二）委托资产的追加：在本合同有效期内，经管理人同意，委托人有权以书面形式追加委托资产，但需要提前______个工

D11136

关注法天使

作日以书面形式向管理人提出追加资金申请，追加的最低金额至少为人民币1万元[①]或其整数倍。追加委托资产参照起始委托资产办理汇入手续，追加部分资金由资产委托人划拨至委托资产期货保证金账户。

管理人确认委托资产全部到账后，向委托人发送书面确认，并应按照本合同的约定管理追加部分的委托资产。

二、委托资产的参与、退出

1. 本资产管理计划成立后的个月为封闭期。在封闭期内，委托人不得参与、退出本计划（封闭期不得低于______个月）。

本资产管理管理计划存续期不得退出。

在本合同存续期内，封闭期过后，计划每月设立不多于______个开放日，管理人将提前个工作日通过管理人官方网站等合同约定的方式公告具体的开放日日期。委托人课在开放日申请办理计划份额的参与和退出。若相关监管部门有新的规定，或出现新的证券期货交易市场、证券期货交易所交易时间变更或其他特殊情况，资产管理人将视情况对前述开放日及开放时间进行相应的调整并告知资产委托人。

2. 参与和退出的方式及价格

（1）"未知价"原则，即资产管理计划的参与和退出价格以开放日当天的资产管理计划份额净值为基准计算；

（2）资产管理计划采用金额参与和份额退出方式，即参与以金额申请，退出以份额申请。

3. 计划参与份额的计算[②]

参与资产管理计划份额的确认依据为资产管理计划份额净值。

参与计划份额 = 参与金额 ÷ 开放日当日的资产管理计划份额净值

①投资开始后，投资者还可以追加投资。

②投资开始后，投资者可以参与和退出，参与的份额及退出的金额，均与资产管理计划的份额净值相挂钩。

4. 计划退出金额的计算

净退出金额 = 退出份额 × 开放日当天的资产管理计划份额净值

上述涉及计划份额的计算结果按照四舍五入方法，保留到小数点后 2 位，由此产生的收益或损失由计划财产承担。

委托人参与和退出资产管理计划，收取 / 不收取参与和退出费用。

5. 参与程序

委托人应于每个开放日前______个工作日向管理人提出参与申请，并于不晚于开放日前______个工作日将相应的参与资金支付至托管账户。

6. 退出程序

封闭期结束后，资产管理计划份额委托人应不晚于开放日前______个工作日之前向资产管理人以书面方式提出退出申请，由资产管理人对退出申请进行审核。如资产管理人同意资产退出的，资产管理人将委托人申请退出的要求______个工作日内告知托管人。

7. 参与和退出的金额限制

资产委托人在资产管理计划存续期购买资产管理计划份额的，购买金额应不低于 100 万元人民币。当资产委托人持有的计划资产净值高于 100 万元时，资产委托人可以选择全部或部分退出资产管理计划份额；选择部分退出资产管理计划份额的，资产委托人在退出后持有的计划资产净值不得低于 100 万元。当资产管理人发现资产委托人申请部分退出资产管理计划将致使其在部分退出申请确认后持有的计划资产净值低于 100 万元的，资产管理人有权适当减少该资产委托人的提取退出份额，

D11136

以保证部分退出申请确认后资产委托人持有的计划资产净值不低于 100 万元。

当资产委托人持有的计划资产净值低于 100 万元（含 100 万元）时，需要退出计划份额的，资产委托人必须选择一次性全部退出资产管理计划。如因退出引致的损失由计划财产承担。

8. 委托人应为管理人预留充足的变现时间，资产委托人需至少提前______个交易日向资产管理人提交提取资产书面申请，（一次性提取金额高于______万元的，需至少提前______个交易日向资产管理人提交书面申请），以保证资产管理账户中的资金足以支付提取金额，若因资产管理计划的投资标的确实无法及时变现的，管理人有权拒绝委托人的提取请求。资产管理人不承担由于资产委托人通知不及时造成的资产变现损失。

9. 巨额退出

在一个开放日，资产管理计划的退出申请超过上一日资产管理计划总份额的 10%，为巨额退出。出现巨额退出时，资产管理人可根据资产管理计划资产状况决定接受全额退出或部分退出。资产管理人认为有能力兑付资产委托人的全部退出申请时，按正常退出程序执行。

当资产管理人认为兑付投资者的退出申请有困难，或认为兑付投资者的退出申请进行的资产变现可能使计划资产净值发生较大波动时，资产管理人在当日接受退出比例不低于上一日计划总份额 10% 的前提下，对其余退出申请延期办理。未受理部分除委托人在提交退出申请时选择将当日未获受理部分予以撤销者外，延迟至下一开放日办理。转入下一开放日的退出申请，退出价格为下一个开放日的价格，以此类推，直到全部退出为止。当发生退出延迟办理时，资产管理人应当及时告知资产委托人及托管人。

10. 拒绝或暂停参与或退出的情形及处理

若出现不可抗力、证券期货市场临时停市等重大事件或委托人的参与或退出可能会影响或损害其他委托人或利益相关方利益时，资产管理人可以根据具体情况拒绝或暂停客户的参与或退出申请，并及时通知委托人。

三、委托资产的清退

经委托人、管理人协商一致后，资产委托人可在委托期限未满前退出的，管理人将资产管理委托资产清算后的全部剩余资产扣除委托财产清算费用后，返还给资产委托人。委托期限不足______年的，委托人需支付______% 的退出费用。

本合同委托期限届满，管理人依据委托资产清算的分配方案，将资产管理委托资产清算后的全部剩余资产扣除委托财产清算费用后，返还给资产委托人。

四、委托资产的转让

本资产管理计划接受 / 不接受转让。

本资产管理计划转让方式为：______________________________

第七章　当事人及权利义务

一、委托人

委托人（自然人）：______________________________

身份证号码：______________________________

联系电话：______________________________

住所和邮编：______________________________

电子邮箱：______________________________

委托人（机构客户）：______________________________

营业执照号码：______________________________

法定代表人 / 机构负责人：______________________________

D11136

联系人：________________________________

联系电话：______________________________

传真：__________________________________

电子邮箱：______________________________

住所和邮编：____________________________

（一）委托人的权利

1. 分享资产管理计划财产收益。

2. 参与分配清算后的剩余资产管理计划财产。

3. 按照本合同的约定参与、追加、提取和退出资产管理计划。

4. 监督资产管理人、资产托管人（若有）履行投资管理、托管义务（若有）情况，依照法律法规或合同约定终止资产管理委托。

5. 按照本合同约定的时间和方式获得资产管理计划的盈亏、净值变动等运作信息资料。根据法律法规、自律文件、资产管理合同及其他规定，定期或不定期从资产管理人处获得资产管理业务相关报告。

6. 国家有关法律法规、监管机构、自律组织及本合同规定的其他权利。

（二）委托人的义务

1. 遵守本合同，以真实身份参与资产管理计划。接受资产管理人进行的尽职调查，向资产管理人或销售机构提供法律法规规定的信息资料及身份证明文件，配合资产管理人履行反洗钱义务；

2. 真实、完整、全面、准确地向资产管理人或销售机构告知其投资目的、投资偏好、投资限制和风险承受能力等基本情况；

3. 在向管理人或销售机构提供的各种资料、信息、联系方式发生变更时，及时通知管理人；

4. 保证委托资金来源及用途合法，按照本合同约定缴纳购买资产管理计划份额的款项及规定的费用；

5. 自行承担资产管理计划的投资风险和损失，不得违反资产管理合同的约定干涉资产管理人的投资行为；

6. 不得从事任何有损资产管理计划及其他资产委托人、资产管理人管理的其他资产及资产托管人托管（若有）的其他资产合法利益的活动；

7. 保守商业秘密，不得泄露委托财产投资计划、投资意向等相关信息；

8. 及时、足额地向管理人交付委托资产；

9. 按照本合同的规定及时、足额缴纳资产管理费、托管费（如有）、业绩报酬（如有）及资产管理合同约定的费用，并承担因资产管理计划财产运作产生的税费及其他费用；

10 对因自身重大过失、故意导致资产管理人受到的行政处罚、民事追偿等损失进行补偿；

11. 协助资产管理人办理资产管理业务相关账户设立、变更及注销手续；承担办理相关账户业务所需的费用，并不得将专用账户以出租、出借、转让或者其他方式提供给他人使用；

12. 国家有关法律法规、监管机构、自律组织及本合同规定的其他义务。

二、管理人

名称：____________期货公司（资产管理子公司）

住所：____

办公地址：____

D11136

法定代表人：____________________

联系人：____________________

联系电话：____________________

电子邮箱：____________________

传真号码：____________________

通信地址：____________________

邮政编码：____________________

官方网站：____________________

（一）管理人的权利

1. 按照本合同的约定，独立管理和投资运作资产管理计划财产。

2. 依照本合同的约定，及时、足额获得资产管理人报酬，并收取因委托资产运作产生的交易费用、税费及其他费用。

3. 依照有关规定行使因资产管理计划财产投资于期货或其它投资品种所产生的权利。

4. 根据本合同，监督资产托管人（若有），对资产管理计划财产及其他当事人的利益造成重大损失的，或对资产管理计划运作产生重大影响的，应及时采取措施制止，并报告中国证监会或其派出机构。

5. 自行销售或委托有基金销售资格的机构销售资产管理计划，制定和调整有关资产管理计划销售的业务规则，并对销售机构的销售行为进行必要的监督。

6. 自行担任或者委托其他机构担任资产管理计划份额的权属注册登记机构，并对权属注册登记机构的代理行为进行必要的监督和检查。

7. 要求委托人提供与其身份、财产与收入状况、资金来源及用途、资产管理需求、风险认知与承受能力等相关的信息和资料，对委托人适当性进行审慎评估。在上述文件和资料发生变更时，要求委托人及时提交变更后的相关文件与资料。

8. 资产管理人有权委托作为投资顾问[①]为本计划提供投资顾问、投资建议相关服务，资产管理人与投资顾问另行签署委托服务协议，对相关权利、义务进行约定。

为保护委托人利益，保护计划财产安全，计划管理人有权根据计划运作情况选择、聘请、更换或撤销投资顾问。

9. 资产管理人有权根据市场情况对本资产管理计划的总规模、单个委托人首次认购、申购金额、每次申购金额及持有的本资产管理计划总金额限制进行调整。

10. 当发生不可抗力、国家监管政策变化、委托资产发生权属变更等可能影响资产管理业务正常运行的重大变更时，管理人有权提前终止本资产管理计划。

11. 国家有关法律法规、监管机构、自律组织及本合同规定的其他权利。

（二）管理人的义务

1. 按规定向基金业协会履行登记及备案手续，管理人应在备案完成后五个工作日内将加盖管理人资产管理业务专用章的备案函以邮件的形式发送给托管人，如有必要托管人可要求管理人将原件寄送至托管人。

2. 以诚实信用、勤勉尽责的原则管理和运用资产管理计划财产。

3. 制定和执行资产管理投资策略，配备足够的具有专业能力的人员进行投资分析、决策，以专业技能管理委托资产，不得从事有损委托人利益的行为。

4. 建立健全内部风险控制、监察与稽核、财务管理及人事管理等制度，保证所管理的资产管理计划财产与其管理的计划

①委托的投资顾问需满足投资经验、机构等条件，且应在合同中明示投资顾问名称，投资顾问费用、业绩报酬等信息。

D11136

财产、其他委托财产和资产管理人的财产相互独立，对所管理的不同财产分别管理、分别记账，进行投资。

5. 除依据法律法规、本合同及其他有关规定外，不得为资产管理人及任何第三人谋取利益，不得委托第三人运作资产管理计划财产。

6. 负责办理或者委托其他机构代为办理资产管理计划份额的登记事宜，负责开立和注销期货账户等投资所需账户。

7. 对为管理本计划所聘用的第三方机构已建立第三方机构管理制度，对其资质条件、专业服务能力和风险管理制度等方面进行尽职调查，并与第三方机构签订协议明确权利义务。

8. 按照本合同的约定接受和配合资产委托人和资产托管人（若有）对委托资产有关投资行为等的监督。

9. 以资产管理人的名义，代表资产委托人利益行使诉讼权利或者实施其他法律行为。

10. 根据法律法规和本合同的规定，编制并向资产委托人报送资产管理计划财产的投资报告，对报告期内资产管理计划财产的投资运作等情况做出说明。

11. 根据法律法规和本合同的规定，编制资产管理业务定期报告，向基金业协会等监管机构备案，并按照约定向委托人提供与资产管理相关的业务报告。

12. 计算并按照本合同的约定向资产委托人报告资产管理计划份额净值。

13. 当发生变更投资经理等可能影响委托人权益的重大事项时，应通在重大事项发生后及时以本合同约定的方式通知委托人。

14. 进行资产管理计划会计核算。

15. 在合同终止时，按照约定将剩余资产返还客户。

16. 保守商业秘密，不得向任何第三方泄露资产管理计划的投资计划、投资意向等，但法律法规、本合同及监管机构另有规定的除外。

17. 保存资产管理计划资产管理业务活动的全部会计资料，并妥善保存有关的合同、协议、交易记录及其他相关资料。

18. 公平对待所管理的不同财产，不得从事任何有损资产管理计划财产及其他当事人利益的活动。

19. 管理人以委托资产投资于管理人或与管理人有关联关系的公司发行的证券或其他金融产品的，应事先以书面形式通知委托人，并取得委托人书面认可。

20. 按照资产管理计划合同的约定，及时通知委托人委托资产亏损情况，进行预警、止损操作。

21. 资产管理人拟投资券商资产管理计划、基金公司及其子公司资产管理计划、期货公司及其子公司资产管理计划、信托计划、私募基金等非标类金融产品的，资产管理人应提前向托管人（若有）提交准确无误的投资信息，资产托管人（若有）只对产品信息、收款账户等进行形式要件审查。

22. 国家有关法律法规、监管机构、自律组织及本合同规定的其他义务。

三、托管人

名称：______________________________

住所：______________________________

办公地址：____________________________

邮政编码：____________________________

注册资本：____________________________

存续期间：____________________________

D11136

法定代表人：________________

联系人：________________

电话：________________

网站：________________

（一）资产托管人的权利

1. 依照本合同的规定，及时、足额获得资产托管费。

2. 根据相关法律法规及本合同规定，监督及查询资产管理人对资产管理计划财产的投资运作，发现投资或清算指令违反法律、行政法规、中国证监会的规定或者本合同约定的，有权要求其改正或拒绝执行；对于违反本合同或有关法律法规规定的行为，对资产管理计划财产及其他当事人的利益造成重大损失的情形，有权报告中国证监会并采取必要措施。

3. 根据本合同的规定，依法保管资产管理计划财产。

4. 国家有关法律法规、监管机构及本合同规定的其他权利。

（二）资产托管人的义务[①]

1. 安全保管资产管理计划财产。

2. 设立专门的资产托管部门，具有符合要求的营业场所，配备足够的、合格的熟悉资产托管业务的专职人员，负责财产托管事宜。

3. 对所托管的不同财产分别设置账户，确保资产管理计划财产的完整与独立。

4. 除依据法律法规、本合同及其他有关规定外，不得为资产托管人及任何第三人谋取利益，不得委托第三人托管资产管理计划财产。

5. 按规定开设和注销资产管理计划的资金账户、证券账户和期货账户等投资所需账户。

①托管人有义务保护委托资产的安全。

6. 复核资产管理计划份额净值。①

7. 复核资产管理人编制的资产管理计划财产的投资报告，并出具书面意见。

8. 编制资产管理计划的年度托管报告，并向中国证监会备案。

9. 按照本合同的约定，根据资产管理人的投资指令，及时办理清算、交割事宜。

10. 根据法律法规及监管机构的有关规定，保存资产管理计划资产管理业务活动有关的合同、协议、凭证等文件资料。

11. 公平对待所托管的不同财产，不得从事任何有损资产管理计划财产及其他当事人利益的活动。

12. 保守商业秘密，不得向任何第三方泄露资产管理计划的投资计划、投资意向等，但法律法规、本合同及监管机构另有要求的除外。

13. 按照法律②法规及本合同规定监督资产管理人的投资运作，资产托管人发现投资指令违反法律、行政法规和其他有关规定，或者违反本合同约定的，有权拒绝执行，通知资产管理人并有权报告中国证监会；资产托管人发现依据交易程序已经生效的投资指令违反法律、行政法规和其他有关规定，或者违反本合同约定的，有权通知资产管理人并有权报告中国证监会。

14. 国家有关法律法规、监管机构及本合同规定的其他义务。

①由于资产全部由托管人管理，托管人也有义务复核资产管理计划净值，以确保管理人估值准确。

②对于管理人违法违规及严重行为，托管人有义务向监管机构报告。

第八章　投资策略

一、投资目标

在风险可控的基础上，力争实现委托资产长期、持续、稳健保值和稳定增值。

D11136

①合同中约定资产管理计划可以投资的范围，且实际操作中未经修改合同，不得投资超出范围的标的。

②约定细分各类资产的投资比例，目的是控制风险，避免投资范围过于集中。

二、投资范围①

本计划投资于在中国金融期货交易所、上海期货交易所、大连商品交易所、郑州商品交易所上市流通的标准期货合约品种、银行存款、银行理财。

三、投资比例②

期货保证金占用的资金为本计划资产净值的0~100%，其中股指期货投资比例不超过计划资产净值的______%、国债期货投资比例不超过计划资产净值的______%。商品期货投资比例不超过计划资产净值的______%。

四、投资策略

量化对冲及CTA策略。

五、限制及禁止行为

（一）投资限制及禁止行为

1. 资产管理计划只交易主力合约和次主力合约。

2. 单个期货合约持仓不得超过该期货合约单边持仓总量的______%且符合交易所限仓要求。

3. 不得进行期货实物交割。商品期货持仓不得进入交割月。不得交易当月交割的期货品种。持仓进入有限仓要求的月份，本计划应遵循期货交易所的限仓要求。

4. 由于包括但不限于证券市场波动、上市公司合并、组合规模变动等资产管理人之外的原因导致的投资比例不符合本合同约定的投资限制或投资禁止政策，为被动超标。发生上述情形时，资产管理人应在发生不符合法律法规或投资政策之日起的交易日内进行调整，以满足法律法规及投资政策的要求，法律法规另有规定的，从其规定。

5. 管理人以委托资产投资于本公司或与本公司有关联关系的公司产品的，应事先以书面形式通知资产委托人，并取得资产委托人书面认可。

（二）禁止活动

1. 违反规定向他人贷款或提供担保；

2. 从事承担无限责任的投资；

3. 利用委托资产为资产委托人之外的任何第三方谋取不正当利益、进行利益输送；

4. 承销证券；

5. 向资产管理人、资产托管人出资；

6. 从事内幕交易、操纵证券（若有）价格、期货价格及其他不正当的期货交易活动；

7. 法律法规、中国证券监督管理委员会以及本合同规定禁止从事的其他行为。

六、业绩比较基准

本资产管理计划无业绩比较基准。

本资产管理计划业绩比较基准为______。业绩比较对象为______业绩比较基准测算依据和测算过程为______。

该业绩比较基准作为管理人的投资目标，管理人以获得超过业绩比较基准的收益为目标进行投资，但并不代表保证收益，也不代表委托人的本金不承担亏损。

七、投资策略的变更

根据市场情况变化，委托人、管理人、托管人（若有）可协商签订补充合同，调整投资策略。如果在本合同有效期内出现影响和限制本合同约定的投资的法律、法规和政策，委托人、管理人、托管人（若有）应对本合同进行协商修改，订立补充合同。调整投资策略应以书面形式做出，并为管理人及托管人（若有）调整投资组合变更投资策略留出充足的时间。

第九章　投资经理的指定与变更

一、投资经理的指定

本资产管理计划投资经理由资产管理人负责指定。

二、本资产管理计划投资经理情况

本资产管理计划投资经理为：____________________

身份证号码：____________________

从业资格证号：____________________

投资经理简历：________（投资经理资产管理业务相关经验）

三、投资经理的变更[①]

资产管理人可根据业务需要变更投资经理，并在变更后及时告知资产委托人。

资产管理人从事资产管理业务，发生变更投资经理等可能影响资产委托人权益的重大事项时，资产管理人应当在______个工作日内按本合同约定的通知方式告知资产委托人，资产委托人有权提前终止资产管理委托，但须在收到变更通知后______个工作日内向资产管理人书面提出，否则视为同意变更。资产管理人在上述变更之日起______个工作日内通过本合同约定的通知方式（包括但不限于在资产管理人公司网站公告变更事项）进行通知即视为履行了告知义务。

第十章　第三方服务机构

一、资产管理人有权根据实际需要聘请第三方服务机构提供投资策略、投资建议等专业服务。

本计划资产管理不聘请 / 聘请为本计划投资顾问。

二、资产管理人对第三方服务机构提供的专业服务行为进行合规监控和风险监测，发现第三方服务机构有违法违规行为

①投资经理是投资决策的核心。所以当发生变更投资经理等可能影响资产委托人权益的重大事项时，管理人需及时通知委托人。

的应当及时制止，并向中国证监会相关派出机构和中期协报告。

为份额持有人利益，保护计划财产安全，计划管理人有权根据第三方服务机构表现及资产管理计划实际运作情况选择、聘请、更换或解聘第三方服务机构。

三、委托人认可管理人聘请作为本资产管理计划的投资顾问，并同意授权投资顾问按约定的方式 提供投资顾问服务。委托人认可该投资顾问提供的投资建议，并承诺接受因资产管理人采纳该投资建议所带来的任何收益或损失。资产管理人不承担因执行投资顾问的投资建议而引起的任何损失或风险。除法规另行规定外，资产管理人与投资顾问之间不承担连带责任。

第十一章　投资风险控制

一、风险控制[①]

为保护资产委托人利益，资产管理人于每个交易日对本资产管理计划进行预估值，计算预估资产管理计划份额净值（与实际资产管理计划份额净值有一定偏差，管理人不承担相应责任）并根据预估的资产管理计划份额净值采取警戒或止损风险控制。

二、预警机制

（一）预警线[②]

预估资产管理计划份额净值:______元。

（二）资产管理计划存续期间任一交易日（T 日）盘中或收盘后，当预估资产管理计划份额净值不高于预警线时，管理人应于结算当日及时以录音电话、邮件或传真等合同约定的方式向委托人提示风险。同时，管理人有权进行平仓操作直至计划非现金资产市值不高于委托资产总值的______%，且本计划只可平仓操作，不得开新仓。上述过程中，若预估资产管理计划

①管理人应在每个交易日对委托人委托的资产进行估值，并按照估值结果进行风险控制。

②预警线是当资产净值低于一定限度时，即资产出现一定亏损时，管理人应通知投资者，提示风险。

在亏损未弥补之前，不得进行新的投资，以避免亏损扩大。

D11136

份额净值不高于止损线的，则按照止损机制执行。

三、止损机制

（一）止损线[①]

预估资产管理计划份额净值：______元。

（二）本计划存续期间任一交易日（T 日）盘中或收盘后预估资产管理计划份额净值不高于止损线时，管理人应于结算当日以本合同约定的方式通知委托人，通知后对本计划实施不可逆的强制平仓变现操作，直至本计划全部变现为止。资产委托人应在个交易日内（不含通知当日）决定提前终止资产管理委托或继续委托资产管理人管理资产，并重新商定新的止损线。

（三）资产委托人选择终止资产管理人管理资产的，资产管理人只得平仓清算，不得开仓[②]，在______个工作日内清算完毕。清算产生的盈亏由资产委托人承担。

（四）资产委托人选择继续委托资产管理人管理资产的，合同三方当事人应就止损条件重新作出约定，继续委托可能导致委托资产不足以承担亏损，由资产委托人自行承担损失。

四、其他

（一）若因不可抗力或系统故障等因素导致资产管理人无法及时在预警线或平仓线平仓的，资产管理人不承担任何责任。若因持仓限制、停牌、涨跌停的限制不能进行平仓操作的，则平仓操作自动顺延。

（二）资产委托人对管理人按照本合同约定进行的平仓处理予以认可，当管理人根据本合同约定进行平仓处理时，若市场价格出现反弹，计划财产可能失去弥补亏损的机会，由此可能导致计划财产遭受损失，资产委托人对此表示认可，若因本章操作导致的计划资产损失由本计划承担，资产管理人不承担任何责任。[③]

---

①止损线是指当委托资产亏损达到预期最高限度时，管理人应通知投资者，并将持仓的产品全部变现，变现后，管理人将终止资产管理计划，或与委托人协商新的止损线。

②若选择终止资产管理计划的，在平仓期不得进行新的投资。

③止损平仓后，市场价格存在出现反弹的可能性，但由于无法预期判断，必须按照合同执行平仓操作。

（三）虽然本计划设置了预警止损机制，但在实际操作中，即使资产管理人已依照恪尽职守、谨慎勤勉的原则按合同规定及时执行预警止损操作，但在极端情况下以及其他管理人不可控制的情况下，将有有可能导致本计划终止时的计划净值远低于本计划的止损线，资产委托人对此表示完全知晓和充分认可。①

第十二章　资产管理计划份额的登记

一、本资产管理计划份额的注册登记业务指本资产管理计划的登记、存管、清算和交收业务，具体内容包括资产委托人账户建立和管理、份额注册登记、清算、结算及交易确认、收益分配、建立并保管资产管理计划客户资料名册等。

二、本资产管理计划的注册登记由资产管理人负责办理。

本资产管理计划的注册登记业务由担任，但资产管理人依法应承担的注册登记职责不因委托而免除。

三、注册登记机构的义务

（一）建立和保管资产委托人账户资料、交易资料、资产管理计划客户资料表等，并将客户资料表提供给资产管理人。

（二）配备足够的专业人员办理本资产管理计划的注册登记业务。

（三）严格按照法律法规和本资产管理合同规定的条件办理本资产管理计划的注册登记业务。

（四）严格按照法律法规和本资产管理合同规定计算业绩报酬，并提供交易信息和计算过程明细给资产管理人。

（五）保管资产管理计划客户资料表及相关的参与和退出等业务记录20年以上②。

（六）对资产委托人的账户信息负有保密义务，因违反该保密义务对资产委托人、资产管理人、资产托管人或资产管理计

①因为市场原因，即使管理人按照合同进行操作，也有可能无法及时平仓止损，从而导致损失大于预期的止损线损失。

②档案材料需要保存至少20年。

D11136

划带来的损失，须承担相应的赔偿责任，但司法强制检查及按照法律法规的规定进行披露的情形除外。

（七）按照资产管理合同，为资产委托人办理非交易过户等业务，提供资产管理计划收益分配等其他必要的服务。

（八）在法律法规允许的范围内，制定和调整注册登记业务的相关规则。

（九）接受资产管理人的监督。

（十）法律法规规定及本合同约定的其他职责。

第十三章　资产管理业务的费用及税收

一、资产管理业务的费用

（一）资产管理业务费用的种类①

1. 管理人的管理费；

2. 管理人收取的参与费；

3. 管理人的业绩报酬；

4. 资产托管人的托管费；

5. 投资顾问的投资顾问费；

6. 投资顾问的业绩报酬；

7. 行政服务机构的行政服务费；

8. 计划财产开立账户需要支付的费用；

9. 委托资产的交易费用（包括但不限于印花税、过户费、手续费、经纪机构佣金、权证交易结算费、银行账户资金结算汇划费、账户维护费等）；

10. 资产评估师费、会计师费、律师费、印刷费等费用；

11. 按照国家法律法规及本合同的约定可以在委托资产中列支的其他费用。

①收取的费用标准及方式，需要在合同中明示告知投资者。

（二）费用计提方法、计提标准和支付方式

1. 管理人的管理费

本计划的管理费为委托资产金额的______% 年费率计算，管理费的计算方法如下：

H ＝ E× 年管理费率 %÷ 当年天数

H 为每日应计提的管理费

E 为前一日的委托资产金额

本资产管理计划年管理费率为______%

本计划的管理费自计划成立日起，每日计提，按季/年支付；由资产管理人审核后从委托资产中支付。

资产管理人接收管理费的银行账户信息：

账户名称（接收管理费）：____________期货公司（资产管理子公司）

账号：____

开户银行：____

2. 管理人不收取参与费

管理人收取的参与费：

本资产管理计划参与费 = 参与金额 × 参与费率。

本资产管理计划参与费率为______%。

委托人的参与金额包括参与费用和净参与金额。

委托资产 = 参与金额 – 参与费用。

3. 管理人的业绩报酬（若有）

本计划管理人不收取业绩报酬

本计划管理人的业绩报酬为：___________________________

按照年化收益率水平设定业绩报酬计提，按年度支付。

在年化收益率低于______%（包含）时，按账户盈利总额的______% 计算业绩报酬；在年化收益率在______% 以上时，

D11136

提取超过______% 部分的______% 作为业绩报酬。

如资产管理期内客户追加资金的，按照份额折算收益率。

4. 资产托管人的托管费

本计划的托管费为委托资产金额的______% 年费率计算，托管费的计算方法如下：

H = E× 年托管费率______%÷ 当年天数

H 为每日应计提的托管费

E 为前一日的委托资产金额

本资产管理计划年托管费率为______%

本计划的托管费自计划成立日起，每日计提，按季/年支付；由资产管理人给托管人发送划款指令，托管人审核无误后于个工作日内从计划财产中一次性支付。

资产托管人接收托管费的银行账户信息：

账户名称（接收管理费）：______________________________

账号：______________________________

开户银行：______________________________

5. 投资顾问的投资顾问费（若有）

本计划 投资顾问费为：______________________________

本计划不收取投资顾问费

6. 投资顾问的业绩报酬（若有）

本计划投资顾问的业绩报酬为：______________________________

本计划不收取投资顾问业绩报酬

7. 本条第（一）款第 1~10 项相关费用，根据国家法律法规及本合同规定，按实际支出金额列入当期费用，由管理人从计划财产中支付。

（三）计划的期货交易费用

1. 委托人应当向管理人支付期货交易手续费。

管理人对本委托资产进行股指期货合约交易收取的交易手续费标准为相应交易所相关费用收取标准的______倍，股指期货的平今手续费标准为______%，投资者保障基金另收。股指期货交易的申报费按交易所标准收取。具体计算公式如下：

手续费 = 手续费标准 × 成交金额

管理人对本委托资产进行国债期货合约交易收取的交易手续费标准为相应交易所相关费用收取标准的______倍，年期国债期货的平今手续费标准为______元 / 手，投资者保障基金另收。具体计算公式如下：

手续费 = 手续费标准 × 成交手数

2. 因政策改变、交易所或第三方金融机构规则变化等原因导致约定的手续费收取方式或收取标准须进行调整时，管理人有权对手续费进行相应调整，该种情况下的调整无须再征得委托人的同意。该调整将以在管理人经营场所、网站公示的形式向委托人发出，委托人应时刻保持关注。

3. 委托人应支付的期货交易手续费等费用由管理人于相关费用发生之日直接从委托资产中提取。

（四）费用的调整

管理人、托管人与委托人协商一致后，可根据市场发展情况调整资产管理费用，并报相关机关备案。

二、资产管理业务的税收[1]

委托资产运作过程中涉及的各纳税主体，其纳税义务按国家税收法律、法规执行，各自履行纳税义务。资产委托人必须自行缴纳的税收，由资产委托人负责，资产管理人不承担代扣代缴或纳税的义务。

根据国家法律法规、部门规章和其他规范性文件，若本资产管理计划运作过程中产生增值税计算、提取及缴纳等应税行

①根据《财政部、税务总局关于资管产品增值税有关问题的通知》（财税〔2017〕56 号）的规定，自 2018 年 1 月 1 日起，资管产品管理人运营资管产品过程中发生的增值税应税行为的，暂适用简易计税方法，按照 3% 的征收率缴纳增值税。

由于该笔税费成本，会对资产管理的收益产生较大影响，故一定要提前在合同中约定清晰资产管理计划所需承担的增值税费（税金及附加等）由管理人还是委托人承担以避免纠纷。

D11136

为，需要缴纳增值税等税费的，由管理人依据相关国家法律、法规及规章从资产管理计划资产中提取与应承担税费等额的费用并向相关税务机关缴纳。

第十四章　资产管理计划的收益分配

本资产管理计划存续期间不进行 / 进行收益分配。

收益分配方式如下：________________________________

第十五章　资产管理计划资产的估值和会计政策

一、估值目的[①]

资产管理计划估值的目的是客观、准确地反映资产管理计划财产的价值，衡量计划是否贬值、增值，并作为计划参与、退出、风险控制的计算基础。

二、估值及核对时间

本资产管理计划在计划成立后的每个交易日进行估值。本资产管理计划实行 T+1 日估值，即估值日（T+1 日）对 T 日的委托资产净值进行估值计算。因证券、期货交割清算等制度变化导致不能按上述规定时间估算的，则根据相应政策对应调整。

管理人、托管人于每个估值核对日（每月最后一个工作日、开放日和终止日）的次工作日计算估值核对日的资产净值。资产管理人于每个估值核对日将计划财产净值以传真方式或其他资产管理人和资产托管人认可的方式发送给资产托管人。资产托管人对估值结果核对无误后，以传真方式或其他资产管理人和资产托管人认可的方式传与资产管理人确认。如双方数据有差异，应充分讨论、协商，形成统一意见。 若双方讨论后仍无法达成一致意见，则以资产管理人对资产管理计划财产净值的计算结果为准。

①估值的目的，主要是反映资产管理计划投资的盈亏情况，及时告知投资者，并作为风险控制措施及追加投资及赎回的计算依据。

资产管理人于每个交易日对本资产管理计划进行预估值，计算预估资产管理计划份额净值（与实际资产管理计划份额净值有一定偏差，管理人不承担相应责任）并根据预估的资产管理计划份额净值采取警戒或止损风险控制。

三、估值依据

本计划资产的估值依据为《证券投资基金会计核算业务指引》《证券投资基金股指期货投资会计核算业务细则（试行）》及其他相关法律、法规的规定。法律、法规未明确规定的，参照证券投资基金的行业通行做法处理。

四、估值对象

资产管理人管理、运用委托资产所形成的有价证券、股指期货、期权、商品期货、现金、银行存款等全部资产及负债。

五、估值方法

（一）资产管理计划资产的估值由资产管理人按照合同约定的估值方法和程序进行。计划份额净值是指计划财产总值减去负债后的净资产值，计算精确到小数点后第 4 位，小数点后第四位四舍五入，相关法律法规另有规定的，从其规定。

（二）各种类资产的估值方法

1. 证券交易所上市的有价证券的估值

（1）交易所上市的有价证券（包括股票、封闭债券基金、权证等），以其估值日在证券交易所挂牌的市价（收盘价）估值；估值日无交易的，且最近交易日后经济环境未发生重大变化，以最近交易日的市价（收盘价）估值；如最近交易日后经济环境发生了重大变化的，可参考类似投资品种的现行市价及重大变化因素，调整最近交易市价，确定公允价格。

（2）交易所上市实行净价交易的债券按估值日收盘价估值，估值日没有交易的，且最近交易日后经济环境未发生重大变化，按最近交易日的收盘价估值。如最近交易日后经济环境发生了重大变化的，可参考类似投资品种的现行市价及重大变化因素，调整最近交易市价，确定公允价格。

（3）交易所上市未实行净价交易的债券按估值日收盘价减去债券收盘价中所含的债券应收利息得到的净价进行估值；估值日没有交易的，且最近交易日后经济环境未发生重大变化，按最近交易日债券收盘价减去债券收盘价中所含截止最近交易日的债券应收利息得到的净价进行估值。如最近交易日后经济环境发生了重大变化的，可参考类似投资品种的现行市价及重大变化因素，调整最近交易市价，确定公允价格。

（4）交易所上市不存在活跃市场的有价证券，采用估值技术确定公允价值。交易所上市的资产支持证券，采用估值技术确定公允价值，在估值技术难以可靠计量公允价值的情况下，按成本估值。

（5）交易所上市的资产支持证券，采用估值技术确定公允价值，在估值技术难以可靠计量公允价值的情况下，按成本估值。

2. 未上市期间的有价证券的估值：

（1）送股、转增股、配股和公开增发的新股，按估值日在证券交易所挂牌的同一股票的市价（收盘价）估值；该日无交易的，以最近一日的市价（收盘价）估值。

（2）首次公开发行未上市的股票、债券和权证，采用估值技术确定公允价值，在估值技术难以可靠计量公允价值的情况下，按成本估值。

（3）首次公开发行有明确锁定期的股票，同一股票在交易所上市后，按交易所上市的同一股票的市价（收盘价）估值；非公开发行有明确锁定期的股票，按监管机构或行业协会有关规定确定公允价值。

3. 因持有股票而享有的配股权，采用估值技术确认公允价值。

4. 全国银行间债券的估值采用中央国债登记结算有限责任公司或银行间市场清算所股份有限公司当日公布的估值价确定公允价值，当日未提供的，使用最近一日的债券估值价进行估值。

5. 同一债券同时在两个或两个以上市场交易的，按债券所处的市场分别估值。

6. 开放式基金（包括托管在场外的上市开放式基金 LOF）以估值日前一交易日基金净值估值，估值日前一交易日开放式基金份额净值未公布的，以此前最近一个交易日基金份额净值计算。

7. 持有的货币基金按基金管理公司公布的估值日前一日每万份收益计提收益。

8. 银行固定收益现金类理财产品，按照固定收益率每日计提收益；定期公布份额净值的产品，按估值日前一工作日公布的份额净值进行估值，估值日前一工作日份额净值未公布的，以此前最近一个工作日份额净值计算；既无固定收益率，也不定期公布份额净值的产品，按成本估值。

9. 银行存款和债券逆回购按照成本估值，按照约定利率在持有期内逐日计提应收利息，在利息到账日以实收利息入账。

10. 中小企业私募债采用估值技术确定公允价值，在估值技术难以可靠计量公允价值的情况下，按成本估值。

11. 期货以估值日的结算价估值，若估值当日无结算价的，且最近交易日后经济环境未发生重大变化的，采用最近交易日结算价估值。法律法规另有规定的，从其规定。

12. 所投资的收益互换交易，按照估值日交易对手提供的收

D11136

益互换估值报告或损益报告进行估值。

13. 对所投资的资产管理计划的估值以该计划管理人网站上公布的资产管理计划上一个工作日的净值进行估值；若当日本资产管理人在该计划管理人网站上无法查询资产管理计划上一个工作日的净值，则本资产管理人应以该资产管理计划网站公布的最近一个工作日的净值进行估值。

若资产管理人认为按本项规定的方法对本资产管理计划资产进行估值不能客观反映其公允价值的，资产管理人可根据具体情况，并与资产托管人商定后，按最能反映公允价值的价格估值。

14. 如有确凿证据表明按上述方法进行估值不能客观反映其公允价值的，资产管理人可根据具体情况与资产托管人商定后，按最能反映公允价值的价格估值。

15. 相关法律法规以及监管部门有强制规定的，从其规定。如有新增事项，按国家最新规定估值。

六、暂停估值的情形

（一）资产管理计划投资所涉及的证券期货交易场所遇法定节假日或因其他原因暂停营业时；

（二）因不可抗力或其他情形致使资产管理人、资产托管人无法准确评估资产管理计划财产价值时；

（三）占资产管理计划相当比例的投资品种的估值出现重大转变，资产管理人为保障委托人的利益决定暂停估值的；

（四）中国证监会及其下属机构、行业自律组织认定的其他情形。

七、估值错误的处理

（一）如资产管理人或资产托管人发现资产管理计划估值违反本合同订明的估值方法、程序及相关法律法规的规定或者未能充分维护资产委托人利益时，应立即通知对方。

（二）当计划估值出现错误时，资产管理人和资产托管人（若有）应该立即核对，查明原因，寻找解决方案，采取更正措施，取合理的措施防止损失进一步扩大，并按本合同约定的报告方式向委托人及监管机关及时披露。如资产管理人和资产托管人对估值计算结果，多次重新计算和核对仍不能达成一致意见的，为避免不能按时披露，以资产管理人的计算结果对外披露。

（三）资产管理人按本合同约定的估值方法进行估值的（包括但不限于用合同约定的公允价值进行估值），所造成的误差不作为资产管理计划资产估值错误处理。

（四）由于合同一方当事人提供的信息错误，另其他方当事人在采取了必要合理的措施后仍不能发现该错误，导致估值计算错误造成损失的，以及由此造成以后交易日计划财产净值计算顺延错误而引起的损失，由提供错误信息的一方当事人负责赔偿。

（五）由于不可抗力或证券交易所及其注册登记公司发送的数据错误等原因造成估值错误，资产管理人和资产托管人不承担除赔责任，但应当在第一时间告知委托人并在能力范围内采取必要的措施尽量消除或减轻由此造成的影响。

管理人按合同约定用公允价值进行估值的，所造成的实际误差不作为估值错误处理。

八、资产管理计划的会计政策

资产管理计划的会计政策比照证券投资基金政策执行：

（一）根据有关法律法规，资产管理计划资产净值计算和会计核算的义务由资产管理人承担，资产管理人为本计划的会计责任方。就与本资产有关的会计问题，如资产管理人、资产托管人、委托人等相关各方在平等基础上充分讨论后，仍无法达成一致意见，则以管理人的意见为准，但管理人需尽善良、谨

D11136

慎的合理注意义务，确保相关会计问题以及估值方式、方法和程序符合相关法律法规的规定，合法、公允。

（二）本计划的会计年度为公历年度的1月1日至12月31日。

（三）本计划核算以人民币为记账本位币，以人民币元为记账单位。

（四）会计制度执行国家有关会计制度。

（五）本计划单独建账、独立核算。

（六）资产管理人、资产托管人各自保留完整的会计账目、凭证并进行日常的会计核算，编制会计报表。

（七）资产托管人定期与资产管理人就资产管理计划的会计核算、报表编制等进行核对。

第十六章　信息披露①

一、监管机构报告

资产管理人应当根据法律法规和监管机构、自律组织的要求，按时履行报告义务。

资产管理人按照相关规定及合同约定定期以书面（含电子）形式向资产委托人披露委托资产的运作情况，包括投资经理简介，期末资产配置、期末净值、风险控制情况，管理费，业绩报酬、交易费用、税费及其他费用的支出等情况。

资产管理人为委托人提供相关信息的查询服务，相关信息包括资金余额、资产净值等。

二、季度报告

资产管理人应当在每个季度（有年度报告的季度除外）结束后______个工作日向委托人提供资产管理报告，资产管理报告应说明投资经理简介，期末资产配置、期末净值、风险控制情况，管理费、业绩报酬、交易费用、税费及其他费用

①管理人应定期或不定期向投资者披露委托资产运作的情况，并向监管机构报备。

的支出等情况。

三、年度报告

管理人应当在每年结束后起______个月内向委托人提供资产管理年度报告，披露报告期内投资经理情况、期末资产配置、期末净值、风险控制情况、管理费、业绩报酬、交易费用、税费及其他费用的支出等情况做出详细说明。

四、期货交易结算报告

为确保资产管理人履行通知义务，使资产委托人及时了解资产管理计划情况，合同三方当事人同意将中国期货市场监控中心查询系统作为资产管理人向资产委托人发送期货交易结算报告的主要通知方式。管理人应当于每个工作日结算后通过中国期货市场监控中心发送本计划的结算单，委托人应主动通过该系统进行查询，以便及时了解委托账户的资金盈亏、净值等数据变动情况。委托人未收到结算单或对算单有异议的，应该在下一个工作日______：______之前以电话或传真方式向管理人提出，否则视为委托人已收悉并认可结算单内容。

五、通知方式及确认

资产管理人可通过以下任何一种或多种通知方式向资产委托人发送季度报告、年度报告、期货交易结算报告等文件与数据信息：

（一）中国期货市场监控中心查询系统；

（二）录音电话通知；

（三）传真通知；

（四）手机短信通知；

（五）网上交易系统通知；

（六）行情系统确认；

（七）电子邮件；

（八）邮寄通知；

（九）资产管理人官方网站 www.×××.com。

资产委托人同意按照录音电话通知、传真通知、手机短信通知、电子邮件、邮寄通知的通知方式中，均以资产委托人在本合同预留的电话号码、电子邮件地址、邮寄地址作为合法有效的通信号码，资产委托人保证预留电话号码、电子邮件地址、邮寄地址的真实、有效、畅通。如资产委托人对预留手机电话号码、电子邮件地址、邮寄地址等联系方式进行变更的，应当及时以书面方式通知资产管理人，并经资产管理人确认后方可生效，否则由此造成的通知延误等后果及损失，资产管理人不承担责任，由资产委托人自行承担。

资产委托人有义务保证以上通知渠道的畅通。资产委托人同意，只要资产管理人通过中国期货市场监控中心查询系统或者本合同约定的任何一种方式发送了交易结算报告以及各种通知文件，均视为资产管理人履行了本合同约定的通知义务。如果非因资产管理人原因使资产委托人未能收到上述通知，由此造成的后果及损失，资产管理人不承担责任。

第十七章　资产管理计划的成立和备案

一、资产管理计划的成立

委托资金到达资产管理计划账户，经管理人确认委托资产全部到账后，向委托人和托管人发送《委托资产起始运作通知书》，本资产管理计划于《委托资产起始运作通知书》载明的日期成立。托管人应在确认托管资金账户收到现金形式委托资产后向管理人书面反馈《委托资产起始运作通知书》。

二、资产管理计划的备案[①]

资产管理计划成立后，资产管理人应当在 5 个工作日通过

①资产管理计划成立后，应及时备案，否则不得进行投资运作。

备案系统向中国证券投资基金业协会办理计划备案手续。自取得中国证券投资基金业协会书面确认之日起，资产管理计划备案手续办理完毕。本计划在基金业协会完成备案后方可进行投资运作。

中国证券投资基金业协会出具备案确认函，不能免除资产管理人真实、①准确、完整、及时地披露资产管理计划信息的法律责任，不代表中国证券投资基金业协会对资产管理计划的合规性和投资风险做出判断。资产委托人应当自行识别资产管理计划投资风险并承担投资行为可能出现的损失。

①即使备案成功，也不代表一定合法合规，管理人需要全程实时监控投资风险和合规风险。

三、资产管理计划不满足备案条件的处理方式

本资产管理计划备案不成功的，管理人在收到中国证券投资基金业协会书面通知后个工作日内，返还资产委托人已缴纳的委托资金，并加计同期银行活期存款利息。因资产管理计划销售行为而产生的债务和费用由资产计划管理人承担。

第十八章　投资指令的发送、确认与执行

一、投资指令的授权

资产管理人应事先向资产托管人提供书面授权通知（以下简称授权通知），指定有权向资产托管人发送投资指令的被授权人员，包括被授权人的名单、权限、电话、传真、预留印鉴、签字样本或签章，并注明相应的交易权限，规定资产管理人向资产托管人发送指令时资产托管人确认有权发送人员身份的方法。划款指令应加盖管理人公司公章并注明生效时间。

二、投资指令的内容

投资指令是资产管理人在管理、运用计划财产时，向资产托管人发出的资金划拨及其他款项支付的指令。资产管理人发给资产托管人的投资指令应写明款项事由、支付时间、到账时

D11136

间、金额、收付款账户等执行支付所需信息，加盖预留印鉴并由被授权人签字。本计划财产进行的证券交易所内的证券投资不需要管理人发送投资指令，托管人以中国证券登记结算有限责任公司发送的交收数据进行处理。

三、投资指令的发送、确认和执行的时间和程序

投资指令由授权通知确定的有权发送人代表资产管理人用传真的方式或其他资产托管人和资产管理人确认的方式向资产托管人发送。如采用传真的方式发送，资产管理人有义务在发送指令后与资产托管人以电话方式进行确认，传真以获得托管人录音电话确认该指令已成功接收之时视为送达托管人。资产管理人应对发送的指令的真实性、准确性负责。托管人依照“划款指令”规定的方法对指令进行表面审慎验证确认指令有效后，方可执行指令。对于被授权人在其授权范围内发出的指令，资产管理人不得否认其效力。资产管理人应按照有关法律法规和本合同的规定，在其合法的经营权限和交易权限内发送划款指令，被授权人应按照其授权权限发送划款指令。

资产托管人收到资产管理人发送的指令后，托管人[①]对划款指令以及管理人提交的与划款指令相关的所有材料进行表面一致性审核。复核无误后应在规定期限内执行，不得延误。

管理人应保证所提供的作为划款依据的文件资料的真实、有效、完整、准确、合法，没有任何重大遗漏或误导。资产托管人仅根据被授权人预留印鉴和签名进行表面相符性的形式审查，对文件资料的真实性和有效性不作实质性判断。

管理人在发送指令时，应为托管人留出执行指令所必需的时间。若管理人要求当天某一时点到账，应至少提前2个工作小时向资产托管人发送付款指令并与资产托管人电话确认。资产管理人指令传输不及时，未能留出足够的执行时间，致使指

①考虑到托管人的财产保管性质，托管人对划款指令仅仅做表面一致性的审核，一般不做实质性审核。

令未能及时执行的，资产托管人不承担由此导致的损失。资产管理人向资产托管人下达指令时，应确保资产管理计划财产专用银行账户有足够的资金余额，对资产管理人在没有充足资金的情况下向资产托管人发出的指令，资产托管人可不予执行，并立即通知资产管理人，资产托管人不承担因不执行该指令而造成损失的责任。在申购 / 认购开放式基金时，管理人应在向托管人提交划款指令的同时将经有效签章的基金申购 / 认购申请书以传真形式送达托管人。本资产管理计划财产在交易所场内交易的资金清算交割，由资产管理人委托的证券经纪机构、期货经纪机构直接根据相关登记结算公司的结算规则办理。

本资产管理计划财产专用银行账户发生的银行结算费用等银行费用（包括手续费、邮电费、账户开户费等），由托管账户开户银行直接从计划财产专用银行账户中扣划，无须资产管理人出具划款指令，但扣划之前需与资产管理人核对有关金额；有关证券账户的开户手续费扣划需要管理人出具划款指令但扣划之前需与资产托管人核对有关金额。

资产托管人发现资产管理人发送的指令违反《中华人民共和国证券投资基金法》《管理规则》、本合同或其他有关法律法规的规定时，不予执行，并应及时以书面形式通知资产管理人纠正，资产管理人收到通知后应及时核对，并以书面形式对资产托管人发出回函确认，由此造成的损失由资产管理人承担。

资产管理人发送错误指令的情形包括指令发送人员无权或超越权限发送指令及交割信息错误，指令中重要信息模糊不清或不全等。资产托管人在履行监督职能时，发现资产管理人的指令错误时，有权拒绝执行，并及时通知资产管理人改正。

D11136

四、托管人依照法律法规暂缓、拒绝执行指令的情形和处理程序

对指令违反法律法规规定、本合同约定，缺乏被授权人印鉴和签名或印鉴和签名不符或超越被授权人授权范围的划款指令，或指令中重要信息模糊不清或不全等的，指令中重要信息模糊不清或不全等，资产托管人应当拒绝执行，并立即通知资产管理人进行核查纠正。管理人收到通知后应及时核对，并以书面形式对托管人发出回函确认，由此造成的损失由管理人承担。

若存在异议或不符，托管人立即与管理人指定人员进行电话联系和沟通，暂停指令的执行并要求管理人重新发送经修改的指令。托管人可以要求管理人传真提供相关交易凭证、合同或其他有效会计资料，以确保托管人有足够的资料来判断指令的有效性。托管人待收齐相关资料并判断指令有效后重新开始执行指令。管理人应在合理时间内补充相关资料，并给托管人执行指令预留必要的执行时间。托管人应对划款指令要素、印鉴和签名是否正确完整，款指令金额与指令附件投资协议等证明文件中约定的投资金额是否一致，划款指令中的收款账户信息与指令附件投资协议等证明文件中约定的收款账户信息是否一致进行审查。

五、资产管理人更换被授权人的程序

资产管理人撤换被授权人或改变被授权人的权限，必须提前至少一个工作日，使用传真或其他管理人和托管人认可的方式向资产托管人发出书面被授权人变更通知，并预留新的被授权人的印鉴和签字样本，同时电话通知资产托管人。资产托管人收到变更通知当日电话向资产管理人确认。被授权人变更通知于自管理人收到托管人以电话方式或其他管理人和托管人认

可的方式确认日期与授权人变更的通知上列明新授权的起始日期孰晚日开始生效。资产管理人在此后三个工作日日内将被授权人变更通知的正本送交资产托管人存档。更通知书书面正本内容与托管人收到的传真不一致的，以托管人收到的传真为准。

资产管理人更换被授权人通知生效后，对于已被撤换的原被授权人发送的指令或被改变授权人员超权限发送的指令，资产管理人不承担责任。

六、确认和保管

资产管理人应将投资指令及投资者参与、退出计划的数据通过双方商定的方式提供至资产托管人，资产管理人应对传送的此类数据的真实性、准确性负责。投资指令及上述数据若以传真形式发出，则正本由管理人保管，托管人保管指令传真件。当两者不一致时，以托管人收到的指令传真件为准。

七、相关责任

资产托管人正确执行资产管理人符合本合同规定、合法合规的划款指令，资产管理计划财产发生损失的，资产托管人不承担任何形式的责任。在正常业务受理渠道和指令规定的时间内，因资产托管人原因未能及时或正确执行符合本合同规定、合法合规的划款指令而导致资产管理计划财产受损的，资产托管人应承担相应的责任，但托管资金账户及其他账户余额不足或资产托管人如遇到不可抗力的情况除外。

如果资产管理人的划款指令存在事实上未经授权、欺诈、伪造或未能按时提供划款指令人员的预留印鉴和签字样本等非资产托管人原因造成的情形，只要资产托管人根据本合同相关规定验证有关印鉴与签名无误，资产托管人不承担因正确执行有关指令而给资产管理人或资产管理计划财产或任何第三人带来的损失，全部责任由资产管理人承担，但资产托管人未尽审核义务执行划款指令而造成损失的情况除外。

第十九章　交易及交收清算

一、选择经纪机构的程序

本资产管理计划选择作为本资产管理计划财产证券经纪机构，作为本资产管理计划期货交易经纪机构，资产管理人并与其签订证券、期货交易委托代理协议。

资产管理人应及时将本资产管理计划经纪业务相关信息以及变更情况及时以书面形式通知资产托管人。资产托管人对存放在期货经纪机构 / 证券经纪机构的资金不行使保管职责，资产管理人应在托管协议 / 证券经纪服务协议或其他协议中约定由选定的期货 / 证券经纪服务商承担资金安全保管责任。

二、交易数据发送和接收

本资产管理计划的交易数据传输具体操作按照资产管理人、资产托管人与证券经纪机构、期货经纪机构签订的资产管理计划经纪业务备忘录约定执行。

证券经纪机构、期货经纪机构应在每个开放日通过资产管理计划经纪业务备忘录约定的方式（包括专线连接、电话拨号、电子邮件、人工等）向资产管理人、资产托管人传送交易清算及资金清算明细等数据。资产托管人根据收到的交易数据、清算数据和清算划款指令，进行账务处理。证券经纪机构、期货经纪机构应对上述的数据真实性负责。

三、投资清算交收安排

（一）资产托管人在清算和交收中的责任

本资产管理计划投资所发生的场内交易的清算交割由本资产管理计划选择的证券经纪机构、期货经纪机构根据相关登记结算机构的结算规则负责办理。本资产管理计划投资所发生的场外交易的清算交割，由资产托管人负责办理。

管理人授权托管人保管资管计划的银证转账密码、银期转账密码、银行账户密码及相关电子证书等与资金划拨相关的信息及印鉴。

（二）证券交易所证券资金结算

1. 本资产管理计划选择的证券经纪机构、资产托管人、资产管理人应共同遵守中登公司制定的相关业务规则和规定。支付结算按中国人民银行、中国银监会、中国证券登记结算有限公司等相关机构的有关规定办理。资产管理人在投资前，应充分知晓与理解中登公司针对各类交易品种制定结算业务规则和规定，并遵守资产托管人为履行特别结算参与人的义务所制定的业务规则与规定。

2. 本资产管理计划选择的证券经纪机构代理资产管理计划与中登公司完成非交易涉及的证券资金结算业务，并承担由其原因造成的正常结算、交收业务无法完成的责任。

3. 资产管理人应加强内部控制，健全完善规章制度和操作规程并严格执行，控制证券交易前端风险，避免出现透支买卖，同时防范操作风险，以确保发送给资产托管人的划款指令有足够的头寸用于交收。

4. 对于任何原因发生的证券资金交收违约事件，相关各方应当及时协商解决。

本资产管理计划选择的证券经纪机构在完成资金、证券投资清算交割后，应按《经纪服务协议》约定的方式（包括专线连接、电话拨号、电子邮件等）向资产托管人、资产管理人（如需）传送交易所交易数据。

（三）期货交易资金的清算

资产管理人的投资指令执行后，因本计划投资于期货发生

D11136

的所有场内交易的清算交割，由本资产管理计划选择的期货经纪机构负责办理；场外划款由资产托管人负责办理。

（四）开放式基金认购、申购、赎回的交易安排

管理人与托管人在办理开放式基金认购、申购、赎回中的权利、义务、职责遵照有关法律法规规定执行。

管理人申购（认购）开放式基金时，应将划款指令连同基金申购（认购）申请单传真至托管人。托管人审核无误后，应及时将划款指令交付执行，并对划款指令执行情况进行查询，将执行结果通知管理人。管理人应及时向基金销售机构索取开放式基金申购（认购）确认单并在收到后传真给托管人，以作为双方进行会计核算的依据。

管理人赎回开放式基金时，应同时向基金管理公司或代销机构和托管人发出基金赎回申请书。托管人应及时查询到帐情况并反馈管理人。管理人应及时向基金销售机构索取开放式基金赎回确认单，并传真给托管人，以作为双方进行会计核算的依据。对于因基金管理公司不能在约定的时间提供开放式基金交易确认凭证、分红凭证、拆分数据等，致使托管人在核算估值日缺乏必要的核算依据而造成的资产核算和估值差错，托管人不承担相关责任。

四、资金划拨

资产管理人的资金划拨指令，资产托管人在复核无误后应在规定期限内执行，不得延误。如资产管理人的资金划拨指令有违法、违规的，资产托管人应不予执行并立即书面通知资产管理人要求其变更或撤销相关指令，若资产管理人在资产托管人发出上述通知后仍未变更或撤销相关指令，资产托管人应不予执行，并报告中国证监会及其派出机构。

五、场外资金的清算交割

场外投资的资金清算，资产托管人凭资产管理人指令和相关投资文件进行资金划拨。资产管理人应提前______日通知资产托管人划款金额，以确保资产托管人在执行资产管理人发送的指令时，有足够的头寸进行交收。若资产管理计划财产资金头寸不足，资产托管人有权拒绝资产管理人发送的划款指令。在下达划款指令前，资产管理人应为资产托管人处理划款留出足够合理的时间。若由于资产管理人的原因导致未能按时支付投资款项，相关损失由资产管理人承担。在资金头寸充足的情况下，资产托管人对资产管理人在正常业务受理渠道和指令规定的时间内发送的符合法律法规、本合同的指令不得拖延或拒绝执行。

六、清算交割及账目核对

资产管理人和托管人定期核对上一个交易日的证券清算款、银行托管专户、期货保证金结算账户的存款余额以及上一交易日期货交易资金账户余额。

七、清算差额处理

资金划转的方式在符合银行资金结算的有关规定的前提下可由托管人和资产管理人共同商定。托管人和资产管理人的每日清算差额大于0.10元人民币的，托管人和资产管理人查明原因后协商解决，确认一方出错的，由出错方调整。托管人和资产管理人的每日清算差额小于或等于0.10元人民币的，托管人按照资产管理人计算的清算金额每日调整，但对于频繁且持续的差异，双方查找原因并协商解决。

八、参与或退出的资金清算

（一）T日，委托人进行参与或退出申请，资产管理人和资产托管人分别计算资产管理计划财产净值，并进行核对；资产管理人向资产委托人报告并向注册登记机构发送资产管理计划份

D11136

额净值。

（二）T+2 日，注册登记机构根据 T 日资产管理计划份额净值计算参与金额或退出份额，更新资产委托人数据库；并将确认的参与或退出汇总数据向资产管理人传送，资产管理人将参与或退出汇总数据传送资产托管人。资产管理人、资产托管人根据确认数据进行账务处理。

（三）资产委托人赎回申请确认后，资产管理人将在 T ＋ 3 日（包括 T+3 日）内支付赎回款项。在发生巨额赎回时，款项的支付办法参照本合同有关条款处理。

第二十章　越权交易

一、越权交易的定义

越权交易是指资产管理人违反有关法律法规的规定以及违反或超出本合同约定而进行的投资交易行为，包括：

（一）违反有关法律法规和本合同规定进行的投资交易行为。

（二）法律法规禁止的超买、超卖行为。

二、资产管理人应在有关法律法规和本合同规定的权限内运用资产管理计划财产进行投资管理，不得违反有关法律法规和本合同的约定，超越权限管理从事证券期货投资。因证券期货市场波动、上市公司合并、交易所限制、资产管理计划规模变动等资产管理人以外的因素致使资产管理计划投资不符合本合同约定的情况除外。

三、越权交易所发生的损失及相关交易费用由计划财产或委托人负担，所发生的收益归本资产管理计划财产所有。

四、资产托管人发现资产管理人的投资运作违反法律、行政法规和其他有关规定，有权拒绝执行，通知资产管理人，并报告中国证监会及其派出机构；资产托管人发现资产管理人依据交易程序已经生效的投资指令违反法律、行政法规或其他有关规定，有权通知资产管理人并报告中国证监会及其派出机构。资产管理人收到通知后应及时核对或纠正，并以书面形式向资产托管人进行解释或举证。

五、资产托管人发现资产管理人可能存在违反法律、行政法规和其他有关规定，但难以明确界定时，有权通知资产管理人。资产管理人应在三个工作日内予以答复，资产管理人在三个工作日内未予以答复的，资产托管人有权报告中国证监会及其派出机构。

六、在本合同有效期内，资产托管人有权随时对通知事项进行复查，督促资产管理人改正。资产管理人对资产托管人通知的违规事项未能在限期内纠正的，资产托管人有权报告中国证监会及其派出机构。

第二十一章　风险揭示[①]

一、本资产管理人提示委托人充分了解资产管理计划投资的风险和收益特征，建议委托人在选择本计划之前，通过正规的途径，对本计划进行充分、详细的了解。委托人应对自己的资金状况、投资期限、收益预期、风险承受能力和风险偏好做出客观合理的评估后，再做出是否投资的决定。

本资产管理人提醒委托人“买者自负”投资原则，在委托人做出投资决策后，计划的运营状况与计划净值变化引致的投资风险，由委托人自行负责。

本资产管理人将按照本合同的约定，依照恪尽职守、诚实信用、谨慎勤勉的原则管理和运用计划资产，在风险控制的基础上为投资者争取最大的投资收益，但不保证本计划一定盈利，也不保证最低收益。请委托人正确认识和对待本计划未来可能

①本合同条款揭示了资产管理业务存在的各种风险，投资者在投资之前应充分了解，审慎决定是否投资。

D11136

的收益和风险。

二、本计划在投资管理过程中面临的各项风险包括但不限于：

（一）市场风险

证券市场价格受到经济因素、政治因素、投资心理和交易制度等各种因素的影响，导致资产管理计划财产收益水平变化，产生风险，主要包括：

1. 政策风险

因国家宏观政策（如货币政策、财政政策、行业政策、地区发展政策等）发生变化，导致市场价格波动而产生风险。

2. 经济周期风险

随经济运行的周期性变化，证券市场的收益水平也呈周期性变化。资产管理计划财产投资于期货，收益水平也会随之变化，从而产生风险。

3. 利率风险

金融市场利率的波动会导致证券市场价格和收益率的变动。利率直接影响着债券的价格和收益率，影响着企业的融资成本和利润。资产管理计划财产投资于期货，其收益水平会受到利率变化的影响。

4. 购买力风险

资产管理计划财产的利润将主要通过现金形式来分配，而现金可能因为通货膨胀的影响而导致购买力下降，从而使资产管理计划财产的实际收益下降。

（二）信用风险

指本计划在交易过程发生交收违约，或者本计划所投资方出现违约、拒绝支付到期本息，导致计划财产损失。信用风险主要来自于交易对手、发行人和担保人。在资产管理计划财产投资运作中，如果资产管理人对信用产品或交易对手的信用水平判断不准确，可能使资产管理计划财产承受信用风险所带来的损失。

（三）流动性风险

指计划资产不能迅速转变成现金，或者不能应付可能出现的投资者大额赎回等的风险。

1. 市场整体流动性风险

证券市场的流动性受到价格、投资群体等诸多因素的影响，在不同状况下，其流动性表现是不均衡的，具体表现为：在某些时期成交活跃，流动性非常好，而在另一些时期，则可能成交稀少，流动性差。在市场流动性出现问题时，本计划的操作有可能发生建仓成本增加或变现困难的情况。

2. 期货品种流动性风险

由于不同投资品种受到市场影响的程度不同，即使在整体市场流动性较好的情况下，一些单一投资品种仍可能出现流动性问题，这种情况的存在使本计划在进行投资操作时，可能难以按计划买入或卖出相应数量的期货合约品种，或买入卖出行为对期货合约价格产生比较大的影响，增加投资成本。

（四）操作风险

1. 在资产管理计划财产管理运作过程中，对主要业务人员如资产管理计划投资经理的依赖可能产生管理风险。可能因资产管理人对经济形势和证券市场等判断有误、获取的信息不全等影响资产管理计划的收益水平。资产管理人、资产托管人的管理水平、管理手段和管理技术等对资产管理计划收益水平存在影响。

2. 在资产管理计划财产管理运作过程中，相关当事人在业务各环节操作过程中，因内部控制存在缺陷或者人为因素，可

D11136

能造成操作失误或违反操作规程等引致的风险，例如，越权违规交易、内幕交易、欺诈、交易错误等。

3. 税务风险：在投资各国或地区市场时，因各国、地区税务法律法规的不同，可能会就股息、利息、资本利得等收益向各国、地区税务机构缴纳税金，包括预扣税，该行为可能会使资产回报受到一定影响。各国、地区的税收法律法规的规定可能变化，或者加以具有追溯力的修订，所以可能须向该等国家或地区缴纳委托财产销售、估值或者出售投资当日并未预计的额外税项。

4. 法律及政治管制风险：由于各个国家 / 地区适用不同法律法规的原因，可能导致委托财产的某些投资行为在部分国家 / 地区受到限制或合同不能正常执行，或使资产管理计划违反国家法律法规或资产管理计划合同的规定，从而使委托财产面临损失的可能性。

（五）管理风险

在资产管理计划财产管理运作过程中，对主要业务人员如资产管理计划投资经理的依赖可能产生管理风险。可能因资产管理人对经济形势和期货市场等判断有误、获取的信息不全等影响资产管理计划的收益水平。资产管理人和资产托管人（若有）的管理水平、管理手段和管理技术等对资产管理计划收益水平存在影响。

（六）技术风险

在定期开放的资产管理计划的各种交易行为或者后台运作中，可能因为技术系统的故障或者差错而影响交易的正常进行或者导致投资者的利益受到影响。这种技术风险可能来自资产管理公司、注册登记机构、销售机构、证券期货交易所、证券登记结算机构等。

（七）税务风险

在投资各国或地区市场时，因各国、地区税务法律法规的不同，可能会就股息、利息、资本利得等收益向各国、地区税务机构缴纳税金，包括预扣税，该行为可能会使得资产回报受到一定影响。各国、地区的税收法律法规的规定可能变化，或者加以具有追溯力的修订，所以可能须向该等国家或地区缴纳委托财产销售、估值或者出售投资当日并未预计的额外税项。

（八）相关机构的经营风险

1. 资产管理人经营风险

按照我国金融监管法律规定，虽资产管理人相信其本身将按照相关法律的规定进行营运及管理，但无法保证其本身可以永久维持符合监管部门的金融监管法律。如在计划存续期间资产管理人无法继续经营资产管理业务，则可能会对资金管理计划产生不利影响。

2. 证券经纪机构及期货经纪机构经营风险

按照我国金融监管法律规定，证券公司须获得中国证监会核准的证券经营资格方可从事证券业务。虽证券经纪机构及期货经纪机构相信其本身将按照相关法律的规定进行营运及管理，但无法保证其本身可以永久维持符合监管部门的金融监管法律。如在计划存续期间证券经纪机构及期货经纪机构无法继续从事证券业务，则可能会对资产管理计划产生不利影响。

3. 第三方服务机构风险

本计划聘请提供投资建议和投资顾问服务，资产管理人按照投资顾问的“投资建议”进行投资交易。投资顾问的投资服务能力、服务水平将直接影响本计划的收益水平。在本计划投资管理运作过程中，可能因投资顾问对经济形势和期货市场等判断有误、获取的信息不全等因素影响本计划的收益水平。

4. 期货投资风险

进行期货交易风险较大。期货交易采取保证金交易方式，其投资收益与风险具有杠杆效应，具有杠杆性风险，可能产生巨大亏损，损失的总额可能超过全部初始保证金以及追加保证金。由于期货价格朝不利方向变动，导致期货账户的资金低于期货交易所或者期货经纪机构的最低保证金要求，如果不能及时补充保证金，期货头寸将被强行平仓，导致无法规避对冲系统性风险，直接影响本计划收益水平，从而产生风险。

在期货市场成交不活跃时，本资产管理计划可能在建仓和平仓期货时面临交易价格或者交易数量上的风险。由于国家法律、法规、政策的变化、期货交易所交易规则的修改等原因，本计划持有的未平仓合约可能无法继续持有，本计划必须承担由此导致的损失。

（九）预警止损风险

当份额净值触及止损线时，管理人将进行强制平仓，在强制平仓过程中，本计划由于快速变现资产，平仓价格可能低于市场均价，同时也无法继续长期持有某些在未来可能获得更高收益的投资品种，可能给资产投资者造成严重损失。由于市场流动性原因，存在无法如期完成平仓的可能性。

虽然本计划设计有预警止损机制，且资产管理人已依照恪尽职守、诚实信用、谨慎勤勉的原则按合同规定及时执行预警止损，但计划终止时的单位净值仍有可能远低于本资产管理计划的止损线。

（十）法律及政治管制风险

由于各国家 / 地区适用不同法律法规的原因，可能导致委托财产的某些投资行为在部分国家 / 地区受到限制或合同不能正常执行，或使资产管理计划违反国家法律法规或资产管理计划合同的规定，从而使委托财产面临损失的可能性。

（十一）不可抗力等其他风险

1. 战争、自然灾害等不可抗力因素的出现，将会严重影响证券市场的运行，可能导致资产管理计划财产的损失；

2. 金融市场危机、行业竞争、代理商违约等超出资产管理人、资产托管人自身直接控制能力之外的风险，也可能导致资产委托人利益受损。

上述风险揭示内容仅为列举性质，未能详尽列明委托人参与资产管理业务所面临的全部风险和可能导致资产损失的所有因素。本计划本金存在部分亏损甚至全部亏损的可能。委托人在签约前，应当认真阅读并理解相关业务规则、资产管理业务合同及相关风险揭示内容，充分认识加入本计划的投资风险。

第二十二章　保　　密

一、本合同各方应就计划资产以及相关信息承担保密责任。除法律、法规的规定和监管部门要求外，未经对方书面同意，任何一方不得以任何方式披露或利用上述信息。

二、本合同任何一方未经对方事先书面同意，不得使用对方的商标、标识、商业信息等知识产权，否则守约方有权解除本合同并向违约方追究责任。

三、在本合同终止后，各方当事人均应持续履行保密义务，保密义务不因本合同的解除、终止而终止。

第二十三章　资产管理合同的成立、生效、变更、终止

一、合同成立

资产委托人为机构的，本合同经委托人、资产管理人、资

产托管人加盖公章或合同专用章以及各方法定代表人、机构负责人或其授权代表签章之日起成立；委托人为自然人的，本合同经委托人本人签字、资产管理人、资产托管人加盖公章或合同专用章及其法定代表人或其授权代表签章之日起成立。

二、合同的生效

本合同自该资产管理计划通过中国证券投资基金业协会备案之日起生效。

本合同自生效之日起对资产委托人、资产管理人具有同等的法律约束力。

三、合同的变更

委托人和管理人、托管人协商一致后，可对本合同内容进行变更。

资产委托人、资产管理人、资产托管人协商一致后，可对本合同内容进行变更。但因相应的法律法规、自律规则发生变动而需要对资产管理合同进行变更、且变更不涉及合同当事人权实质利义务关系发生变化、对资产委托人利益无实质性不利影响的，资产管理人有权单方变更本合同。

对资产管理合同任何形式的变更，资产管理人应当在合同变更后起 5 个工作日内报中国证券投资基金业协会备案。

四、合同终止

（一）本合同有效期为资产管理计划合同生效日至资产管理计划存续期届满。

（二）本合同终止的情形包括下列事项：

1. 存续期届满而未延期的；

2. 经委托人、资产管理人、资产托管人三方协商一致决定终止的；

3. 管理人被依法取消资产管理业务资格的；

4. 托管人被依法取消资产管理托管业务资格的；

5. 管理人依法解散、被依法撤销或被依法宣告破产的；

6. 托管人依法解散、被依法撤销或被依法宣告破产的；

7. 本计划触发本合同约定的止损条件，导致本计划提前终止的；

8. 当委托人委托资产发生权属变更等可能影响管理人资产管理业务正常运行的重大变更时，管理人有权提前终止资产管理委托；

9. 因法律法规、自律规则及监管要求的变化导致本计划不符合相关要求而无法继续运作的；

10. 法律法规、自律规则和本合同规定的其他情形。

第二十四章　资产管理计划资产的清算资产管理计划资产的清算

本合同终止时，应当按法律法规和本合同的有关规定对资产管理计划资产进行清算。

一、清算程序

（一）资产管理计划终止，进入清算阶段后，由资产管理计划清算小组统一接管计划财产并进行清算。在计划财产清算小组接管计划财产之前，托管人应按照计划合同的规定继续履行保护计划财产安全的职责。

清算小组由管理人、托管人指定的人员组成。管理人、托管人认为有必要的，也可以聘用财务、会计、法律等专业工作人员或中介机构。清算小组负责资产管理计划财产的保管、清理、估价、变现和分配。清算小组可以依法进行必要的民事活动。

（二）清算小组根据资产管理计划的实际情况，确定清算期

D11136

限，并对资产管理计划资产进行评估、清理和确认。

（三）清算小组按照分配方案对资产管理计划资产进行变现，并制作清算分配方案。

（四）清算小组根据清算分配方案，按照本合同约定的分配顺序，将清算后的资产管理计划全部剩余资产扣除委托财产清算费及管理费等其他费用后，______个工作日内返还给资产委托人。

（五）清算小组完成计划资产清算工作后，应编制清算报告后提供给委托人。

二、清算费用

（一）清算费用是在计划清算过程中发生的所有合理费用，清算费用优先从资产管理计划财产中支付。

（二）清算费用包括但不限于：

1. 聘请会计师、律师，以及其他机构所发生的费用；

2. 资产管理计划资产的保管、清理、估价、变现和分配产生的费用；

3. 信息披露费用；

4. 诉讼、仲裁、申请强制执行等相关费用；

5. 其他与清算事项有关的费用。

三、分配顺序

在扣除资委托财产清算费及管理费等其他费用后，清算小组将资产管理计划财产清算后的全部剩余资产，返还资产委托人。资产管理计划财产的清偿顺序如下：

（一）委托财产按下列顺序清偿：

1. 支付清算费用；

2. 交纳所欠税款；

3. 支付管理费、托管费、业绩报酬等计划相关费用；

4. 清偿资产管理业务债务；

5. 向委托人分配剩余委托资产。

如果存在被合法冻结或因市场流动性等原因无法及时变现的资产管理计划资产的，清算小组应该在清算报告中列明与未变现资产相关的估值方法、费用计提及分配方法等的处理程序，并在该资产能变现后及时变现，并将剩余委托财产支付给资产委托人，期间管理费、托管费照常提取。

（二）计划资产未按前款第 1、2、3、4 项规定清偿前，不向委托人分配。

四、清算报告的通知及备案

清算小组完成计划资产清算工作后，应编制清算报告后提供给委托人，委托人应在收到委托资产清算报告之日起______个工作日内书面确认，如委托人对清算报告有异议，应在收到清算报告之日起______个工作日内未以书面形式向管理人提出，否则视为委托人已经完全接受资产清算报告所列内容，管理人、托管人就清算报告所列事项解除责任。

资产管理人应将清算报告向中国证券投资基金业协会等相关监管机关备案，并保存资产清算账册及资料二十年以上。

五、资产管理计划财产相关账户的注销

资产管理计划财产清算完毕后，由托管人注销资产管理计划的资金账户、证券账户、期货账户等相应账户。

第二十五章　通知与送达

一、合同各方应按照本合同中约定的各自的通信方式，以专人、电话、手机短信、特快专递、传真、电子邮件、营业场所或网站公告等方式进行本合同项下相关事宜的通知和相关文件的送到。

二、通知在下列日期视为送达被通知方：

（一）专人送达：被通知方在签收单或回执单上签收所示日视为通知送达之日；

（二）电话：以通话当时视为通知已经送达；电话拨打三次无法接通或无人接听的，以最后一次拨出电话时间为通知经送达之日；

（三）手机短信：管理人手机短信发送系统发出之日视为通知送达之日；

（四）邮寄送达：被通知方在签收单上或回执单签收所示日，若通知方自成功寄出之日起______个工作日内未收到被通知方回执或异议的视为通知送达之日；

（五）传真：传真发出送当日视为通知送达之日；

（六）电子邮件：以发出方电子系统显示成功发送之日视为视为通知送达之日；

（七）以营业场所或网站公告的，①在管理人营业场所张贴公告或在资产管理人网站（www.×××.com）、中国证券投资基金业协会网站（www.amac.org.cn）、中国期货业协会（www.cfachina.org）等网站发出公告之日视为通知送达之日。

三、一方通信地址或联络方式发生变更，变更方应提前______个工作日以书面形式通知其他合同方。如果通信地址或联络方式发生变更的一方，未将有关变化及时通知对方，除非法律另有规定，一方按原通信地址或联络方式发出通知的，视为已经履行通知义务，未通知方应对由此而造成的影响和损失承担责任。

第二十六章　违约责任

一、因本合同当事人的违约行为造成本合同不能履行或者

①投资者应密切关注管理人官方网站，避免遗漏通知信息。

不能完全履行的，由违约的一方承担违约责任；如属当事人多方违约，根据实际情况，由违约方分别承担各自应负的违约责任。

二、是发生下列情况，当事人可以免责：

（一）因不可抗力（包括但不限于地震、台风、水灾、火灾、战争、罢工、暴乱，以及国家法律法规、政策等发生变化等）导致本合同一方或各方当事人无法全部履行或部分履行本合同的，任何一方或各方当事人根据不可抗力的影响部分或全部免除违约责任。

遇有不可抗力的一方或各方当事人应在合理行为能力范围内勤勉尽责，及时通知其他方当事人，并在合理期限内提供受到不可抗力影响的证明，并采取适当的措施以在最大限度防止损失的扩大。

（二）资产管理人、资产托管人按照法律法规或中国证监会、交易所、行业自律组织的要求或市场惯例、本合同约定的作为或不作为而造成的资产委托人损失 。

（三）资产管理人、资产托管人由于按照本合同约定的投资策略行使或不行使其投资权而造成的资产委托人损失 。

（四）资产委托人未能事前就其关联证券或其他禁止交易证券明确告知资产管理人致使资产管理计划产生违规投资行为的，资产管理人、资产托管人不承担任何责任。

（五）本合同一方应保证本合同规定必须由其提供的信息、数据真实完整，并承担相应的法律责任。若一方当事人基于其他方提供的不完整或不真实信息进行作为或不作为，给计划财产或者其他方当事人造成损失的，该一方当事人不承担违约责任，损失赔偿责任由提供不完整或不真实信息方当事人承担。

（六）法律法规规定及本合同约定的其他情况。

D11136

三、合同一方当事人违反法律法规或本合同约定，给计划财产或者其他方当事人造成损失的，应当对本合同约定的职责以内行为依法承担赔偿责任，但不因各自职责以外的事由与其他当事人承担连带赔偿责任。合同多方当事人因共同行为给计划财产或其他方当事人造成损害的，应当承担连带赔偿责任。

四、在一方违约的情况下，本合同能继续履行的，应当继续履行。

五、在发生一方当事人违约的情况下，其他当事人在职责范围内有义务及时采取必要的措施，防止损失的扩大。没有采取适当措施致使损失进一步扩大的，不得就扩大的损失要求赔偿。守约方因防止损失扩大而支出的合理费用由违约方承担。

六、本合同所指损失均指直接损失。

第二十七章　法律适用与争议处理

一、本合同适用于中华人民共和国法律法规（不包括香港特别行政区、澳门特别行政区及我国台湾地区法律法规）。

二、因本合同的订立、内容、履行和解释或因本合同而产生的任何争议，合同各方当事人应尽量通过协商、调解途径解决。合同各方当事人不愿或者不能通过协商、调解解决的，任何一方均有权向管理人住所地有管辖权的人民法院提起诉讼 / 向仲裁委员会提起仲裁解决。

争议处理期间，合同当事人应恪守各自的职责，继续忠实、勤勉、尽责地履行本合同无争议部分，尽量维护合同各方当事人的合法权益。

第二十八章　其他事项

一、本合同履行过程中，如果相关法律、法规、规章、政策及交易所、自律组织规则发生变化的，直接适用修订后的相关法律法规、政策、交易所、自律组织规则。管理人有权依据修订后的法律法规、政策、交易所、自律组织规则修订本合同相应条款。

二、本合同如有未尽事宜，由合同三方当事人按有关法律法规、规范性文件及交易惯例协商解决。

三、本合同一式______份，管理人执______份，托管人执______份，委托人执______份，各份均具有同等法律效力。

资产委托人：________________________________

法定代表人或授权签字人：________________________

签署日期：______ 年______月______日

资产管理人：________________________________

法定代表人或授权签字人：________________________

签署日期：______ 年______月______日

资产托管人：________________________________

法定代表人或授权签字人：________________________

签署日期：______ 年______月______日

附件一 一对一无托管型合同资产管理合同资产管理业务风险揭示书

尊敬的委托人：

根据中国证监会的规定，现向您提供《期货公司资产管理业务风险揭示书》。

您参与期货资产管理业务，可能会让您的委托财产产生盈利，同时由于资产管理业务的本身属性，委托财产也存在亏损的风险。为了使您充分了解期货公司资产管理业务的内容及其风险，请您结合风险揭示书的内容，对自己的经济能力、风险认识水平和风险承受能力进行审慎地自我评估，决定是否参与资产管理业务。

考虑是否参与期货公司资产管理业务前，您应当明确了解以下内容：

一、您在参与资产管理业务前，必须了解资产管理业务的法律法规、基础知识、业务特点、风险收益特征等内容，必须了解期货公司是否具有开展资产管理业务的备案资格，并已认真听取期货公司对相关业务规则和资产管理合同内容的讲解。

二、您在参与资产管理业务前，必须综合考虑自身的资产与收入状况、投资经验、风险偏好，确信自身有承担参与资产管理业务所面临投资风险和损失的能力，审慎选择与您的风险承受能力相匹配的资产管理投资策略。

三、您必须了解参与资产管理业务通常具有的市场风险、管理风险、流动性风险、信用风险及其他风险，包括但不限于政策风险、经济周期风险、利率风险、技术风险、操作风险、不可抗力因素导致的风险等。

四、您必须特别关注投资期货品种具有的特定风险，包括但不限于：因保证金交易方式可能导致期货投资损失大于委托财产价值的风险；因市场流动性不足、交易所暂停某合约的交易、修改交易规则或采取紧急措施等原因，导致未平仓合约可能无法平仓或现有持仓无法继续持有的风险。

五、您必须清楚期货公司虽然与您在合同里约定了一定的止损比例，但由于持仓品种价格可能继续向不利方向变动、持仓品种因市场剧烈波动导致不能平仓等原因，委托财产亏损存在超出该止损比例的风险。出现这类情况，您必须承担由此导致的全部损失。

六、您应当自行承担参与期货资产管理业务的投资风险与资产损失，期货公司及其分支机构、工作人员不得也不会以任何方式对您做出取得最低收益或分担损失的承诺或担保。如果做出上述承诺或保证，在法律上是无效的，所有责任都由您自身承担。

七、无论参与资产管理业务是否获利，您都需要按合同约定的方式支付管理费用和合同约定的其他费用，同时会对您的账户权益产生影响。如根据届时法律，您的投资需要承担相关税费的，也将由您承担，并对您的账户权益产生影响。

八、您必须了解在资产委托期间，期货公司有权，并可能在一定条件下变更投资经理人选，这个决定将会对资产管理投资策略的执行产生影响，进而影响到委托财产的收益。

九、您必须了解期货公司既往的资产管理业绩并不预示其未来表现。期货公司介绍的参考业绩基准和业绩比较基准仅供您参考，并不构成对委托财产可能收益的承诺或暗示。

本《期货公司资产管理业务风险揭示书》的揭示事项仅为列举性质，未能详尽列明参与期货公司资产管理业务所面临的全部风险和可能导致客户资产损失的所有因素。故您在参与资产管理业务之前，应认真阅读并理解相关业务法律法规及规则、《期货公司资产管理合同》及风险揭示书的全部内容，对自身的风险承受能力作出客观评估，审慎决定是否参与期货资产管理业务。如您签署风险揭示书，即视为您已理解并接受风险揭示书的内容，并承担相应的法律责任。

以上《期货公司资产管理业务风险揭示书》的各项内容，本人/本单位已阅读并完全理解和接受。

____。

（请抄写以上画线部分内容）

资产委托人（自然人签字或机构盖章）：________________

法定代表人或授权代理人（签字或盖章）：______________

日期：______年______月______日

附件二　一对一无托管型合同资产管理合同资产合法性及投资者适当性承诺书[①]

①投资者的委托资金需来源合法，不得使用非法配资、非法募集等资金投资。

文本正文：http://www.fatianshi.cn/D11139

本人/本单位以真实身份委托期货公司（资产管理子公司）运用委托资产进行投资。本人/本单位承诺委托资产来源及用途合法，不属于违反规定的公众集资，符合有关反洗钱法律法规的要求。期货公司（资产管理子公司）有权要求本人/本单位提供资产来源及用途合法性证明，对资产来源及用途及合法性进行调查，本人/本单位愿意配合。

本人/本单位符合期货公司资产管理业务合格投资者相关标准，符合《私募投资基金监督管理暂行办法》第12条规定的"净资产不低于1000万元的单位""金融资产不低于300万元或者最近三年个人年均收入不低于50万元的个人"条件，或符合《私募投资基金监督管理暂行办法》第13条"合格投资者"的规定。

本人/本单位未被法律、法规或监管机构限制参与期货资产管理业务。

本人/本单位将严格遵守以上承诺，否则期货公司（资产管理子公司）有权解除资产管理合同，本人违反委托资产来源及用途合法性承诺的，期货公司（资产管理子公司）还有权依法限制本人/本单位提取该委托资产。本人/本单位承担因此造成的全部损失和法律责任。

本人/本单位承诺：以自己合法所有资金____万元人民币，

D11139

认购 / 参与本计划的计划份额，并未非法会集他人资金参与本计划。

自然人：（签字或盖章）________________________

签署日期：______年______月______日

法人或其他组织（盖章）：________________________

法定代表人或授权代表（签字）：________________________

签署日期：______年______月______日

（注：自然人投资者请签字；机构投资者请加盖机构公章并由法定代表人或其授权代理人签字。）

附件三　一对一无托管型合同资产管理合同委托资产起始运作通知书

文本正文：http://www.fatianshi.cn/D11138

尊敬的资产委托人：

根据资产委托人、资产管理人双方签署的《资产管理计划资产管理合同》（合同编号：____________），由我公司担任本计划的资产管理人。

我公司已于______年______月______日将募集期收到的委托资产人民币______元（大写：人民币______元整）转入本委托资产开立的委托资产专用账户。本资产管理计划已经具备正式投资运作的条件，本资产管理计划的成立日为______年______月______日。

特此通知。

____________期货有限公司（资管子公司）

公章

日期：______年______月______日

D11138

二、证券资产管理业务合同

证券定向资产管理计划合同
（以银证合作合同为例）

合同编号：____________

使用场景：

资产管理计划合同是证券公司在开展资产管理业务中，与投资者及托管人（若有）签订的合同。资产管理业务，是指证券公司或其资产管理子公司向中国证监会申请并取得投资者资产管理业务资格后，作为管理人接受合格投资者的委托，运用专业的经验和知识，为投资者管理和运用委托资金，为投资者利益进行投资运作的行为。

证券公司在开展资产管理业务中，应遵循公平、公正的原则，维护投资者合法权益，诚实守信，勤勉尽责，避免利益冲突。证券公司应当做到“卖者有责”，充分了解投资者，遵循风险匹配原则，向投资者推荐适当的产品或服务，禁止误导投资者购买与其风险承受能力不相符合的产品或服务。投资者应当做到“买者自负”，独立承担投资风险，不得损害国家利益、社会公共利益和他人合法权益。

证券公司可从事的资产管理业务主要为三种，即为单一客户办理定向资产管理业务；为多个客户办理集合资产管理业务；以及为客户办理特定目的的专项资产管理业务。其中定向资产管理业务又分为主动型管理和被动型管理两大类，本合同为定向资产管理合同，适用于证券公司与银行合作开展定向资产管理业务（“银证合作”）类定向资产管理业务。

法律要点：

1. 银证合作定向业务，是指合作银行作为委托人，将委托资产委托证券公司进行定向资产管理，向证券公司发出明确交易指令，由证券公司执行，并将受托资产投资于合作银行指定标的资产的业务。证券公司与银行合作开展定向资产管理业务合同的，笔者建议在合同中约定投资范围、投资建议、返还条件等双方权责内容。

2. 合同核心条款之一：投资指令条款。由于银证合作定向业务的特性，投资指令是业务的关键，也是合同要重点约定之处。笔者建议在合同中清晰、明确的约定投资指令、委托资产追加及提取指令的格式、发送及接收的方式和执行流程。每一次投资指令的金额、用途也要用书面形式约定。在实操中，具体的投资指令金额、用途，一般通过合同附件的形式确定，但在首次签署合同中应将模板固定。也有一些业务，由于投资行为不多，就直接在合同正文条款中一次性约定。

3. 合同核心条款之二：资产返还条款。合同应明确约定合同期限届满、提前终止或合作银行提取委托资产时，证券公司是否有权以委托资产现状方式向委托人返还。在实操中，有些投资者因为比较强势，希望在投资标的出现纠纷时，证券公司负责进行诉讼、仲裁等纠纷，或者出于出表等目的，不希望在合同中明确约定现状返还，笔者认为，此类约定存在一定违反证券自律组织明文规定的合规风险。

4. 合同核心条款之三：投资结果承担条款。笔者建议在合同条款中明确约定委托人是否对证券公司根据投资指令从事的投资行为承担完全后果，自行承担投资风险，并处理相关纠纷。

5. 关联交易条款。为防范利益冲突，笔者建议在合同中应对能否投资证券公司关联方标的进行约定。若证券公司将其管理的客户资产投资于证券公司及与证券公司有关联方关系的公司发行的证券或承销期内承销的证券，或者从事其他重大关联交易的，应当遵循客户利益优先原则，事先取得投资者的同意。并且事后还应告知第三方托管机构和投资者交易结果，同时向证券交易所报告，并采取切实有效措施，防范利益冲突，保护客户合法权益。

在定向资产管理业务中，笔者建议管理人事先将相关信息以书面形式通知投资者和资产托管机构，并要求投资者按照资产管理合同约定在指定期限内答复。资产管理合同应当明确约定对投资的通知和答复程序。在实操中，部分管理人也会采取直接在主合同中明确约定可进行关联交易，基本也可视为“事先取得了投资者的同意”，但后期仍应该履行告知第三方托管机构和投资者，以及向证券交易所报告的义务。

6. 投资范围。资产管理合同中应明确约定投资范围。定向资产管理业务范围较集合资产管理范围宽泛，投资范围由证券公司与投资者通过合同约定即可，但不得违反法律、行政法规和中国证监会的禁止规定，并且应当与投资者的风险认知与承受能力，以及证券公司的投资经验、管理能力和风险控制水平相匹配。例如，定向资产管理业务可以参与融资融券交易，也可以将其持有的证券作为融券标的证券出借给证券金融公司。

在实操中，违反法律、行政法规和中国证监会的禁止规定的主要形式有开展资金池业务、投资于高污染、高能耗等国家禁止投资的行业、进行利益输送或商业贿赂等。另外，根据国家房地产调控工作“房子是用来住的”的指示精神及相关自律组织的规定，合同中的投资范围条款中，不能包含资产管理计划不得投资于房地产价格上涨过快的16座热点城市普通住宅地产项目。上述投资的方式除了直接投资，还包括委托贷款、嵌套投资信托计划及其他金融产品投资、受让信托受益权及其他资产收（受）益权、以名股实债的方式受让房地产开发企业股权等。对于不属于上述情况的房地产开发企业的投资，笔者建议要在合同中设计条款，约定如何完善资金账户管理、支付管理流程，如何加强资金流向持续监控，防范资金被挪用于支付合同约定资金用途之外的其他款项。

文本正文：http://www.fatianshi.cn/D11149

证券定向资产管理计划合同

（以银证合作合同为例）

委托人：____________银行

管理人：____________证券公司 / 证券资产管理子公司

托管人：____

一、前言

为规范定向资产管理业务的运作，明确定向资产管理合同当事人的权利与义务，根据《中华人民共和国合同法》《证券公司客户资产管理业务管理办法》（证监会令第93号）、《证券公司定向资产管理业务实施细则》（证监会公告〔2012〕30号）《证券期货经营机构私募资产管理业务运作管理暂行规定》（证监会公告〔2016〕13号）《关于规范证券公司与银行合作开展定向资产管理业务有关事项的通知》和《关于进一步规范证券公司资产管理业务有关事项的补充通知》等法律、行政法规、中国证监会、中国证券业协会和中国证券投资基金业协会等有关规定，

D11149

委托人、管理人与托管人在平等自愿、诚实信用原则的基础上订立本合同。

订立本资产管理合同的原则是平等自愿、诚实信用、充分保护本合同各方当事人的合法权益。

委托人保证委托资产的来源及用途合法，①并在签订本合同前，已经签署了风险揭示书（附件一）及客户风险承受能力评估调查表，委托人阅知本合同全文，了解相关权利、义务和风险，自行承担投资风险、处理纠纷。

管理人承诺以诚实守信②、审慎尽责的原则管理和运用委托资产，但不保证委托资产一定盈利，也不保证最低收益，管理人不得向委托人承诺委托资产的本金安全或保证委托资产的收益，不得以承诺回购、提供担保等方式，变相向委托人保本保收益。管理人对委托资产未来的收益预测仅供委托人参考，不构成管理人保证委托资产本金不受损失或取得最低收益的承诺。

托管人承诺以诚实守信、审慎尽责的原则履行托管职责，保护委托资产的安全，但不保证委托资产本金不受损失或取得最低收益。

本合同是规定委托人、管理人和托管人基本权利义务的法律文件。各方当事人一致同意在履行本合同过程中，遵守反洗钱、③反商业贿赂等相关法律法规的规定和监管要求。

二、释义

在本合同中，除上下文另有规定外，下列用语应当具有如下含义：

委托人：指____________银行。

管理人：指____________证券公司 / 证券资产管理子公司。

托管人：指____________银行。

定向资产管理计划、本计划、资管计划：指____________证

①投资者必须使用自有资金或资产委托，不得使用非法配资等他人资金或资产委托。

②投资风险由投资者自行承担，证券公司不得以任何方式对客户资产本金不受损失或者取得最低收益作出承诺。

③合同各方均有反洗钱义务。

券____________定向资产管理计划

资产管理合同、本合同：委托人、管理人和托管人签署的《____________证券____________定向资产管理计划资产管理合同》及其附件，以及对该合同及附件做出的任何有效修订、变更和补充。

当事人、合同当事人：指根据定向资产管理计划合同享有权利、承担义务的委托人、管理人、托管人。

委托资产：指委托人合法拥有，向管理人交付并委托管理人管理、托管人托管的现金、股票、债券、证券投资基金份额、集合资产管理计划份额、央行票据、短期融资券、资产支持证券、金融衍生品或者中国证监会允许的其他金融资产。

合同成立日：指合同当事人各方签署本合同之日，若签章之日非同一日，最后一方签章之日为成立日。

合同生效日：指委托资产到账并开始运作之日。

资产委托起始日：指管理人向委托人及托管人发送《委托资产起始运作通知书》的当日。

资产委托到期日：指本合同约定的委托期限届满或提前届满之日。

托管账户：指托管人为委托资产开立的专门用于保管委托资金及清算交收的银行账户。

委托资产证券账户：指以委托人名义在中国证券登记结算有限责任公司上海分公司、深圳分公司开立的或者将委托人普通证券账户转化而来的专门用于买卖证券交易所交易品种的证券登记和交割的证券账户。

委托资产专用账户：指为实现资产管理目的，管理人用以为委托人提供资产管理服务的账户，包括但不限于托管账户及其他专用账户。

D11149

日：指本计划存续期间内的每一个自然日。

工作日、交易日：指中国上海证券交易所、深圳证券交易所、全国银行间债券市场正常营业的自然日。

资产清算、清算：指本合同终止后，在清算期内对委托资产进行核算，并按规定计算委托资产投资收益、相关费用，并支付相关费用、返还委托人或委托人指定的第三方剩余委托资产的行为。

元：指人民币元。

中国证监会、证监会：指中国证券监督管理委员会及其派出机构。

中国基金业协会：指中国证券投资基金业协会。

中证登：（上海 / 深圳）指中国证券登记结算有限责任公司（上海分公司 / 深圳分公司）。

法律法规：指中国政府或各级行政机构、司法机关、自律组织颁布的法律、法规、规章、司法解释、自律规则、政策等具有约束力的规则或规范性文件。

《管理办法》：指 2013 年 6 月 26 日中国证监会发布并于发布日施行的《证券公司客户资产管理业务管理办法》。

《暂行规定》：指 2016 年 7 月 15 日中国证监会发布并于 2016 年 7 月 18 日实施的《证券期货经营机构私募资产管理业务运作管理暂行规定》（证监会公告〔2016〕13 号）。

《实施细则》：指 2012 年 10 月 18 日中国证监会发布并于发布日施行的《证券公司定向资产管理业务实施细则》。

《银证合作通知》：指 2013 年 7 月 19 日中国证券业协会发布的《关于规范证券公司与银行合作开展定向资产管理业务有关事项的通知》（中证协发〔2013〕124 号）。

《补充通知》：指 2014 年 2 月 12 日中国证券业协会发布的《关于进一步规范证券公司资产管理业务有关事项的补充通知》

（中证协发〔2014〕33 号）。

不可抗力：指不能预见、不能避免并不能克服的客观情况，其内涵包括但不限于火灾、暴雨、地震、飓风、雷击，由本协议之外其他主体之行为引起的通信、网络、电力事故，以及银行清算系统故障、证券交易所非正常暂停或停止交易等类似事件。

三、合同当事人

委托人：____________银行

注册地址：________________________________

邮政编码：________________________________

法定代表人：______________________________

联系人：__________________________________

联系电话：________________________________

传真号码：________________________________

管理人：____________证券公司（证券资产管理子公司）

注册地 / 住所地：__________________________

办公地址：________________________________

法定代表人：______________________________

联系人：__________________________________

联系电话：________________________________

传真号码：________________________________

托管人：__________________________________

注册地址：________________________________

办公地址：________________________________

负责人：__________________________________

联系人：__________________________________

联系电话：________________________________

传真号码：________________________________

四、声明与承诺

（一）委托人的声明与承诺

1. 委托人具有合法的参与定向资产管理业务的资格，不存在法律、行政法规和中国证监会及行业自律组织有关规定禁止或限制参与定向资产管理业务的情形。

2. 委托人有义务对本定向计划投资资金用途、投资标的和当事人资信等状况做好交易对手身份及相关信息的验证工作，自行承担所投资资产项目的尽职调查责任，且该投资项目（或最终投资项目）不违反国家环境保护政策要求、不属于特定房地产①、高污染、高耗能、淘汰类等国家禁止投资的行业②。管理人根据委托人的指令进行交易，管理人不就此承担任何责任和义务。

3. 委托人保证以真实身份参与定向资产管理业务，保证提供给管理人、托管人的身份证明、财产与收入状况、证券投资经验、风险认知与承受能力和投资偏好等信息和资料均真实、准确、完整、合法；如相关信息发生变更的，应当在变更后 3 个工作日内及时书面告知管理人及托管人。

4. 委托人承诺委托人交付的委托资产只能从以其自身名义开立的合法账户中转入托管人的托管账户，委托人承诺提取或清算的委托资产只能转入委托人交付委托资产时使用的账户。

特殊情况导致移交、追加与提取的账户与上述账户不一致时，委托人应出具符合相关法律法规规定的书面说明，否则管理人和托管人均有权拒绝接受此部分转入资金作为委托资产或转出委托资产的申请。

5. 委托人③保证委托资产的来源和用途合法，委托资产来源为自有资金 / 筹集资金，委托人不得将自有资金和募集资金混同操作，不得要求管理人向与定向资产管理业务无关的第三方

关注法天使

①根据“房子是用来住的，不是用来炒的”的监管定位，合同约定投资者及证券公司不得通过资管计划等形式直接或间接投资于房地产价格上涨过快热点城市普通住宅地产项目的产品，不得通过资管计划向房地产开发企业提供融资用于支付土地出让价款、提供无明确用途的流动资金贷款，以及直接或间接为各类机构发放首付贷等违法违规行为提供便利。

房地产企业投资方面，一种是严禁投资，另一种是有限制投资，对于限制投资类，需要在投资合同里明确约定资金账户管理、支付管理流程，资金流向持续监控条款，防范资金被挪用于支付合同约定资金用途之外的其他款项。

②根据监管规定，资产管理计划合同约定不得投资于不符合国家产业政策、环境保护政策的项目（证券市场投资除外）：

（一）投资项目被列入国家发展改革委最新发布的淘汰类产业目录；

（二）投资项目违反国家环境保护政策要求；

（三）通过穿透核查，资产管理计划最终投向上述投资项目。

③定向资产管理计划委托人为单一投资者，委托资产应为自有或单一的募集资金，且不得混同，如果是募集资金，不能是多个募集产品的资金。

机构支付服务费用；委托人用筹集的资金参加定向资产管理业务的，应向管理人提供合法筹集资金证明文件，保证所提供证明文件真实、准确、完整、合法。委托人保证其在本合同项下所做出的委托本身及本定向合同项下的内容不违反委托人与资金提供方签订的任何合同。若因委托人做出的委托及其内容直接或者间接引起委托人与资金提供方发生纠纷或者引起政府监管机构的任何监管措施，均由委托人负责协调解决，与管理人无关。

6. 委托人签署和履行本合同系其真实意思表示，已经按照其章程或者其他内部管理文件的要求取得合法、有效的授权，且不会违反对其有约束力的任何合同和其他法律文件，委托人已经或将会取得签订和履行本合同所需的一切有关批准、许可、备案或者登记。

7. 委托人声明已听取了管理人指定的专人对管理人业务资格的披露、相关业务规则和本合同的讲解，已充分理解本合同全文及附件，了解相关权利义务；已清楚认知委托资产投资所存在的市场风险、管理风险、流动性风险等其他风险以及所投资品种的风险收益特征，并签署风险揭示书，并承诺对管理人根据投资指令从事的投资行为承担完全后果，自行承担风险和损失，自行解决投资纠纷。①

8. 委托人承诺，管理人根据委托人投资指令进行投资交易，代表本计划签署经委托人审定的合同等法律文件以及根据本合同明确约定履行管理人义务的，即视为管理人已尽勤勉尽责义务，委托人应当承诺对管理人根据投资指令从事的投资行为承担完全后果，自行承担投资风险，并处理相关纠纷。②

9. 委托人使用本合同中约定的方式向管理人发送任何投资指令或通知的，均视为委托人行为。若委托人变更联络方式的，应提前通知管理人，并经管理人书面确认后方可生效。

①投资者在签署合同之前，应充分了解投资风险，并按照“买者自负”的原则承担投资风险。

②合同约定，证券公司仅对投资指令进行形式审核，对证券公司如实根据投资指令从事的投资行为承担盈亏后果和投资风险。若存在委托贷款违约等诉讼、仲裁纠纷，由委托人自行进行处理相关纠纷。

D11149

10. 委托人承诺，定向计划或本合同期限届满、提前终止或合作银行提取委托资产时，管理人有权在扣除应由委托财产承担的费用及负债后以委托资产现状方式向委托人返还或分配。

11. 委托人声明，管理人、托管人未向委托人承诺委托资产的本金安全或保证委托资产的收益，未以承诺回购、提供担保等方式，变相向委托人保本保收益。委托人充分知晓，本合同约定的业绩比较基准（若有）不是管理人或托管人的保证；管理人、托管人已经向委托人说明了业绩比较的对象、业绩比较基准测算依据和测算过程等信息。

12. 委托人承诺，其指令管理人对委托资产投资、管理等不存在利益输送、内幕交易或商业贿赂的情况。

13. 委托人承诺遵守《中华人民共和国反洗钱法》等反洗钱相关法律、法规，承诺参与定向资产管理业务的资金来源不属于违法犯罪所得及其收益。委托人承诺出示真实有效的身份证明文件，积极配合管理人履行反洗钱职责，不进行洗钱等违法犯罪活动。

14. 委托人不是管理人的董事、监事、从业人员及其配偶。①

（二）管理人的声明与承诺

1. 管理人是依法设立的证券经营机构，并经中国证监会批准，具有从事客户资产管理业务的资格。（资质号）②

2. 管理人保证遵守法律、行政法规和中国证监会有关规定，遵循公平、公正原则；诚实守信，审慎尽责；坚持公平交易，避免利益冲突，禁止利益输送，保护客户合法权益。

3. 管理人已按照有关规则，了解委托人身份和委托资金来源，已指定专人向委托人披露业务资格，讲解有关业务规则和合同内容，提示委托人阅读并签署风险揭示书。并已了解委托人风险偏好、风险认知能力和承受能力，对委托人的财务状况进行了充分评估。

---

①证券公司的董事、监事、从业人员及其配偶不得作为本公司定向资产管理业务的客户。

②证券公司从事客户资产管理业务，应当向中国证监会申请并取得客户资产管理业务资格。未取得客户资产管理业务资格的证券公司，不得从事客户资产管理业务。

4. 管理人保证所提供的资料和信息真实、准确、完整、合法。

5. 管理人声明，不以任何方式对委托人资产本金不受损失或取得最低收益做出承诺和保证，未向委托人承诺委托资产的本金安全或保证委托资产的收益，不以私下承诺回购、提供担保等方式，变相向委托人保本保收益。

6. 管理人不得接受委托人、交易对手方或其他第三方的口头承诺或与委托人、交易对手方或其他第三方私下签订补充协议。

7. 管理人如接受其股东，以及其他与管理人具有关联方关系的自然人、法人或者组织为定向资产管理业务客户的，管理人应当按照管理人内部的有关制度规定，对上述客户的账户进行监控，并对客户身份、合同编号、委托资产净值、委托期限、累计收益率等信息进行集中保管。

（三）托管人的声明与保证

1. 托管人具有合法的从事资产托管业务的资格。

2. 托管人承诺诚实守信、审慎尽责地履行安全保管委托人委托资产、办理资金收付事项、监督管理人投资行为等职责。

3. 托管人保证所提供的财务数据及报告真实、准确、完整、合法 。

4. 托管人对委托财产的保管，并非对委托本金或取得收益的保证或承诺，托管人不承担委托资产的投资风险。

5 托管人对定向资产管理账户进行专户托管，不得将多个账户混同操作。

五、委托资产专用账户的开立与管理

（一）委托资产相关账户的开立

1. 委托人账户

委托人账户系以委托人名义开立的，用于委托人移交、追

D11149

加本定向资产管理计划委托资产的划出账户以及用于提取本定向资产管理计划委托资产及投资收益的划入账户。用于提取本定向资产管理计划委托资产及投资收益的划入账户必须与委托人移交、追加本定向资产管理计划委托资产的划出账户为同一账户。移交、追加与提取的账户不一致时，资产委托人应出具加盖公司公章的书面说明说明原因。

委托人账户信息如下：

户名：________________________________

账号：________________________________

开户行：______________________________

开户行大额支付行号：__________________

2. 托管账户

托管账户是指管理人、托管人、委托人为履行本合同在托管人营业机构为该定向资产管理计划单独开立的银行结算账户。管理人、委托人授权托管人办理托管账户的开立、销户、变更工作，托管账户以本计划名义开立。托管账户由托管人管理，托管开户预留印鉴为托管业务专用章和托管人监管名章，由托管人保管。委托人和管理人应当在开户过程中给予必要的配合，并提供所需资料。委托人和管理人保证所提供的账户开户材料的真实性和有效性，且在相关资料变更后及时将变更的资料提供给托管人。

委托资产托管期间托管账户的一切货币收支活动，包括但不限于投资、支付费用、资产划拨、追加资产和提取资产等，均需通过该账户进行。托管账户内的银行存款利息按管理人和托管人约定利率计算。托管人可应委托人与管理人申请为其开立银行托管账户网银查询权限，但委托人与管理人不得自行开立银行托管账户网银功能、电话银行与手机银行等电子渠道功能。

托管账户的开立和使用，仅限于满足开展定向资产管理业务的需要。管理人和托管人不得假借委托人的名义开立任何其他银行账户。除法律法规另有规定外，管理人、托管人双方均不得采取使得该账户无效的任何行为。

委托财产银行托管专户的开立和管理应符合银行业监督管理机构的有关规定。

3. 专用证券账户

管理人以委托人名义为委托资产在交易所市场开立专用证券账户，用于证券投资 / 股票质押式回购等证券登记和交割。委托人授权管理人开立、使用、注销和转换专用证券账户，且提供必要协助。在专用证券账户开立或注销时，若有需要，管理人应代理委托人向证券登记结算机构申请办理证券在专用证券账户与普通证券账户之间的划转。

专用证券账户仅供定向资产管理业务使用，并且只能由管理人使用，不得转托管或者转指定，中国证监会另有规定的除外。委托人、管理人不得将专用证券账户以出租、出借、转让或者其他方式提供给他人使用。

管理人应当自专用证券账户成功开立后______个工作日内，将专用证券账户报证券交易所备案。备案前，不得使用该账户进行交易。由托管人负责证券账户卡的保管，证券账户的管理和使用由管理人负责，在托管人保管期间，不得挂失；每次管理人需使用证券账户卡办理业务时，应向托管人提出书面申请，并经托管人同意。

4. 定期存款账户（若有）

委托资产投资定期存款的，管理人应与存款机构签订定期存款协议，该协议作为划款指令附件，该协议中必须有如下明

D11149

确条款："本息到期归还或提前支取的所有款项必须划至托管账户（明确户名、开户行、账号等），不得划入其他任何账户；存款证实书不得被质押或以任何方式被抵押，并不得用于转让和背书"。如定期存款协议中未体现前述条款，托管人有权拒绝定期存款投资的划款指令。取得存款证实书后，资产托管人保管存款证实书原件。管理人应该在合理的时间内进行银行存款的投资和支取事宜。

5. 其他账户（若有）

委托资产投资于符合法律法规规定和定向资产管理合同约定的其他投资品种时，管理人应按照相关规定开立相关账户，并负责管理账户，委托人提供协助。账户的开设、使用应符合法律法规的规定。账户开立后管理人应及时将账户资料复印件加盖经授权的管理人业务专用章后交付托管人留存。

（二）委托资产专用账户的管理

1. 委托资产专用账户内的资产归委托人所有，管理人、托管人通过委托资产专用账户为委托人提供资产管理服务，对委托资产独立核算、分账管理，并保证委托资产与管理人、托管人的自有资产、其他客户资产相互独立。

2. 托管账户的开立和管理应符合有关法律法规的规定。

六、当事人的权利和义务

（一）委托人权利和义务

委托人名称：________________

法定代表人：________________

公司地址：________________

邮编：________________

联系人：________________

联系电话：________________

电子邮箱：______________________________

传真号码：______________________________

1. 委托人权利

（1）按照本合同的规定追加或提取委托资产，取得委托资产的收益和清算后的剩余资产，包括但不限于利息、投资收益等；①

（2）依据合同约定的时间和方式，查询委托资产的资产配置、价值变动、交易记录等相关信息；监督委托资产的管理和托管情况；

（3）依据合同约定的时间和方式，从管理人处获取定向资产管理相关业务报告、从托管人处获取委托资产托管相关业务报告；

（4）享有委托资产投资所产生的权利；

（5）有关法律、行政法规、中国证监会及本合同规定的其他权利。

2. 委托人义务

（1）依据本合同约定按时、足额向管理人、托管人交付委托资产；

（2）向管理人、托管人提供真实、准确、完整、合法的资料、信息，资料、信息发生变更时，及时通知管理人、托管人；

（3）授权并协助托管人办理托管账户的开立、使用、转换和注销等手续，并不得将前述账户以出租、出借、转让或者其他方式提供给他人使用；

（4）当发生应当履行公告、报告、要约收购等法律、行政法规、中国证监会规定义务的情形时，及时向管理人发送履行相应义务的书面指令，否则由此造成的损失由委托人及委托资产承担，管理人不承担任何责任；

①委托人有收取收益的权利。

D11149

关注法天使

（5）除依据本合同约定提取委托资产外，不得提取委托资产。不得对托管账户进行挂失、变更操作，如发生该类情况而使托管账户实际脱离托管人的控制，托管人对由此导致的各类损失免责；

（6）委托人应承担投资标的合法性和合规性审查，确保投资标的不违反法律和行政法规的禁止性规定；委托人自行承担交易对手及投资标的尽职调查、风险审查和投后管理，以及与投资标的相关的各类风险。委托人自行承担投资损失、自行处理与投资相关的费用支出、争议及纠纷，不得以非签约方或者不知情为由追究管理人责任，但管理人应积极配合委托人处理相关争议和纠纷；

（7）依据法律、行政法规和中国证监会规定及合同约定，承担相应的税费，并按时、足额支付管理费、托管费等费用，并承担因委托资产运作产生的其他负债及费用；

（8）及时、全面、准确地向管理人告知其投资目的、投资偏好、投资限制和风险承受能力等基本情况，保守商业秘密，不得泄露委托资产投资计划、投资意向等；

（9）符合《银证合作通知》及其他相关法律法规、监管机构要求中关于定向资产管理业务委托人的资格要求；

（10）委托人承认，对于委托人下达投资指令要求管理人购买的资产，将由委托人对拟进行投资的标的进行尽职调查及交易协议审查，管理人不承担调查所投资对象的风险控制能力、对投资项目或交易对手进行尽职调查是否充分、担保措施是否完善、后期管理措施是否得当的义务，委托人自行承担投资风险和责任①；

（11）接受管理人根据本合同的规定进行投资的结果，自行承担投资损益；

①对于管理人按照委托人投资指令操作的投资风险和投资结果，由委托人承担。

（12）合同期限届满、提前终止或委托人提取委托资产时，管理人有权以委托资产现状方式向委托人返还；

（13）有关法律、行政法规、中国证监会及本合同规定的其他义务。

（二）管理人的权利和义务

管理人名称：______________________________

法定代表人：______________________________

住所地：______________________________

邮编：______________________________

联系人：______________________________

联系电话：______________________________

电子邮箱：______________________________

传真号码：______________________________

1. 管理人的权利

（1）自本合同生效之日起，按照本合同的规定，对委托资产进行投资运作及管理；

（2）依据合同约定，及时、足额收取管理费；

（3）按照有关规定，要求委托人提供与其身份、财产与收入状况、证券投资经验、风险认知与承受能力和投资偏好等相关的信息和资料；

（4）根据本合同及其他有关规定，监督托管人，对于托管人违反本合同或有关法律法规规定的行为，对委托资产及其他当事人的利益造成重大损失的，应及时采取措施制止，同时通知委托人并有权报告中国证监会；

（5）委托人投资指令违反法律法规和监管政策和本合同的，管理人有权拒绝执行；

（6）管理人不承担调查所投资对象的风险控制能力、对投资项目或交易对手进行尽职调查是否充分、担保措施是否完善、后期管理措施是否得当的义务，委托人自行承担投资风险，并处理相关纠纷；

（7）合同期限届满、提前终止或提取委托资产时，管理人有权以委托资产现状方式向委托人返还委托资产；

（8）法律、行政法规和中国证监会规定及合同约定的其他权利。

2. 管理人的义务

（1）办理本计划的备案手续及其他监管机构要求办理的手续；

（2）诚实信用、审慎尽责，以专业技能管理和运用委托资产；

（3）配备足够的具有专业能力的人员进行投资分析、决策，以专业化的经营方式管理和运作委托资产；

（4）为每个委托人建立业务台账，按照《证券投资基金会计核算业务指引》的相关规则进行会计核算，与托管人定期对账，及时准确办理委托资产的清算交收；

（5）依据合同约定的时间和方式，向委托人提供对账单等资料，对报告期内委托资产的配置状况、价值变动、交易记录等情况做出说明；

（6）发生变更投资主办人等可能影响委托人利益的重大事项时，应提前或在合理时间内告知委托人；

（7）向委托人充分揭示资产管理业务可能面临的风险；

（8）建立健全内部风险控制、监察与稽核、财务管理及人事管理等制度，保证所管理的委托资产与自有资产相互独立，不同的委托人的委托资产相互独立，对所管理的不同财产分别管理、分别记账，进行投资；

（9）除法律法规、本合同及其他有关规定外，不得利用委托资产为管理人及任何第三人谋取利益，未经委托人事前书面同意不得委托第三人运作委托资产；

（10）依据法律法规及本合同接受委托人和托管人的监督；

（11）按照合同约定的时间和方式，为委托人提供委托资产运作情况的查询服务；按照《管理办法》《实施细则》和本合同的规定，对报告期内委托资产的投资运作等情况做出说明，编制定向资产管理业务报告，报中国基金业协会备案，同时抄送管理人住所地中国证监会派出机构；

（12）保守商业秘密，不得泄露委托资产投资计划、投资意向等；

（13）按规定保存委托资产管理业务活动的全部会计资料，妥善保存定向资产管理业务活动的合同、委托人资料，交易记录等文件、资料和数据20年以上；

（14）公平对待所管理的不同财产，不得从事任何有损委托资产及其他当事人利益的活动；

（15）本合同终止或提前终止时，管理人按照合同约定将委托资产交还委托人；

（16）有关法律、行政法规、中国证监会及本合同规定的其他义务。

（三）托管人的权利及义务

托管人名称：______________________________

法定代表人：______________________________

公司地址：________________________________

邮编：____________________________________

联系人：__________________________________

联系电话：________________________________

电子邮箱：________________________________

D11149

传真号码：______________________________

1. 托管人的权利

（1）对委托人的委托资产进行托管，履行安全保管委托资产、办理资金收付事项、监督管理人投资行为等职责；

（2）按照本合同约定，及时、足额获得资产托管费；

（3）按照本合同约定，对计划财产的运作行使监督权，对于管理人违反本合同或有关法律法规规定的行为，对委托资产及其他当事人的利益造成重大损失的情形，有权报告管理人住所地中国证监会派出机构并采取必要措施；

（4）从管理人处获得本委托资产交易相关的数据、品种清单和资金对账单；

（5）有关法律、行政法规中国证监会及本合同规定的其他权利。

2. 托管人的义务

（1）安全保管委托资产、办理资金收付事项，非依法律、行政法规和中国证监会有关规定或合同约定，不得擅自动用或处分托管资产，但托管人不负责保管其他处于托管人实际控制之外账户中的资产；

（2）设立专门的资产托管部门，具有符合要求的营业场所，配备足够的、合格的熟悉资产托管业务的专职人员，负责委托资产托管事宜；

（3）按规定开设委托资产的托管账户；对委托人委托的资产分别设置账户，确保委托资产的完整与独立；

（4）按照本合同约定，根据管理人的资金划拨指令，及时办理清算、资金往来、交割等事宜；

（5）妥善保管与委托资产有关的会计账册、凭证、合同等资料；

（6）按照本合同约定的时间和方式，为委托人提供委托资产运作情况的查询服务；

（7）按照本合同约定对计划财产资金运作行使监督权，发现管理人违反法律或合同约定的，要求管理人改正；管理人不改正或造成委托人委托资产损失的，应及时通知委托人，并报告管理人住所地中国证监会派出机构以及中国证券投资基金业协会；

（8）按照相关法规及本合同约定，按时编制委托资产年度托管报告；

（9）除法律法规、本合同及其他有关规定外，不得利用委托资产为托管人及任何第三人谋取非法利益，未经委托人同意不得委托第三人托管委托资产；

（10）公平对待所托管的不同财产，不得从事任何有损委托资产及其他当事人利益的活动；

（11）有关法律、行政法规、中国证监会及本合同规定的其他义务。

七、委托资产

（一）委托资产的种类、数量、金额

委托资产为现金资产或股票、债券、证券投资基金份额、集合资产管理计划份额、央行票据、短期融资券、金融衍生品等中国证监会认可的非现金类资产。

本计划初始委托资产为：人民币______元（大写：______元）且不低于人民币叁佰万元整①（小写：￥3，000，000.00 元）

委托资产的具体数量、金额、种类以《初始委托资产交付通知书》（附件二）为准。

在委托期限内，委托人可以按照本合同的约定追加或提取委托资产，追加或提取委托资产后的委托金额按照本合同约定

①定向资产管理业务，单个客户的资产净值不得低于人民币 100 万元。合同也可以根据实际情况可以适当增加最低金额。

D11149

计算。

（二）委托资产的交付

1. 委托人应及时将初始委托资产中现金资产足额划拨至托管账户，将委托资产中的非现金资产足额划拨至其他专用账户。

2. 托管人查询现金资产是否足额划拨至托管账户，经核实无误后通知向管理人。同时，委托人将委托资产中的非现金资产足额划拨至其他专用账户，由管理人负责查询确认。

3. 管理人确认委托资产全部到账后，向委托人和托管人发送《委托资产起始运作通知书》（附件三）（管理人可先发送传真或电子扫描件，随后寄送原件）。委托人及托管人双方确认签收后，该通知书生效（若非同日签收，以最后一方签收日为准）。

（三）委托资产的保管与处分

1. 委托资产独立于管理人、托管人的固有资产，并由托管人保管。管理人、托管人不得将委托资产归入其固有资产。

2. 管理人、托管人因委托资产的管理、运用或者其他情形而取得的资产和收益应当归入委托资产。

3. 管理人、托管人应按照本合同的约定收取管理费、托管费以及本合同约定的其他费用。

4. 管理人、托管人的债权人不得对委托资产行使请求冻结、扣押和其他权利。管理人、托管人因依法解散、被依法撤销或者被依法宣告破产等原因进行清算的，委托资产不属于其清算资产，但管理人、托管人有权收取的管理费、托管费以及本合同约定的其他费用除外。

5. 管理人、托管人因委托资产的管理、运用或者其他情形而取得的财产和收益归入委托资产。

6. 本合同项下的委托资产产生的债权不与不属于委托资产本身的债务相互抵销。非因委托资产本身承担的债务，管理人、托管人不得主张其债权人对委托资产强制执行。上述债权人对委托资产主张权利时，管理人、托管人应明确告知委托资产的独立性，采取合理措施并及时通知委托人。如发生有权机关对委托资产强制执行情形，管理人、托管人应及时通知委托人。

7. 管理人通过账户运作本定向资产管理计划产生的交易记录原始凭证由管理人保管，托管人保管管理人或其他有关机构出具的记录凭证复印件。

8. 委托人、管理人应根据国家法律法规及相关规定，保证本资产管理计划投资运作的合法合规性。

（四）委托资产的管理期限

1. 本定向资产管理业务委托资产的管理期限为无固定期限______个月，自委托资产起始运作日起算，本合同提前终止的，委托期限随之提前届满。

2. 委托期限届满或提前终止时，管理人应将清算后的委托资产全部返还给委托人。若清算后定向资产管理计划仍存在非现金类资产的，由管理人在合理期限内进行变现处理；如合理期限后该非现金类资产仍然无法变现的，委托期限延长至全部资产变现之日，期间管理费、托管费照常计算、支付。同时，管理人亦有权选择将该非现金类资产以现状方式交付给委托人[①]，视同分配、清算完毕。因委托资产变现或返还而发生的损失和费用由委托资产承担。

3. 委托期限届满前一个月，本合同委托人、管理人、托管人应协商决定是否续约合同。若经委托人、管理人、托管人三方协商一致并签署展期书面协议书面，则本合同自动顺延。委托人、管理人、托管人三方亦可就续约事宜签订补充协议。

（五）委托资产的追加

委托人有权以书面通知的形式追加委托财产。追加委托财

①合同中应明确约定合同期限届满、提前终止或合作银行提取委托资产时，证券公司有权以委托资产现状方式向委托人返还。

D11149

产比照初始委托财产办理移交手续，管理人、托管人应按本合同约定对追加部分的委托资产履行管理、托管职责。

委托人追加委托资金全部到账后，应于当日向管理人和托管人发送《第期委托资产追加通知书》（附件四）。

（六）委托资产的提取

1. 在委托期限内，①当本合同项下委托资产高于100万元人民币时，委托人可以提取部分委托资产，但提取后的委托资产余额不得低于100万元人民币；当委托资产少于100万元人民币时，委托人不得提前提取，但经委托人、管理人、托管人协商一致后可以提前终止本合同。

2. 委托人提取委托资产的，应提前______个工作日向管理人、托管人发送《委托资产提取通知书》（附件五），并给管理人、托管人预留执行通知所必需的时间，以保证托管账户中的资金足以支付提取金额。若因为委托人发送通知不及时，未能给管理人、托管人预留出足够执行时间，致使指令未能及时执行的，相关损失由委托人承担。

管理人同意提取的，应当于通知书载明的提取时间前______个工作日前向托管人发送《划款指令》（附件六），托管人审核无误后按照《划款指令》进行相应资产的换转。

3. 因提取委托资产变现造成的损失由委托人承担，管理人、托管人不承担责任。若委托资产无法变现时，委托人不得提取资产。

八、委托资产的投资

（一）投资目标

管理人谨慎和勤勉、在合同约定的投资范围内严格按照委托人的投资指令进行投资管理。

①由于委托资产管理业务单个客户的资产净值不得低于人民币100万元。为防止规避此基础金额要求（如委托200万元之后，又立刻提取150万元，实际委托金额只有50万元不足100万元），合同条款禁止主动提取后委托资产余额低于100万元。

（二）投资范围及投资比例①

中国证监会、中国银监会、中国人民银行认可的具有良好流动性的金融工具或产品，包括现金、银行存款、协议存款、债券回购、央行票据、短期融资券、国债、金融债、企业债（含私募债券）、中期票据、商业银行理财计划、资产支持证券、债券基金、货币市场基金、票据资产、票据资产收（受）益权、委托贷款收（受）益权、银行信贷资产及其债权或债权收（受）益权、信托计划、信托受益权、证券公司定向资产管理计划、证券公司集合资管计划、证券公司专项资产管理计划、期货公司一对一资管计划、期货公司一对多资管计划、基金子公司专项资产管理计划、存单收益权、应收账款收益权、经地方人民政府批准设立的金融资产交易所挂牌资产及法律法规未禁止投资的其他固定收益类产品等。

上述金融工具占资产总值的投资比例为0%~100%。

（三）投资执行流程

管理人严格按照委托人书面投资指令（附件七）进行投资。

委托人经审慎决策后，将投资意向通过书面《投资指令》发送给管理人。

《投资指令》②以传真或电子扫描件方式发送给管理人，管理人应通过传真或扫描件发送回执，书面回复是否接受该投资指令。管理人一旦发出同意回执，则应按照委托人的投资指令操作。

委托人向管理人出具签章确认的投资指令，管理人根据指令内容执行。管理人按照投资指令内容执行即视为管理人已尽到诚实守信、勤勉尽责的义务，委托人承诺承担完全后果、自行承担投资风险并处理相关纠纷，管理人不承担任何责任。

管理人在履行管理义务的过程中，委托人《投资指令》内

①相对于集合资产管理合同，定向资产管理合同的投资范围较宽泛。

定向资产管理业务的投资范围由证券公司与客户通过合同约定，但不得违反法律、行政法规和中国证监会的禁止规定，并且应当与客户的风险认知与承受能力，以及证券公司的投资经验、管理能力和风险控制水平相匹配。

定向资产管理业务可以参与融资融券交易，也可以将其持有的证券作为融券标的证券出借给证券金融公司。

②合同应明确约定投资指令、委托资产追加及提取指令的格式、发送及接收的方式和执行流程，确保投资指令的金额、用途等清晰、明确。

D11149

容不得任何违反法律、法规、规章、政策、行业自律规则、本合同约定及适用于管理人的任何其他规范性文件的规定的要求，否则管理人有权拒绝执行。

委托人负责确定本定向资产管理计划的具体投资标的、交易对象、交易日期等，对本定向资产管理计划委托资产的用途及投资交易方案的合法性、合规性进行审核，对交易对手的资信状况、履约能力等事项进行充分的尽职调查，并对交易需签署的相关文件事先进行审核确认。管理人对按照委托人投资指令进行的投资交易所造成的损失和责任以及交易文件的内容和法律效力不承担任何责任。

委托人应在以传真或电子扫描件方式发送《投资指令》后的______个工作日，将原件邮寄给管理人。若原件与传真或电子扫描件内容不一致的，以传真或电子扫描件内容为准。

管理人按照《投资指令》执行的结果由委托人承担。若委托人向管理人提出的投资指令存在错误而导致投资指令无法正常执行或出现投资误差的，由此造成的损失由委托人承担。

（四）投资禁止

本资产管理计划投资禁止行为包括：

1. 不得将委托资产用于可能承担无限责任的投资；

2. 最终投向不得为不符合国家产业政策、环境保护政策的项目，包括但不限于以下情形①：

（1）投资项目被列入国家发展改革委员会最新发布的淘汰类产业目录；

（2）投资项目违反国家环境保护政策要求；

（3）投资项目属于高污染、高能耗、产能过剩等行业；

（4）监管禁止的特定房地产②行业。

3. 相关法律法规、中国证监会、《银证合作通知》及其他相

①既不能直接投资此类不符合国家产业政策、环境保护政策的项目，也不能间接投资。合同约定要穿透至底层核查最终投向。

但投资证券市场（二级市场）的情况，如购买上述项目发行的股票情况除外。

②合同约定不得直间或间接（要穿透底层核查）投资于房地产价格上涨过快热点城市普通住宅地产项目的产品，不得通过资管计划向房地产开发企业提供融资用于支付土地出让价款、提供无明确用途的流动资金贷款，以及直接或间接为各类机构发放首付贷等违法违规行为提供便利。

关监管机构、自律组织禁止的投资行为。

（五）投资政策的变更

经委托人、管理人、托管人之间协商一致可对投资政策进行变更，变更投资政策应以书面形式做出。投资政策变更应为调整投资组合留出必要的时间。

九、投资主办人的指定与变更

1. 委托资产投资主办人由管理人负责指定。

2. 管理人与委托人协商一致后，可以根据需要变更投资主办人。投资主办人变更后，管理人应在______个工作日内通知托管人[①]。

3. 定向资产管理业务的投资主办人不得兼任集合资产管理业务或自营业务的投资主办人。

十、划款指令的发送、确认和执行

（一）交易清算授权

管理人应事先书面通知托管人有权发送指令的人员（以下简称指令发送人员）名单，授权书应注明相应的权限，授权生效时间、预留印鉴和授权人签字样本。管理人指令发送《划款指令授权书》（附件八）应由管理人加盖公章。管理人发出授权通知后向托管人电话确认。授权书自其注明的生效日期起生效。资产托管人收到授权书的日期若晚于上述生效日期的，授权书自资产托管人收到的日期起开始生效。管理人、委托人和托管人对授权通知负有保密义务，其内容不得向授权人及相关操作人员以外的任何人泄露。

（二）划款指令的内容

《划款指令》是管理人在运用委托资产时，向托管人发出的资金划拨及其他款项支付的指令。管理人发给托管人的指令应写明款项事由、支付时间、到账时间、金额（大小写）、收付款账户等，加盖划款业务预留用章并有指令发送人员签字。

①合同应明确约定，证券公司发生变更投资主办人等可能影响客户利益的重大事项的，应当提前或者在合理时间内告知客户。

D11149

（三）划款指令的发送、确认和执行程序

划款指令由《授权通知》确定的指令发送人员代表管理人以发送原件 / 电话 / 传真 / 电子扫描件或其他托管人和管理人认可的方式向托管人发送。若同时用上述方式发送且内容不一致的，以托管人最先收到的文件内容为准。

管理人有义务在发送指令后及时与托管人进行电话确认。托管人根据授权通知，对指令的划款业务预留用章、签字样本等表面真实性审核无误后，方可执行指令。对于指令发送人员发出的指令，管理人不得否认其效力。管理人应按照有关法律法规规定和本合同的约定，在其权限和交易权限内发送划款指令，指令发送人员应在其授权权限内发送划款指令。

管理人发送指令时，应为托管人留出执行指令必需的时间[①]。管理人发送有效指令的截止时间为每一个交易日的。如管理人要求当天某一时点到账，则交易结算指令需提前______个工作小时发送。管理人在上述截止时间之后发送的划款指令，托管人尽力配合执行，但不保证划款成功。由管理人原因造成的指令传输不及时、未能留出足够划款所需时间，致使资金未能及时到账所造成的损失不由托管人承担。

管理人向托管人下达指令时，应确保托管账户有足够的资金余额，对管理人在没有充足资金的情况下向托管人发出的指令，托管人可不予执行，并立即通知管理人，托管人不承担因为不执行该指令而造成损失的责任。

托管人仅对管理人提交的划款指令按照进行形式一致性审查，托管人仅审查印鉴和签名与划款业务预留用章或签名的表面一致性，不负责审查管理人发送指令同时提交的其他文件资料的合法性、真实性、完整性和有效性，管理人应保证上述文件资料合法、真实、完整和有效。如因管理人提供的上述文件

①发送划款指令，应当预留足够操作时间，以免托管人不能及时执行。

不合法、不真实、不完整或失去效力而影响托管人的审核或给任何第三人带来损失，托管人不承担任何形式的责任。

管理人若修改或要求停止执行已经发送的指令，应先与托管人电话联系，若托管人还未执行，管理人应重新发送修改指令或在原指令上注明“停止执行”字样并由指令发送人员签字，托管人收到修改或停止执行的指令后，将按新指令执行；若托管人已执行原指令，则应与管理人电话说明，托管人对已经执行的指令不承担责任。

（四）管理人发送错误指令的情形和处理程序

管理人发送错误指令的情形包括指令发送人员无权或超越权限发送指令及交割信息错误，指令中重要信息模糊不清或不全等。

托管人在履行监督职能时，发现管理人的指令错误时，有权拒绝执行，并及时通知管理人改正。

（五）授权通知的变更

管理人变更授权通知、改变被授权人员权限的，应至少提前______个交易日，向托管人发出由管理人盖章的被授权人变更通知书原件，并电话通知托管人，被授权人。变更通知书自其应载明的生效日期之日生效。若该生效日期早于托管人收到变更通知书原件的，托管人收到之日为生效日。

管理人、委托人、托管人对授权通知的变更内容应予以保密，不得向第三方泄露相关信息。

管理人更换被授权人通知生效后，被撤换授权人员再发送指令的，托管人应不予执行，并应及时通知管理人。

（六）划款指令的执行和保管

1. 托管人审核管理人发送的划款指令无误后进行划款。管理人指令若要素不齐或内容不确定的，托管人有权拒绝执行并

关注法天使

及时通知管理人，要求管理人重新下达有效的指令。托管人故意或过失错误执行指令或未及时执行指令，致使本计划资产的利益受到损害，应负赔偿责任。

2. 管理人保管指令原件，托管人保管指令传真件。管理人应确保原件与传真件一致，若原件与传真件不一致，以托管人收到的划款指令传真件为准。①

①由于划款指令的时效性较强，约定传真件效力优于原件。

十一、本计划的费用与税收

（一）资产管理业务费用的种类

1. 管理人的管理费；

2. 托管人的托管费；

3. 管理人的业绩报酬（若有）；

4. 财务顾问费（若有）；

5. 账户开户相关费用、委托资产拨划支付的银行费用；

6. 委托资产的证券交易费用；

7. 资产管理计划相关税费；

8. 委托资产运作、清算及变现、追偿的相关费用（包括但不限于诉讼费、仲裁费、执行费、登记费、律师费、评估费、公证费、鉴定费、查询费、拍卖费、差旅费、通信费等）；

9. 按照法律法规及本合同约定可在委托资产中列支的其他费用。

（二）费用计提方法、计提标准和支付方式

1. 管理人的管理费

本计划的管理费为委托资产金额的______% 年费率计算，管理费的计算方法如下：

H ＝ E× 年管理费率______%÷ 当年天数

H 为每日应计提的管理费

E 为前一日的委托资产金额

本资产管理计划年管理费率为______%

本计划的管理费自计划成立日起，每日计提，按季/年支付；由管理人向托管人发送委托资产管理费划付指令，托管人复核后从委托资产中一次性支付给管理人。

资产管理人接收管理费的银行账户信息：

账户名称（接收管理费）：___________期货公司（资产管理子公司）

账号：____

开户银行：____

2. 托管人的托管费

本计划的托管费为委托资产金额的______%年费率计算，托管费的计算方法如下：

H ＝ E× 年托管费率______%÷ 当年天数

H 为每日应计提的托管费

E 为前一日的委托资产金额

本资产管理计划年托管费率为______%

本计划的托管费自计划成立日起，每日计提，按季 / 年支付；由资产管理人给托管人发送划款指令，托管人审核无误后于______个工作日内从计划财产中一次性支付给托管人。

资产托管人接收托管费的银行账户信息：______________

账户名称（接收管理费）：____________________________

账号：____

开户银行：____

3. 业绩报酬（若有）

□本计划管理人不收取业绩报酬。

□本计划管理人的业绩报酬为：_______________________

按照年化收益率水平设定业绩报酬计提，按年度支付。

在年化收益率低于______%（包含）时，按账户盈利总额的______%计算业绩报酬；在年化收益率在______%以上时，提取超过______%部分的______%作为业绩报酬。

如资产管理期内客户追加资金的，按照份额折算收益率。

4. 财务顾问费（若有）

本计划财务顾问费为：________________________________

本计划不收取财务顾问费

5. 上述（二）中到项费用由托管人根据其他有关法律法规及相应合同的规定，按费用支出金额支付，列入或摊入当期委托资产运作费用。

6. 上述费用若遇法定节假日、休息日或不可抗力致使无法按时支付的，顺延至最近可支付日支付。

（三）不列入资产管理业务费用的项目

管理人和托管人因未履行或未完全履行义务导致的费用支出或委托资产的损失，以及处理与本委托资产运作无关的事项发生的费用等不列入委托资产运作费用。

（四）管理费、托管费的变更

管理人和托管人与委托人协商一致后，可根据市场发展情况调整资产管理费率和资产托管费率。

（五）税收①

委托资产和委托人根据国家法律法规的规定，履行纳税义务。本资产管理计划需承担增值税费（税金及附加等）缴纳义务的，由委托资产承担。增值税由管理人按照相关法律、法规及规章的相关规定进行计算、提取，从委托资产中扣缴。如法律、行政法规和国家有关部门的规定调整的，则按新的规定执行。

①根据《财政部、税务总局关于资管产品增值税有关问题的通知》（财税〔2017〕56号），自2018年1月1日起，资管产品管理人运营资管产品过程中发生的增值税应税行为的，暂适用简易计税方法，按照3%的征收率缴纳增值税。

由于该笔税费成本会对资产管理的收益产生较大影响，故一定要提前在合同中约定清晰资产管理计划所需承担的增值税费（税金及附加等）由管理人还是委托人承担以避免纠纷。

十二、关联方投资①

委托人授权管理人将委托资产投资于管理人及管理人关联方发行的证券，以及管理人关联方管理、参与承销或提供服务的金融产品。管理人将委托资产投资于管理人以及与管理人有关联方关系的公司发行的证券以及其发行或管理的金融产品，无需再通知委托人和托管人。

管理人将委托资产投资于管理人、托管人以及与管理人、托管人有关联方关系的公司发行的证券时，须事先以书面方式通知委托人和托管人。委托人应在______个工作日内书面答复管理人，并抄送托管人。委托人书面答复不同意或未作出答复的，管理人不得进行投资；委托人书面答复同意的，管理人应当及时将交易结果告知委托人和托管人，并向证券交易所报告。

十三、信息披露②

（一）向委托人信息披露

1. 管理人应当根据本合同约定方式向委托人提供对账单，说明报告期内委托资产的配置状况、净值变动、交易记录等情况。

2. 季度报告

管理人应当在每季度通过书面方式（包括但不限于传真或电子邮件）向委托人发送对账单，对账单包括委托资产截至上季度末最后一个交易日的资产配置、净值变动、交易记录等相关信息。

委托人接收对账单的电子邮箱或传真如下：

邮箱：______________________________

传真：______________________________

报告采用的数据以管理人与托管人的对账结果为准。

①证券公司将其管理的客户资产投资于本公司及与本公司有关联方关系的公司发行的证券或承销期内承销的证券，或者从事其他重大关联交易的，应当遵循客户利益优先原则，事先取得客户的同意，事后告知资产托管机构和客户，同时向证券交易所报告，并采取切实有效措施，防范利益冲突，保护客户合法权益。

在实操中，事先取得客户同意的方式有两种，一种直接在资产管理合同中写明，另一种是在合同履行过程中，另行通过书面告知和回复等形式确认。如果为了简化流程，可以采取本条第一款约定；如果想谨慎一些，可以采取本条第二款约定。

②合同约定，管理人应定期和不定期向投资者披露投资的情况，并向监管机构和自律组织备案。

D11149

3. 年度报告

管理人应当在每年结束之日起______个工作日内向委托人提供准确、完整的资产管理年度报告，披露报告期内委托人资产的投资状况、价值变动、交易记录、风险状况等相关信息，并报中国基金业协会备案，并抄送住所地中国证监会派出机构。报告采用的数据以管理人与托管人的对账结果为准。

（二）向中国证监会、中国证券投资基金业协会提供的报告

管理人、托管人应当根据法律法规和中国证监会、中国证券投资基金业协会的要求履行其他报告义务。

（三）委托人可以以下方式查询

委托人可于每月月初通过托管人网上银行查询托管账户资金余额及变动情况。

十四、越权交易处理

（一）越权交易的定义

本合同所指越权交易是指管理人在委托投资交易过程中发生的违反法律法规、监管规定及本合同约定的投资交易行为；进行法律法规禁止的超买、超卖行为。

（二）资产管理人应在有关法律法规和本合同规定的权限内运用资产管理计划财产进行投资管理，不得违反有关法律法规和本合同的约定，超越权限管理从事证券期货投资。因证券期货市场波动、上市公司合并、交易所限制、资产管理计划规模变动等资产管理人以外的因素致使资产管理计划投资不符合本合同约定的情况除外。

（三）资产托管人发现资产管理人的投资运作违反法律、行政法规和其他有关规定，有权拒绝执行，通知资产管理人，并报告中国证监会及其派出机构；资产托管人发现资产管理人依据交易程序已经生效的投资指令违反法律、行政法规或其他有关

规定，有权通知资产管理人并报告中国证监会派出机构及中国基金业协会。资产管理人收到通知后应及时核对或纠正，并以书面形式向资产托管人进行解释或举证。

（四）资产托管人发现资产管理人可能存在违反法律、行政法规和其他有关规定，但难以明确界定时，有权通知资产管理人。资产管理人应在三个工作日内予以答复，资产管理人在三个工作日内未予以答复的，资产托管人有权报告中国证监会派出机构及中国基金业协会。

（五）越权交易所发生的损失及相关交易费用由由计划财产或委托人负担 。因越权交易所发生的收益归委托资产所有。

十五、交易及交收清算

（一）非交易所交易资金清算与交收

场外投资的资金清算，托管人凭管理人指令和相关投资文件进行资金划拨。

（二）其他资金清算与交收

资金清算为支付税费的，托管人审核付款用途符合本合同约定后，凭管理人指令和相关单据进行资金划拨。

（三）资金划拨指令的执行

管理人的资金划拨指令，托管人对其进行表面一致性审核，托管人在复核无误后应在规定期限内执行，不得不合理延误。如发现管理人的资金划拨指令有违法、违规的或超头寸，托管人应不予执行并立即书面通知管理人要求其变更或撤销相关指令，若管理人在托管人发出上述通知后仍未变更或撤销相关指令，托管人应不予执行，及时通知委托人，并有权报告中国证监会派出机构及中国基金业协会。

（四）资金账目的对账

管理人和托管人应每日 / 月 / 年对托管资产的资金余额和交

D11149

易清算金额等数据进行核对，以确保双方账账相符。管理人应及时以书面形式将对账结果告知委托人。

（五）可用资金余额的确认

管理人、委托人可向托管人申请开通托管账户的电子对查询功能，以查询托管账户现金流情况。

十六、估值①

经委托人、管理人和托管人协商一致，本资产管理计划存续期内不估值。

（一）估值时间

本计划的估值日为正常交易日。管理人在每个估值日对资产管理计划财产进行估值，并由托管人复核。若托管人与管理人就估值无法达成一致意见的，以管理估值结果为准。

（二）估值方法

本计划按照《证券公司客户资产管理业务估值方法指引》及其他相关法律法规估值，《证券公司客户资产管理业务估值方法指引》及其他相关法律法规未明确规定的，按照成本法进行估值。

如按上述规定无法客观反映委托资产公允价值的，管理人可根据具体情况，综合考虑市场成交价、市场报价、流动性、收益率曲线等因素，按最能反映委托资产公允价值的方法进行估值。②

资产净值的计算保留到小数点后______位，小数点后第______位四舍五入。份额净值的计算保留小数点后______位，小数点后______位四舍五入。

（三）估值差错处理

1. 如管理人或托管人发现资产估值违反本合同约定的估值方法、程序及相关法律法规的规定或者未能充分维护委托人利

①集合资产管理计划需要进行资产估值、核算，并且由托管机构复核。

定向资产管理计划业务在各方同意的情况下，可以约定不估值。

②估值的方法和原则，要能够客观反映委托资产的公允价值，不能出现严重脱离实际公允价值。

益时，应立即通知对方，共同查明原因，协商解决。

2. 当委托资产估值出现错误时，管理人和托管人应及时通知委托人，并说明采取的措施，经委托人同意后，及时更正。

十七、会计核算

（一）会计政策

1. 本计划委托财产的会计责任方由管理人担任。就与本计划委托资产有关的会计问题，在经相关各方在充分讨论后仍无法达成一致意见的，以管理人意见为准。

2. 本项委托资产的会计年度为每年 1 月 1 日至 12 月 31 日。

3. 记账本位币为人民币，记账单位为______元。

4. 委托资产的会计核算按《证券投资基金会计核算业务指引》执行。

（二）会计核算方法

1. 管理人、托管人应根据有关法律法规，对委托资产单独建账、独立核算。

2. 管理人、托管人应保留完整的会计账目、凭证并进行日常的会计核算，编制会计报表。

3. 管理人和托管人应根据企业会计准则相关规定进行委托资产的会计核算，并在每个年 / 月 / 日进行核对。当委托资产会计核算出现错误时，管理人和托管人应及时通知委托人，并说明采取的措施，经委托人同意后，及时更正。

十八、委托资产的清算及返还

（一）委托资产的清算

本合同终止或提前终止的，管理人应在资产委托到期日后______个工作日内编制委托资产清算方案并发送给委托人、托管人。委托人和托管人无异议的，应在收到委托资产清算方案后______个工作日书面确认。委托人、托管人有异议的，应在收到委托资产清算方案后______个工作日内通过书面方式将不同意的部分和理由发送给管理人。委托人、托管人未在上述约定时间内对管理人做出书面回复，视为无异议。

（二）委托资产的返还

委托资产清算完毕，并足额支付税款及管理费、托管费等本合同约定的相关费用后，管理人向委托人返回委托资产。在资产委托期限终止前，管理人应将委托资产中的非现金类资产变现。托管人按照管理人指令将管理费、托管费等费用从托管账户划往相应收款账户后，将托管账户中的剩余现金资产返还给委托人。

若委托资产中有不能变现的（包括但不限于债权、收益权、份额、股份等非现金类资产），委托人有权以委托资产现状方式向委托人分配返还资产管理计划财产。管理人通知委托人，并办理相应变更手续（若有）后，即视为管理人已充分、勤勉履行管理人应尽义务、完成了资产管理计划财产的分配和返还①。

经管理人、委托人、托管人协商一致的，也可将资产委托期限顺延，顺延期间管理费、托管费继续计算。待非现金类资产可变现后，管理人应立即变现并在扣除变现费、税费、管理费、托管费等合同约定的相关费用后，向委托人返还。

（三）专用证券账户的注销或转换

资产管理计划财产清算完毕后，由管理人负责注销或转换资产管理计划的资金账户、证券账户等资产管理计划专用账户。若委托人未开立普通证券账户的，管理人经征求委托人意愿后，向证券登记结算机构申请注销专用证券账户或将专用证券账户转换为普通证券账户。

专用证券账户注销或转换为普通证券账户的，管理人还应当及时向报证券交易所备案。

---

①委托资产的返还是定向资产管理计划合同的核心重点条款。

本合同明确约定，合同期限届满、提前终止或合作银行提取委托资产时，证券公司有权以委托资产现状方式向委托人返还。

十九、合同的生效、变更与终止

（一）合同的成立

资产委托人为机构的，本合同经委托人、资产管理人、资产托管人加盖公章或合同专用章以及各方法定代表人、机构负责人或其授权代表签章之日起成立；委托人为自然人的，本合同经委托人本人签字、资产管理人、资产托管人加盖公章或合同专用章及其法定代表人或其授权代表签章之日起成立。若签章之日非同一日，最后一方签章之日为成立日。

（二）合同的生效

本合同自委托资产到账并开始运作之日生效。本合同自生效之日起对资产委托人、资产管理人具有同等的法律约束力。

（三）合同的变更

资产委托人、资产管理人、资产托管人协商一致后，可对本合同内容进行变更。但因相应的法律法规、自律规则发生变动而需要对资产管理合同进行变更，且变更不涉及合同当事人实质权利义务关系发生变化、对资产委托人利益无实质性不利影响的，资产管理人有权单方变更本合同。

委托人、管理人、托管人承诺不通过签订补充协议、修改合同等任何方式约定保证委托资产投资收益、承担投资损失、或排除委托人自行承担投资风险和损失。

对资产管理合同任何形式的变更，资产管理人应当在合同变更后起5个工作日内报中国证券投资基金业协会备案，同时抄送管理人住所地、资产管理分公司、资管子公司所在地中国证监会派出机构。

（四）合同的终止

本合同有效期为资产管理计划合同生效日至资产管理计划存续期届满。本合同终止的情形包括下列事项：

D11149

1. 存续期届满而未延期的；

2. 经委托人、资产管理人、资产托管人三方协商一致决定终止的；

3. 管理人被依法取消资产管理业务资格的；

4. 托管人被依法取消资产管理托管业务资格的；

5. 管理人依法解散、被依法撤销或被依法宣告破产的；

6. 托管人依法解散、被依法撤销或被依法宣告破产的；

7. 本计划触发本合同约定的止损条件，导致本计划提前终止的；

8. 当委托人委托资产发生权属变更等可能影响管理人资产管理业务正常运行的重大变更时，管理人有权提前终止资产管理委托；

9. 因法律法规、自律规则及监管要求的变化导致本计划不符合相关要求而无法继续运作的；

10. 法律法规、自律规则和本合同规定的其他情形。

（五）合同的备案①

管理人应当在签订本合同 5 个工作日内将本合同报中国证券投资基金业协会、中国证券业协会备案，同时抄送管理人住所地、资产管理分公司、资管子公司所在地中国证监会派出机构。

二十、保密条款

（一）本合同各方当事人应就计划资产以及相关信息承担保密责任。除法律、法规的规定和监管部门要求外，未经对方书面同意，任何一方不得以任何方式披露或利用上述信息。

（二）本合同任何一方未经其他方当事人事先书面同意，不得使用其他方当事人的商标、标识、商业信息等知识产权，否则守约方有权解除本合同并向违约方追究责任。

①由于属于证监会体系下业务，合同签订后，应及时向监管机构及自律组织备案。

（三）本合同终止后，各方当事人均应持续履行保密义务，保密义务不因本合同的解除、终止而终止。

二十一、违约责任

（一）因本合同当事人的违约行为造成本合同不能履行或者不能完全履行的，由违约的一方承担违约责任；如属当事人多方违约，根据实际情况，由违约方分别承担各自应负的违约责任。

（二）发生下列情况，当事人可以免责：

1. 因不可抗力（包括但不限于地震、台风、水灾、火灾、战争、罢工、暴乱，以及国家法律法规、政策等发生变化等）导致本合同一方或各方当事人无法全部履行或部分履行本合同的，任何一方或各方当事人根据不可抗力的影响部分或全部免除违约责任。

遇有不可抗力的一方或各方当事人应在合理行为能力范围内勤勉尽责，及时通知其他方当事人，并在合理期限内提供受到不可抗力影响的证明，并采取适当的措施以在最大限度防止损失的扩大。

2. 资产管理人、资产托管人按照法律法规或中国证监会、交易所、行业自律组织的要求或市场惯例、本合同约定的作为或不作为而造成的资产委托人损失 。

3. 资产管理人、资产托管人由于按照本合同约定的投资策略行使或不行使其投资权而造成的资产委托人损失 。

4. 资产委托人未能事前就其关联证券或其他禁止交易证券明确告知资产管理人致使资产管理计划产生违规投资行为的，资产管理人、资产托管人不承担任何责任。

5. 本合同一方应保证本合同规定必须由其提供的信息、数据真实完整，并承担相应的法律责任。若一方当事人基于其他方提供的不完整或不真实信息进行作为或不作为，给计划财产

D11149

或者其他方当事人造成损失的，该一方当事人不承担违约责任，损失赔偿责任由提供不完整或不真实信息方当事人承担。

6. 法律法规规定及本合同约定的其他情况。

（三）合同一方当事人违反法律法规或本合同约定，给计划财产或者其他方当事人造成损失的，应当对本合同约定的职责以内行为依法承担赔偿责任，但不因各自职责以外的事由与其他当事人承担连带赔偿责任。合同多方当事人因共同行为给计划财产或其他方当事人造成损害的，应当承担连带赔偿责任。

（四）在一方违约的情况下，本合同能继续履行的，应当继续履行。

（五）在发生一方当事人违约的情况下，其他当事人在职责范围内有义务及时采取必要的措施，防止损失的扩大。没有采取适当措施致使损失进一步扩大的，不得就扩大的损失要求赔偿。守约方因防止损失扩大而支出的合理费用由违约方承担。

（六）本合同所指损失均指直接损失。

二十二、法律适用与争议处理

（一）本合同适用于中华人民共和国法律法规（不包括香港特别行政区、澳门特别行政区及我国台湾地区法律法规）。

（二）因本合同的订立、内容、履行和解释或因本合同而产生的任何争议，合同各方当事人应尽量通过协商、调解途径解决，或提请证券纠纷行业调解方式解决。合同各方当事人不愿或者不能通过协商、调解解决的，任何一方均有权向管理人住所地有管辖权的人民法院提起诉讼 / 向仲裁委员会提起仲裁解决。

争议处理期间，合同当事人应恪守各自的职责，继续忠实、勤勉、尽责地履行本合同无争议部分，尽量维护合同各方当事人的合法权益。

二十三、通知和送达

（一）合同各方应按照本合同中约定的各自的通信方式，以专人、电话、手机短信、特快专递、传真、电子邮件、营业场所或网站公告等方式进行本合同项下相关事宜的通知和相关文件的送到。

（二）通知在下列日期视为送达被通知方：

1. 专人送达：被通知方在签收单或回执单上签收所示日视为通知送达之日；

2. 电话：以通话当时视为通知已经送达；电话拨打三次无法接通或无人接听的，以最后一次拨出电话时间为通知经送达之日；

3. 手机短信：管理人手机短信发送系统发出之日视为通知送达之日；

4. 邮寄送达：被通知方在签收单上或回执单签收所示日，若通知方自成功寄出之日起个工作日内未收到被通知方回执或异议的视为通知送达之日；

5. 传真：传真发出送当日视为通知送达之日 ；

6. 电子邮件：以发出方电子系统显示成功发送之日视为视为通知送达之日；

7. 以营业场所或网站公告的，在管理人营业场所张贴公告或在资产管理人网站（www.com）、中国证券投资基金业协会网站（www.amac.org.cn）、中国证券业协会（www.sac.net.cn）等网站发出公告之日视为通知送达之日。①

（三）一方通信地址或联络方式发生变更，变更方应提前______个工作日以书面形式通知其他合同方。如果通信地址或联络方式发生变更的一方，未将有关变化及时通知对方，除非法律另有规定，对方按原通信地址或联络方式发出通知的，

①合同可以约定以管理人官方网站为公告送达途径，投资者应密切关注管理人的官方网站信息，

D11149

视为已经履行通知义务，未通知方应对由此而造成的影响和损失承担责任。

二十四、其他事项

（一）如将来中国证监会对资产管理合同的内容与格式有其他要求的，委托人、管理人和托管人应立即展开协商，根据中国证监会的相关要求修改本合同的内容和格式。

（二）本合同若有未尽事宜，由合同当事人各方按有关法律法规和规定协商解决。

（三）本合同一式______份，委托人______份，托管人______份，管理人______份，报管理人住所地中国证监会派出机构备案______份，报中国基金业协会备案______份，每份具有同等法律效力。

（四）管理人、托管人确认已向委托人说明定向资产管理业务的风险，不以任何方式对委托人资产本金不受损失或者取得最低收益做出承诺；委托人确认，已充分理解本合同内容，自行承担投资风险和损失。

（五）委托人、管理人、托管人不得通过签订补充合同、修改合同等任何方式，约定管理人保证委托资产投资收益或承担投资损失，或排除委托人自行承担投资风险和损失。

（六）委托人、管理人、托管人对本合同的所有条款已经阅悉，均无异议，并对各方之间的法律关系、有关权利、义务和责任的条款的法律含义有准确无误的理解，保证不以“显失公平”“重大误解”或任何其他理由，要求人民法院或仲裁机构变更或撤销本合同及本合同内的任何条款。

（以下无正文，为编号为的《证券定向资产管理计划资产管理合同》之签署页）

委托人（章）：________________________________

法定代表人或授权签字人：________________________

签署日期：______年______月______日

管理人：__________ 证券公司（公章）/__________证券资产管理子公司

法定代表人或授权签字人：________________________

签署日期：______年______月______日

托管人：________________________________

法定代表人或授权签字人：________________________

签署日期：______年______月______日

D11149

附件一　证券公司定向资产管理业务风险揭示书

文本正文：http://www.fatianshi.cn/D11148

尊敬的投资者：

证券公司 / 资产管理子公司（以下简称本公司）已经中国证券监督管理委员会（以下简称中国证监会）批准，具有开展定向资产管理业务的资格。为使您更好地了解定向资产管理业务的风险，根据法律、行政法规和中国证监会的有关规定，请您认真阅读本风险揭示书，慎重决定是否参与。

一、了解定向资产管理业务，区分风险收益特征

您在参与定向资产管理业务前，请务必了解定向资产管理业务的基础知识、业务特点、风险收益特征等内容，并认真听取管理人、托管人等对相关业务规则和定向资产管理合同内容的讲解。

定向资产管理①业务是专门为机构和高端个人投资者提供的理财服务，可根据不同理财需求和风险偏好为客户量身定制不同的产品。定向资产管理业务的委托资产交由托管人托管，由管理人进行专业的投资运作。但是，定向资产管理业务也存在着一定的风险，管理人不承诺您资产本金不受损失或者取得最低收益。

二、了解定向资产管理业务风险

本定向资产管理计划可能面临的风险，包括但不限于以下几项：

①资产管理业务存在亏损等风险，投资者应了解风险情况，并结合自己的承受能力选择合适的产品。

（一）市场风险

市场风险是指投资品种的价格因受经济因素、政治因素、投资心理和交易制度等各种因素影响而引起的波动，导致收益水平变化，产生风险。市场风险主要包括：

1. 政策风险

货币政策、财政政策、产业政策等国家宏观经济政策的变化对资本市场产生一定的影响，导致市场价格波动，影响定向资产管理业务的收益而产生风险。

2. 经济周期风险

经济运行具有周期性的特点，受其影响，定向资产管理计划的收益水平也会随之发生变化，从而产生风险。

3. 利率风险

金融市场利率的波动会直接影响企业的融资成本和利润水平，导致证券市场的价格和收益率的变动，使定向资产管理业务收益水平随之发生变化，从而产生风险。

4. 购买力风险

您的利润将主要通过现金形式来分配，而现金可能因为通货膨胀的影响而导致购买力下降，从而使您的实际收益下降。

5. 上市公司经营风险

上市公司的经营状况受多种因素影响，如市场、技术、竞争、管理、财务等会导致公司盈利状况发生变化。如定向资产管理业务所投资的上市公司经营不善，与其相关的证券价格可能下跌，或者能够用于分配的利润减少，从而使定向资产管理业务收益水平下降。

6. 衍生品风险

由于金融衍生品具有杠杆效应且价格波动剧烈，会放大收益或损失，在某些情况下甚至会导致投资亏损高于初始投资金

D11148

额。因此，如果定向资产管理计划投资于金融衍生品，可能会影响定向资产管理计划的收益水平。

（二）管理风险

在定向资产管理计划运作过程中，管理人的知识、经验、判断、决策、技能等，会影响其对信息的获取和对经济形势、金融市场价格走势的判断，如管理人判断有误、获取信息不全、对投资工具使用不当等影响定向资产管理计划的收益水平。

（三）流动性风险

委托资产不能迅速转变成现金，或者转变成现金会对资产价格造成重大不利影响的风险。流动性风险按照其来源可以分为两类：

1. 市场整体流动性相对不足。证券市场的流动性受到市场行情、投资群体等诸多因素的影响，在某些时期成交活跃，流动性好；而在另一些时期，可能成交稀少，流动性差。在市场流动性相对不足时，交易变现有可能增加变现成本，对委托资产造成不利影响。

2. 证券市场中流动性不均匀，存在个股和个券流动性风险。由于流动性存在差异，即使在市场流动性比较好的情况下，一些个股和个券的流动性可能仍然比较差，从而在进行个股和个券操作时，可能难以买入和卖出预期的数量，或买入卖出行为对个股和个券价格产生比较大的影响，增加个股和个券的建仓成本或变现成本。

（四）信用风险

信用风险是指发行人是否能够实现发行时的承诺，按时足额还本付息的风险，或者交易对手未能按时履约的风险。

1. 交易品种的信用风险：投资于公司债券等固定收益类产品，存在发行人不能按时足额还本付息的风险；此外，当发行人信用评级降低时，定向资产管理业务所投资的债券可能面临价格下跌风险。

2. 交易对手的信用风险：交易对手未能履行合约，或在交易期间未如约支付已借出证券产生的所有股息、利息和分红，将使定向资产管理业务面临交易对手的信用风险。

（五）再投资风险

您将从本计划中获得的收益进行再次投资的情况，因以上所述风险的发生，而导致您再投资资产出现亏损的风险。

（六）其他风险

1. 技术风险。在定向资产管理业务的日常交易中，可能因为技术系统的故障或者差错而影响交易的正常进行或者导致您的利益受到影响。这种技术风险可能来自管理人、托管人、证券交易所、证券登记结算机构等。

2. 战争、自然灾害等不可抗力因素的出现，将会严重影响证券市场的运行，可能导致委托资产的损失，从而带来风险。

3. 法律、法规变化及 / 或监管部门要求，可能导致委托资产的损失或相应收益无法实现，从而带来的风险。

4. 因监管政策变化，存在监管机构书面或口头叫停本定向业务等相关产品的风险。

5. 因执行国家与本计划相关的税收政策，可能会导致委托资产再承担相应税费后，委托资产投资收益降低。

（七）管理人资质风险

担任定向资产管理业务管理人的证券公司或担任定向资产管理业务托管人的资产托管机构，因停业、解散、撤销、破产，或者被有权机构撤销相关业务许可等原因不能履行职责，可能给您带来一定的风险。

三、了解自身特点，制定适当的定向资产管理业务方案

您在参与定向资产管理业务前，应综合考虑自身的资产与收入状况、投资经验、风险偏好，制定与本单位风险承受能力相匹配的定向资产管理业务方案。

由上可见，参与定向资产管理业务存在一定的风险，您存在盈利的可能，也存在亏损的风险；管理人不承诺确保您委托的资产本金不受损失或者取得最低收益。

您在参与定向资产管理业务前，已了解定向资产管理业务的基础知识、业务特点、风险收益特征等内容，并已认真听取证券公司对相关业务规则和定向资产管理合同内容的讲解。

您已了解通过专用证券账户持有或者通过专用证券账户和其他证券账户合并持有上市公司股份达到规定比例时，应由您自行履行法律、行政法规和中国证监会规定的公告、报告、要约收购等义务，并自行承担未及时履行义务的法律责任。

本风险①揭示书的揭示事项仅为列举性质，未能详尽列明您参与定向资产管理业务所面临的全部风险和可能导致您资产损失的所有因素。

您在参与定向资产管理业务前，应认真阅读并理解相关业务规则、资产管理合同及本风险揭示书的全部内容，并确信自身已做好足够的风险评估与财务安排，避免因参与定向资产管理业务而遭受难以承受的损失。

定向资产管理业务的投资风险由您自行承担，证券公司、资产托管机构不以任何方式对您资产本金不受损失或者取得最低收益做出承诺。

特别提示：您在本风险揭示书上签字，表明您已经理解并愿意自行承担参与定向资产管理业务的风险和损失。

客户：________________________________

（签字及 / 或盖章）

签署日期：______年______月______日

①风险揭示书以醒目文字载明本段，以提示投资者。

附件二　初始委托资产交付通知书[①]

文本正文：http://www.fatianshi.cn/D11141

证券公司/资产管理子公司、托管人：

根据委托人与管理人、托管人签署的《定向资产管理计划资产管理合同》（编号____________），本机构交付初始委托资产，初始委托资产清单如下：

现金资产：____

现金资产人民币______元（大写：人民币______元整）

非现金资产：____

（股票、债券、证券投资基金份额、集合资产管理计划份额、央行票据、短期融资券、资产支持证券、金融衍生品）合计____

____

（非现金资产按运作起始日前一交易日收盘价市值计算）

委托人：____

______年______月______日

①集合资产管理计划委托资产只能是现金；定向资产管理计划委托资产除了现金，还可以是股票、债券等非现金资产。

D11141

附件三　委托资产起始运作通知书

尊敬的委托人、托管人：

根据三方共同签署《____________定向资产管理计划资产管理合同》（编号____________），由我公司担任委托资产的管理人，担任委托资产的托管人。______年______月______日，委托人已将初始委托资产（初始委托资产明细见附件初始委托资产明细）转入本委托资产开立的委托资产专用账户，本定向资产管理计划已经具备正式投资运作的条件。特此通知。

附件：初始委托资产明细：

现金资产：人民币______元（大写：人民币______元整）

非现金资产：（股票、债券、证券投资基金份额、集合资产管理计划份额、央行票据、短期融资券、资产支持证券、金融衍生品）

请委托人、托管人收到本通知后，向本管理人签章确认签收本通知，本通知书自确认签收之日起生效（若非同日签收，以最后一方签收日为准）。

管理人____

______年______月______日

附件四　第______期委托资产追加通知书①

①投资者可以在资产管理计划成立运作过程中，追加委托资产。

文本正文：http://www.fatianshi.cn/D11146

委托人、托管人：

根据三方共同签署《____________定向资产管理计划资产管理合同》（编号____________）约定，本委托人对追加委托资产事宜通知如下：

本委托人已于______年______月______日向委托资产专用账户追加第期委托现金资产：人民币________元（大写：人民币________元整），非现金资产（股票、债券、证券投资基金份额、集合资产管理计划份额、央行票据、短期融资券、资产支持证券、金融衍生品），合计委托资产人民币______元（大写：人民币______元整）。

特此通知。

______年______月______日

D11146

附件五　委托资产提取通知书

管理人、托管人：

本委托人于______年______月______日提取委托资产人民币______元（大写：人民币______元），根据三方共同签署的《____________定向资产管理计划资产管理合同》（编号____________）约定，请管理人向托管人出具划款指令，将所提取现金资产划入本委托人的如下账户：

户名：____

开户行：____

账号：____

委托人：____

______年______月______日

附件六　划款指令

文本正文：http://www.fatianshi.cn/D11143

托管人：

根据三方共同签署《____________定向资产管理计划资产管理合同》（编号____________）约定，特向贵行申请如下划款：

时间：______年______月______日　　　　单位：人民币元

<table>
<tr><td>付款户名称：</td><td>收款户名称：</td></tr>
<tr><td>付款账号：</td><td>收款账号：</td></tr>
<tr><td>开户行：</td><td>开户行：</td></tr>
<tr><td>付款金额（大写）：</td><td>付款金额（小写）：</td></tr>
<tr><td colspan="2">划款方式：</td></tr>
<tr><td colspan="2">用途及备注：</td></tr>
<tr><td colspan="2">管理人经办人：
管理人审核人：
管理人复核人：
管理人（预留印鉴盖章）：</td></tr>
<tr><td colspan="2">托管人经办人：
托管人审核人：
托管人复核人：
托管人（预留印鉴盖章）：</td></tr>
</table>

D11143

关注法天使

附件七　投资指令

文本正文：http://www.fatianshi.cn/D11144

编号：____________

管理人：

根据三方共同签署《____________定向资产管理计划资产管理合同》（编号____________）约定，本委托人现向贵司出具指令，委托贵司将《定向资产管理计划资产管理合同》项下第期委托资产进行如下投资。

投资标的、内容：认购

投资金额：人民币______万元（小写），人民币______元整（大写）

投资期限：____

投资方式：请贵司代表定向资产管理计划签署《____________合同》（合同编号____________）《收益权转让协议》（协议编号____________）等。

交易文件：（《____________合同》《收益权转让协议》等）。

委托人声明：①

1. 委托人已经对本投资指令认购标的真实性合法性、完整性进行了核验，并对产品的管理的投资情况等状况做好了尽职调查。委托人承诺投资指令不存在法律法规、监管机构及行业自律组织禁止的情形。投资指令及穿透的最终投资标的不存在不符合国家产业政策、环境保护政策的情况，包括但不限于

---

①定向资产管理合同投资范围较宽泛，管理人仅对投资指令的形式进行审核，确认投资指令范围符合合同约定即按照投资指令执行。

但投资指令内容不得违反法律和监管的规定，否则即使委托人下达投资指令，管理人也不得执行。

以下情形：（一）投资项目被列入国家发展改革委最新发布的淘汰类产业目录；（二）投资项目违反国家环境保护政策要求；（三）投资项目属于高污染、高能耗、产能过剩等行业；（四）投资于房地产价格上涨过快热点城市普通住宅地产项目，或通过银行委托贷款、信托计划、受让资产收（受）益权等方式向房地产开发企业提供融资用于支付土地出让价款或补充流动资金，或直接或间接为各类机构发放首付贷等违法违规行为提供便利；（五）法律法规或监管部门的其他规定。因委托人违反承诺或承诺不真实给管理人造成的损失由委托人向管理人承担赔偿责任。

2. 委托人已经①充分知晓投资标的可能存在的相关风险，这些风险可能导致委托资产无法获得收益，甚至遭受损失。出现前述情况时，由委托人负责通过协商、仲裁、诉讼等方式予以解决，管理人不承担任何责任，费用由委托资产承担。

3. 本投资指令认购标的涉及的合同、协议系管理人接受委托人委托，按照投资指令代表委托人签订，委托人对管理人根据投资指令从事的投资行为承担完全后果，自行承担投资风险，并处理相关纠纷。合同期限届满、提前终止或合作银行提取委托资产时，管理人有权以委托资产现状方式向委托人返还。

委托人：____

法定代表人或授权人（签字）：______________________

______年______月______日

①管理人按照投资指令投资后，因投资产生的纠纷和损失，由委托人自行承担风险并负责处理纠纷。

D11144

回　执

编号：____________

尊敬的委托人：

贵司发送的《投资指令书》（编号____________）本公司确认已收悉，本公司对该投资指令书所列投资事项无异议，并将严格按照委托人投资指令进行投资操作。

管理人：____

______年______月______日

附件八　划款授权书

文本正文：http://www.fatianshi.cn/D11140

托管人：

根据三方共同签署《____________定向资产管理计划资产管理合同》（编号____________）约定，我公司特授权下列人员进行签发划款指令或通知。授权有效期自______起至______止。

划款指令预留用印及授权人签字印鉴样本如下：

划款指令签发业务章（预留印鉴章）：___________________

授权指令人（预留签名）：_____________________________

管理人：（公章）_______________________________________

______年______月______日

D11140

附件九　预留印鉴样本

委托人 预留印鉴	
管理人 预留印鉴	
托管人 预留印鉴	

委托人：________________________________

______年______月______日

管理人：________________________________

______年______月______日

托管人：________________________________

______年______月______日

第六部分　证券期货市场场外衍生品交易业务（证券、期货、风险管理子公司、资管计划）

中国证券期货市场场外衍生品交易主协议
（场外期权/权益互换）

使用场景：

《中国证券期货市场场外衍生品交易主协议》及《补充协议》是由中国证券业协会、中国期货业协会、中国证券投资基金业协会制定的约定场外衍生品交易参与双方的权利义务条款的协议。

法律要点：

1.《主协议》主要约定了在场外衍生品交易过程中，交易的净额支付、违约事件、终止事件、争议解决等条款。证券机构、期货机构、证券期货机构发起的资产管理计划、期货机构的风险管理子公司以及其他场外市场参与者均可能作为协议的主体。

2. 在实操中，交易各方一般参照中国证券业协会、中国期货业协会、中国证券投资基金业协会制定模板签署《主协议》及定义文件，另在《补充协议》《交易确认书》中约定个性化事宜。

3. 投资者适当性。合同主体方面，证券机构不得与自然人对手方开展场外衍生品交易。另外，根据中国期货业协会2017年9月27日发布的《关于加强风险管理公司场外衍生品业务适当性管理的通知》（中期协字〔2017〕83号），期货公司的风险管理子公司在展业过程中应严格落实投资者适当性要求，防范信用风险，不得与自然人客户开展场外衍生品交易业务。

D11150

4. 需要特别注意的是，由于场外衍生品交易的设计较为复杂，收益互换、场外期权等场外衍生品曾被个别参与者作为工具，用于非法配资等违法违规业务。合同主体要特别注意核实合同交易对手方的真实目的是否合法合规。根据中国证券业协会 2017 年 9 月发布的《关于加强场外衍生品业务自律管理的通知》（中证协发〔2017〕123 号），证券期货等机构参与场外衍生品交易的，应在合同签署和履行过程中防范风险，避免出现为交易对手方提供融资或者变相融资服务，收取明显超过履约保障需要的保证金，依照交易对手方指令使用保证金，为非标资产规避监管行为提供服务或便利等违法违规行为。

5. 在合同主体方面，还应该注意，除了证券机构，证券机构的集合资产管理计划参与权益收益互换场外衍生品交易的，也应当严格按照《证券公司集合资产管理业务实施细则》（证监会公告〔2013〕28 号）的规定，不得与证券自营账户及公司其他证券资产管理账户进行相关交易，不得进行任何形式的利益输送。

文本正文：http://www.fatianshi.cn/D11150

中国证券期货市场场外衍生品交易主协议
（场外期权/权益互换）

为明确交易双方在进行场外衍生品交易（以下简称交易）中的权利和义务，维护交易双方的合法权益，依据中华人民共和国相关法律法规并参照国际通行的商业规则，____________（甲方）和____________（乙方）本着自愿协商、诚实信用的原则，签署本《中国证券期货市场场外衍生品交易主协议》（2014 年版）（以下简称主协议）及《中国证券期货市场场外衍生品交易主协议补充协议》（以下简称补充协议）。

第一条　协议的构成、单一协议与协议效力等级

交易双方一致同意：

1.1　交易双方在进行交易时应签署交易确认书[①]，约定交易的相关条款，并明确该交易适用主协议。交易双方就具体类别交易签署的交易确认书可以约定适用相关行业自律组织颁布的标准交易条款（含其定期的修改或更新）。

交易双方在进行交易时可以提供履约保障，所签署的履约保障协议为补充协议的附件。主协议、补充协议以及交易确认书统称本协议。

1.2　本协议构成交易双方之间单一和完整的协议，交易双方之间的所有交易均受本协议约束。

1.3　在补充协议与主协议出现不一致时，补充协议具有优先效力；就一笔交易而言，在主协议、补充协议和相关交易确认书出现不一致时，效力优先顺序如下：交易确认书、补充协议、主协议。

第二条　支付与交付义务

2.1　交易双方应当按照本协议的约定履行交易确认书下明确的支付或交付义务。付款方应于支付日向收款方支付应付款项。以实物交付方式结算的，交付方应于交付日向对方完成交付，本协议另有约定的除外。

2.2　交易一方履行上述支付或交付义务的先决条件为：

2.2.1　交易对方不存在违约事件或潜在违约事件；

2.2.2　就相关交易而言，未出现或未有效指定提前终止日；

2.2.3　本协议约定的其他先决条件已获满足。

2.3　若交易一方变更其用于接收付款或交付的账户，应在原定结算日前至少5个营业日向交易对方发出变更通知。

第三条　净额支付

3.1　当交易双方就同一交易在任一日互负支付义务时，交

①交易确认书是附件，约定了具体交易的内容。

D11150

易双方对应支付金额进行轧差计算[①]，即交易一方的应支付金额若超过另一方的应支付金额，则由应支付金额较大的一方向另一方支付轧差金额，交易双方在该交易下的支付义务即于当日履行完毕。

3.2　交易双方可对两笔或两笔以上交易选择适用净额结算的方法履行支付义务，即交易双方应对该多笔交易下同一日应支付金额进行轧差计算，并由应支付金额较大的一方向另一方支付轧差金额，交易双方在该多笔交易下的支付义务即于当日履行完毕。交易双方应在补充协议或交易确认书中明确约定对多笔交易适用净额结算。

第四条　违约事件

交易一方、其履约保障提供方发生下列任何事件即构成该方的违约事件：

4.1　未能支付或交付

交易一方未按本协议的约定支付，且在收到逾期通知后的1个营业日内仍未纠正的；或者未按第2.1款或第9.1.3项的约定履行交付义务，且在收到逾期通知后的1个交付日内仍未纠正的。

4.2　违反协议、否认协议

4.2.1　除第4.1款规定外，交易一方未遵守本协议的约定（不包括本协议下发出终止事件通知的义务），且在收到违约通知后30日内仍未纠正。

4.2.2　交易一方对本协议或其下相关交易的部分或全部予以否认，或对其有效性提出异议，或明示将拒绝履行。

4.3　履约保障违约

4.3.1　交易一方或其履约保障提供方未按履约保障协议的规定遵守相关协议或履行相关义务，且在约定的宽限期届满后

①轧差计算是权益互换等场外衍生品交易的特点之一。

仍未纠正的。

4.3.2　在与履约保障协议相关的任何交易下义务履行完毕前，未经另一方书面同意，交易一方的履约保障协议提前到期或终止，或者该方或其履约保障提供方为本协议之目的向另一方提供的任何履约保障全部或部分失效，但该履约保障协议按照其条款正常到期或终止的情况除外。

4.3.3　交易一方或该方的履约保障提供方对履约保障协议的全部或部分予以否认，或者对履约保障协议的有效性提出异议。

4.4　不实陈述

交易一方在本协议下或该方的履约保障提供方在履约保障协议下作出的某项陈述，被证实在作出之时或视为作出之时存在重大的不准确或误导内容。

4.5　交叉违约

如补充协议明确约定适用交叉违约条款，则交叉违约指以下任何情形：

4.5.1　交易一方、其履约保障提供方在特定债务下发生到期未支付的违约行为（且在宽限期内未予补救），所涉累计违约金额（单独或与第 4.5.2 项所述金额合计）达到补充协议规定的交叉违约触发金额。

4.5.2　交易一方、其履约保障提供方在特定债务下发生违约行为并导致该特定债务被通知或可被通知提前到期，且所涉累计本金数额（单独或与第 4.5.1 项所述金额合计）达到补充协议规定的交叉违约触发金额。

4.5.3　如果在特定债务下违约：（1）是因为在操作或处理方面失误、遗漏或疏忽而未能支付或交付所导致的，且（2）该方有资金或资产在到期时进行支付或交付，且（3）在对方就该等事实发出通知后的3个营业日内做出了支付或交付，则不构成主协议第4.5款下的交叉违约。

4.6　破产

交易一方、该方的履约保障提供方发生下列任何情形：

4.6.1　解散（因合并、重组导致的解散除外）；

4.6.2　不能清偿到期债务，并且资产不足以清偿全部债务或明显缺乏清偿能力的；

4.6.3　为其债权人利益就其全部或实质性资产达成转让协议或清偿安排，或就其全部或大部分债务的清偿事宜与债权人做出安排或达成和解协议；

4.6.4　监管部门启动针对其的重整、和解、破产、清算、停业整顿、托管、接管、行政重组、撤销、关闭等行政或司法程序；或自身申请重整、和解、破产、清算程序；或其债权人启动针对其的接管、破产、清算等行政或司法程序，导致其被依法宣告破产、停业、清算或被接管，或上述程序在启动后30日内未被驳回、撤销、中止或禁止的；

4.6.5　做出停业、清算或申请破产的决议；

4.6.6　就自身或自身的全部或大部分资产寻求临时清算人、托管人、受托人、接管人或其他类似人员或任命、被任命了任何前述人员；

4.6.7　其债权人作为担保权人采取行动取得了其全部或大部分资产，或使其全部或实质部分资产被查封、扣押、冻结、或强制执行，且上述情形在30日内未被相关权力机关撤销或中止；

4.6.8　其他任何与第4.6.1项至第4.6.7项有类似效果的事件。

4.7　特定交易下违约[1]

若交易双方在补充协议中约定适用本条款，则在已有效达成的特定交易下，交易一方或该交易一方的履约保障提供方发

①若适用本条款，则违约的触发主体不仅限于合同双方，参与主体应考虑利弊，决定是否适用本条款。

生下列任一情形的，构成该交易一方对本协议的违约：

4.7.1 对该特定交易予以否认或明示将拒绝履行；

4.7.2 未按约定履行支付义务，且该不履约行为导致该特定交易发生清算、被提前终止或义务被宣告加速到期的情形；

4.7.3 未按约定在该特定交易的支付日履行支付义务，或未支付与该特定交易的提前终止有关的任何款项，且在适用的宽限期届满时仍未纠正的；

4.7.4 未按约定履行任何交付义务，且在适用的宽限期届满时仍未纠正的，导致该特定交易所属协议下的全部交易发生清算、被提前终止或义务被宣告加速到期。

但若上述第 4.7.2 项至第 4.7.4 项的情形是由于主协议第 6.1 款所述事件导致的除外。

4.8 不承担债务之合并

在交易一方或该交易一方的履约保障提供方发生分立后仍然存续，或与另一实体联合、合并或重组，或把其实质性资产转移到另一实体的情况下，该最终存续、承继或受让的实体未能履行或明示将不履行前述交易一方或履约保障提供方在本协议或原履约保障协议下的义务，或未经另一方同意，该最终存续、承继或受让的实体履行本协议下的义务未获得原履约保障协议的保障。

第五条 违约事件的处理

5.1 确定提前终止日

5.1.1 当发生第四条所述违约事件且该违约事件仍然持续，守约方有权书面通知违约方该违约事件的发生，并指定提前终止日。指定的提前终止日应为该通知生效之日起 10 个工作日内的任一日，且一旦被指定后即不可撤销或更改。所有被终止交易将在提前终止日终止。

D11150

5.1.2　若交易双方在补充协议中约定适用“自动提前终止”条款，则（1）若交易一方发生了第 4.6.1 项、第 4.6.3 项、第 4.6.5 项、第 4.6.6 项所述违约事件或在与之类似的范围内发生了第 4.6.8 项约定的违约事件，所有被终止交易于该违约事件发生之日自动终止，提前终止日为该违约事件发生之日；或（2）若交易一方发生了第 4.6.4 项所述违约事件或在与之类似的范围内发生了第 4.6.8 项约定的违约事件，提前终止日为相关请求提出或相关程序提起之日，所有被终止交易立即于相关请求提出或相关程序提起之前自动终止。

5.1.3　在提前终止日按照第 5.1.1 项或第 5.1.2 项被有效指定或发生后，交易双方在本协议下的所有被终止交易适用终止净额，即交易双方均无须按照第三条的约定进行被终止交易下的支付或交付，而须按照第 5.2 款和第 5.3 款的约定在轧差计算被终止交易的公允市场价值的基础上计算并支付提前终止款项。

5.2　违约事件下提前终止款项的计算

确定提前终止日后，守约方作为终止净额计算方，应本着诚实信用和商业合理原则，以基准日为基准，就提前终止款项进行计算。提前终止款项的计算公式为：P=V+（A−B）。

上述公式中，P 指提前终止款项；V 指守约方就每笔或每组被终止交易计算出的一笔或多笔终止净额的总和；A 指违约方所欠守约方的未付款项；B 指守约方所欠违约方的未付款项。如 P 为正数，应由违约方向守约方支付；如 P 为负数，应由守约方向违约方支付。

5.3　计算报告

终止净额计算方须在提前终止日（若适用“自动提前终止”，则为其知晓或应知晓提前终止日发生之日）后的 3 个工作日内向另一方提交计算报告。该计算报告须明确列示提前终止应付款方、提前终止款项，说明计算的细节及依据（包括在计算中使用的任何报价、市场数据或内部信息）、收款账户的详细信息。提前终止应付款方应在提前终止款项付款日支付该计算报告提及的提前终止款项及其利息。本条下的提前终止款项付款日为付款通知生效日之后的第 1 个营业日。

5.4 自动提前终止的调整

在补充协议中约定适用“自动提前终止”条款的情况下，若在提前终止日起至第 5.3 款所述的提前终止款项付款日止的期间内，交易一方在本协议下向另一方支付或交付了款项或实物且为另一方保留，则需对计算报告计算得出的提前终止款项进行相应调整。

第六条 终止事件

终止事件包括交易一方、其履约保障提供方发生的下述不可抗力事件、因合并造成的资信降低和其他终止事件：

6.1 不可抗力事件

本协议生效且交易达成后，由于不可抗力或政府行为或法律、法规、监管规则的变化导致如下任一情形：

6.1.1 交易一方（受影响方）本应履行该交易下支付、交付、收款、收付的义务或本可行使的相关权利变得不能履行或行使，或本协议下与该交易有关的任何其他重大条款无法遵守，或上述履约或收受变得不可能或不切实际。

6.1.2 交易一方（受影响方）或其履约保障提供方履行与该交易有关的履约保障协议中规定的支付、交付、收款、收付的义务或本可行使的相关权利变得不能履行或行使，或履约保障协议中的任何重大条款变得不可履行，或上述履约、收受变得不可能或不切实际。

上述不可抗力或政府行为或法律、法规、监管规则的变化是指不能预见、不能避免、不能克服的客观事件，且该事件超出受影响方或其履约保障提供方（视情况而定）的控制能力，即使受影响方或其履约保障提供方在尽所有合理努力后仍无法克服。

6.2　因合并造成的资信降低

如交易双方在补充协议中约定本条款适用于交易一方，则该交易一方或其履约保障提供方发生补充协议约定的合并事件，虽未构成主协议项下的违约事件，但最终存续、承继或受让的实体在该合并事件刚发生后的资信状况（在考虑了适用的履约保障协议的情况下）与上述交易一方或其履约保障提供方在该合并事件即将发生时的资信状况相比严重降低（该交易一方或最终存续、承继或受让的实体为“受影响方”）。

6.3　其他终止事件

如果在补充协议或任何交易确认书中明确约定适用“其他终止事件”，则需规定此类事件的发生情形及其受影响方。

第七条　终止事件的处理

7.1　通知

若发生不可抗力事件等终止事件，受影响方在获悉该终止事件后，应立即通知非受影响方该终止事件的发生及所有受影响交易的明细，并在发出通知后的 5 个工作日内提供相关证明材料。

在非受影响方获悉终止事件，且未收到受影响方的终止事件通知时，非受影响方有权通知受影响方；受影响方应在通知生效后 2 个工作日内予以回应，并在通知生效后 5 个工作日内提供相关证明材料。

7.2　指定提前终止日

7.2.1　交易一方有权按下述方式书面通知另一方，指定受影响交易的提前终止日：（1）在发生不可抗力事件时，为任何一方；（2）在发生其他终止事件且有两个受影响方时，为任一受影响方；（3）在发生因合并造成的资信降低或其他终止事件且只有一个受影响方时，为非受影响方。

7.2.2　提前终止日应为该通知生效之日起15个工作日内的任一日。全部受影响交易将在该提前终止日终止。若交易双方均有权发出书面通知，以先生效的通知中指定的提前终止日为准。

7.2.3　在提前终止日被有效指定后，交易双方在本协议下的所有受影响交易适用终止净额，即交易双方均无须按照第三条的约定进行被终止交易下的支付或交付，而须按照第7.3.1项的约定在轧差计算被终止交易的公允市场价值的基础上计算并支付提前终止款项。

7.3　终止事件下提前终止款项的计算与支付

7.3.1　终止净额计算方按照第5.2款和第5.3款的约定计算提前终止款项。若非受影响方为终止净额计算方，第5.2款所述的“守约方”为非受影响方、“违约方”为受影响方；若交易双方均为终止净额计算方，第5.2款所述的“守约方”为进行计算的一方，“违约方”为另一方。

7.3.2　若非受影响方为终止净额计算方，适用于本条的提前终止款项付款日为计算报告生效日后第3个营业日；若交易双方均为终止净额计算方且对计算结果无异议，提前终止款项付款日为后一份生效的计算报告的生效日后第3个营业日。

7.3.3　若交易双方均为终止净额计算方且对计算结果有异议，交易双方可协商确定提前终止款项，或共同指定第三方作为计算代理人，依照第5.2款和第5.3款的约定，在交易双方同意的期限内计算提前终止款项。若交易双方协商不成，或未能就计算代理人的指定或计算期限达成一致，或交易一方对计算代理人的计算结果有异议，任一方可依据第十一条的约定申请仲裁。

7.4　迟延支付及交付

如本协议下的交易已发生第6.1款规定的不可抗力事件且处于持续状态，则该交易下的各项支付或交付将迟延至以下时间：涉及支付的，不迟于该事件发生后的第6个营业日；涉及交付的，不迟于该事件发生后的第6个交付日。

第八条　终止净额的计算

8.1　在计算一笔或一组被终止交易的终止净额时，终止净额计算方应在基准日本着诚实信用原则，以商业上合理的方式确定替代被终止交易或者为获得相同经济效果而产生的损失及成本或收益。

在确定上述损失及成本或收益时，应考虑下述因素：（1）若未出现相关提前终止日，假设满足第2.2款规定的先决条件，在该日期后应已履行的该笔或该组被终止交易的重大条款，包括第2.1款下各方有关该笔或该组被终止交易的支付和交付；（2）各方就该笔或该组被终止交易本可享有的选择权利。

确定终止净额时不应将任何被终止交易的未付款项和第9.4款所述律师费及实付费用计算在内。

8.2　为确定终止净额，终止净额计算方应考虑下述相关报价或市场数据：

（1）由一个或多个第三方提供的相关报价。该第三方在提供上述报价时可考虑终止净额计算方的信用状况，以及终止净额计算方与其之间的包括履约保障协议在内的相关文件的条款；

（2）由一个或多个第三方提供的相关市场数据或信息，包括但不限于相关利率、价格、收益、收益曲线、波动性、利差、相关性或相关市场上的其他相关市场信息。

上述第三方包括但不限于相关市场中的交易所、交易商、相关产品的最终用户、信息提供商或经纪商。

若终止净额计算方善意合理地确信上述报价、相关市场数据或信息无法获得或者无法满足第 8.1 款的要求，终止净额计算方可使用来源于内部（包括终止净额计算方的关联方）的上述第（1）或（2）项所述类型的信息，该信息应是终止净额计算方在日常商业过程中为类似交易估值时所使用的同类信息。

8.3　在不重复计算的前提下，终止净额计算方可将其资金的成本，及其为终止、清算或重建与被终止交易相关的任何对冲风险安排而合理产生的损失、成本或收益纳入终止净额计算。

第九条　利息、赔偿和费用

9.1　未发生或指定提前终止日

在未发生或指定提前终止日的情形下，按本条约定的方式就支付和交付义务计息：

9.1.1　因交易对方违反履约先决条件而暂停支付的计息

由于交易对方违反了第 2.2 款约定的履约先决条件，交易一方因而暂停履行其根据第 2.1 款本应履行的支付义务，则应交易对方的要求（且在该交易一方可主张暂停履行支付义务的原因消除之后），该交易一方应就该款项向交易对方支付利息。计息期自该交易一方原应履行支付义务之日（含）起，至该交易一方在上述原因消除之后实际应履行支付义务之日（不含）止。利率为银行间利率。

9.1.2　未按时支付的计息

交易一方未按时履行其在本协议下的任何支付义务（第 9.1.1 项规定的情形除外），则应交易对方的要求，该交易一方应就该款项向交易对方支付利息。计息期自交易一方本应履行支付义

D11150

务之日（含）起，至该交易一方实际支付之日（不含）止，利率为违约利率。但是，若第 6.1 款所述的一项情形导致该交易一方未履行上述支付义务，则计息期自该交易一方因为此项情形而未履行上述义务之日（含）起，至该情形停止存在之日（不含）止，利率为银行间利率。

9.1.3　与交付义务有关的计息

由于交易对方违反了第 2.2 款约定的履约先决条件，交易一方因而暂停履行其根据第 2.1 款本应履行的交付义务，则其应本着诚实信用原则、根据第 9.1.1 项的约定，就交付物在原定结算日的公允市场价值进行利息的计算与支付。

在其他情况下，若交易一方未按时履行其在本协议下任何交付义务，其应本着诚实信用原则、根据第 9.1.2 项的约定，就交付物在原定结算日的公允市场价值进行利息计算与支付。

9.2　发生或指定提前终止日

在发生或指定提前终止日的情形下，按本条约定的方式就支付和交付义务计息：

9.2.1　未付款项的计息

根据第 5.2 款和第 7.3 款计算的未付款项的计息期自交易一方本应履行支付或交付义务之日（含）起，至提前终止日（不含）止。利率确定如下：

（1）对于原应由违约方支付的款项，为违约利率；

（2）对于原应由守约方支付的款项，为银行间利率；

（3）对于原应由受影响方或非受影响方支付的款项，为银行间利率。

9.2.2　提前终止款项的计息

就交易一方根据第 5.2 款、第 5.3 款和第 7.3 款约定应支付的提前终止款项，应按照以下原则计算利息：

（1）自提前终止日（含）起、至提前终止款项付款日（不含）止的计息期，按下述方式确定利率：

①由违约方支付的，为违约利率；

②由守约方支付的，为守约利率；

③由受影响方或非受影响方支付的，为银行间利率。

（2）自提前终止款项付款日（含）起、至（不含）实际支付日止的计息期，按下述方式确定利率：

①除下述第①段约定的部分，为违约利率；

②若提前终止款项的任何部分未被支付是由于第6.1款所述的一项情形或由于不可归咎于付款方的原因所导致的，自该部分金额因该情形而未被支付之日（含）起、至该情形停止存在之日（不含）止的期间，为银行间利率。

9.3　本条约定的利息按照复利逐日计算。

9.4　相关费用。应守约方要求，违约方应赔偿守约方为执行和保障本协议或任何履约保障协议下的权利，或由于任何交易提前终止而产生的合理费用（包括但不限于律师费、签署费、相关税费及催收费用）。

第十条　陈述与保证

交易双方分别向对方陈述与保证如下：

10.1　其为依法设立并有效存续的实体，或为适格的自然人。

10.2　其具有从事本协议下交易所必需的业务资格并保持业务资格持续有效（如适用）。

10.3　其有权或已获得必要授权签署本协议。

10.4　其签署并履行本协议下的义务，不违反相关法律法规、自律规则，亦不违反其与第三方已签署的其他协议。

10.5　其在本协议下应交付的资产在交割时未设置抵押、质

D11150

押等担保或第三方权利（法律另有规定的除外），亦不存在其他任何权利瑕疵。

10.6　不存在本协议规定的违约事件或潜在违约事件，且就其所知不存在本协议规定的终止事件。履行本协议或履约保障协议下的义务亦不会导致上述事件的发生。

10.7　就其所知，其自身或履约保障提供方不存在任何可能影响本协议合法性、有效性、可执行性及其履约能力的诉讼、仲裁或其他司法及行政程序。

10.8　其依本协议规定向另一方提供的所有信息，包括补充协议下的具体信息，在所有实质方面均为真实、准确、完整。

10.9　其在本协议下的所有交易均为其自身订立，而非代理其他第三方订立，交易双方另有约定的除外。

10.10　其已经充分理解和审慎评估本协议下交易的性质、条款、风险，愿意接受并有能力承担相关交易风险。

上述所有陈述与保证在本协议签署日作出，及在每一笔交易达成时视为重复做出，并在本协议有效期内持续有效。如交易一方知悉其所作的上述陈述与保证存在不真实、不准确的情形或发生重大变化，应当及时通知对方。

第十一条　适用法律及争议解决

11.1　本协议适用中华人民共和国（为本协议之目的，不包括香港特别行政区、澳门特别行政区及我国台湾地区）法律，应当根据中华人民共和国法律进行解释。

11.2　除非交易双方在补充协议中另行约定，因本协议引起的或与本协议有关的任何争议，均应提交中国国际经济贸易仲裁委员会依照其届时有效的仲裁规则进行仲裁。仲裁地在北京（开庭地交易双方可另行约定）。仲裁裁决是终局的，对交易双方均有约束力。

第十二条　通知

12.1　除非补充协议另有规定，有关本协议的任何通知和其他通信往来可采用下列方式发送至对方提供的通信地址、电传或传真号码、电子邮箱等电子信息系统（详见补充协议），并根据下述规定确定生效日：

12.1.1　以书面文件方式由专人或快递服务交送的，以文件送达之日为生效日；

12.1.2　以电传方式发送的，以收到收件人的应答之日为生效日；

12.1.3　以传真方式发送的，以传真正常发至收件人指定的传真号码且收件人确认收到清晰可读的传真件之日为生效日；

12.1.4　以挂号信方式或其他要求提供回执的邮递方式发送的，以送达之日为生效日；

12.1.5　以电子邮件等电子信息系统发送的，以通知进入对方指定的电子信息系统之日为生效日。

若上述通知送达或接收的时间为非工作日或当日工作时间结束后，则相关通知的生效日为该日后的首个工作日。

12.2　交易一方可以书面方式通知对方，变更其接收通知和其他通信往来的通信地址、电传或传真号码、电子邮箱等电子信息系统。

第十三条　其他

13.1　本协议构成交易双方就本协议所涉事项达成的全部约定。各方在此确认，其签订本协议未依赖任何本协议规定之外的口头或书面的陈述或保证。

13.2 对于本协议的任何修订、修改或弃权均应以书面形式做出。

书面方式包括传真、电传、电子邮件或其他电子信息交换方式。

13.3　在不影响第2.2款、第5.1.3项和第7.2.3项的前提下，交易双方在本协议下的义务在任何交易终止后仍应持续有效。

13.4　协议文本及确认

13.4.1　本协议可签署一式多份，经交易双方签字盖章后生效，各份均为原件，具有同等效力。

13.4.2　交易双方自达成（无论以口头或其他方式）交易时起即受其约束。在实际可行的情况下，交易双方应尽快签署交易确认书。交易确认书可通过书面签署、传真、电传、电子邮件或其他电子信息交换方式做出。

13.5　未行使、迟延行使本协议下的任何权利不应被视为放弃该等权利，单独或部分行使任何权利不应被视为放弃后续行使或进一步行使该等权利或放弃行使其他任何权利。

13.6　本协议中的标题仅为方便阅读，不影响对本协议内容的解释。

13.7　保密

13.7.1　交易双方同意，对有关本协议以及本协议下交易的信息应承担保密义务，除以下情形外，未经对方事先书面同意，不得向任何其他方披露：

（1）交易一方按照法律法规、监管机构、行业自律组织的要求进行披露；

（2）交易一方按照法院、仲裁机构或者任何司法程序的要求进行披露；

（3）交易一方向其委托的会计师事务所、律师事务所、财务顾问等中介机构进行披露，但该方应促使该中介机构承诺承担保密义务。

在上述情形下，交易一方仅应提供法律法规、司法程序、监管机构、行业自律组织或者中介机构要求披露的那部分信息。

13.7.2 交易一方根据第 13.7.1 项规定进行披露后，应当在法律法规或司法程序允许的范围内及时将披露情况通知对方。

13.8 合同权利义务的转让

在不违反相关法律法规的前提下，未经对方事先书面同意，任何一方不得转让其在本协议或本协议下的任何权益、义务，否则该转让无效，但一方转让违约方向其支付的提前终止款项的全部或部分权益、与该权益相关的任何应付金额以及与第 9 条下权益有关的其他权利除外。

13.9 抵销

13.9.1 在有一个违约方的情况下，或者发生了使本协议下全部交易成为被终止交易的终止事件并且只有一个受影响方的情况下，守约方或非受影响方有权选择（无须提前通知违约方或受影响方）将一方（付款方）应向另一方（收款方）支付的任何提前终止款项与收款方应向付款方支付的任何其他金额（其他金额）（无论是否产生于本协议下，无论是否到期，无论其币种、支付地和入账地点如何）进行抵销。就被如此抵销的其他金额而言，该等其他金额的义务立即被全部解除。守约方或非受影响方（依实际情况而定）应当向违约方或受影响方（依实际情况而定）按照主协议第 12.1.1 项的规定就抵销发送通知。

13.9.2 如果任何债务未确定，守约方或非受影响方（依实际情况而定）有权根据诚实信用原则对债务进行估算并以估算的数值进行抵销，但在该债务确定时另一方有权复核。

13.9.3 本第 13 条的约定不具有创设抵押或其他担保权益的效力，不影响且独立于任何一方于任何时间享有的（法律、合同或其他约定下）任何抵押权、留置权或其他类似的权利和

D11150

要求。

13.10　电话录音

交易一方可根据交易双方在补充协议中电话录音相关事项的约定，对交易双方之间就本协议项下交易或任何潜在交易的电话交谈进行录音，并可在不违反中国法律的前提下在争议解决过程中出具该等录音作为证据。

第十四条　定义

交易确认书：指交易双方交换的用以确认或证明一笔交易的书面文件或电子文件、包括但不限于成交单、电子确认书、电子邮件、电报、电传、传真、合同书和信件。

被终止交易：就某个提前终止日而言，指以下情形的交易：（1）若因不可抗力事件导致，指根据第 7.1 款规定发出的通知所指明的所有受影响交易；（2）若因其他的终止事件导致，指所有受影响交易；（3）若因违约事件导致，指在载明提前终止日的通知生效之前仍然存续的所有交易，或在适用自动提前终止的情形下该提前终止日之前仍然存续的所有交易。

工作日：指交易双方的正常办公日期，法定节假日、周末除外。

关联方：除补充协议另有约定外，就交易一方而言，指直接或间接被其控制的实体、直接或间接对其进行控制的实体、或直接或间接与其受同一控制人控制的实体。本定义中的“控制”是指控制方拥有被控制方的多数投票权。

基准日：指提前终止日。若终止净额计算方诚信地认为以提前终止日为基准进行本协议下所有被终止交易的计算不具有商业合理性，则为商业上可合理进行计算的提前终止日之后尽可能早的一个或多个日期。

交叉违约触发金额：指补充协议中所列明的金额（如有）。

交付日：指负有登记结算职能的相关机构能够办理并完成本协议下交付的日期，或交易双方根据相关交易确认书的约定应办理实物交割的日期。

履约保障提供方：指补充协议中约定的提供履约保障的相关主体。

履约保障协议：指本协议中规定为履约保障协议的任何协议或文件。

其他终止事件：指补充协议和交易确认书中约定的其他终止事件。

潜在违约事件：指任何通过发送通知或随时间推移（或两种情况均发生）即可构成违约事件的任何事件。

受影响交易：（1）在发生一项不可抗力事件时，指所有受该终止事件影响的交易（若相关履约保障协议特指某些交易，则指该等交易；若相关履约保障协议构成一笔交易的交易确认书，则指该笔交易），及（2）在发生任何其他的终止事件时，指所有交易。

特定交易：指交易一方（或其履约保障提供方）与交易另一方（或其履约保障提供方）之间当前存续或今后达成的本协议管辖范围之外的以一对一方式进行的任何衍生产品交易或交易双方约定的其他交易。

守约利率：指守约方合理证明的其作为资金拆入方从相关银行间市场上的一家主要银行得到的隔夜拆放利率，该银行由守约方选择，但其报价应是能够合理反映守约方在相关市场上资金拆借成本的有代表性报价。若守约利率高于银行间利率，则守约利率为银行间利率。

特定债务：指与借款有关的任何义务，无论是现在的或将来的或有的或已发生的、作为主债、担保或其他形式的义务，除非补充协议另有约定。

未付款项：指就一个提前终止日而言，任何一方欠付对方的款项应为以下各项之和：

（1）就所有被终止交易而言，指根据第 2.1 款应于该提前终止日（含当日）之前向对方支付而未支付的款项，或原本应付但由于第 2.2 款的规定而未付的款项，或由于第 7.4 款的规定而延迟支付的款项；

（2）就每一笔被终止交易而言，对于第 2.1 款下每一笔应在该提前终止日（含当日）之前向对方交付而未交付的义务（或本应交付但因第 2.2 款或第 7.4 款而未交付），指相等于原本应交付的标的物的公允价值的金额；

（3）如果提前终止日是由违约事件或其他终止事件导致，并且所有未完成交易成为受影响交易，则指该提前终止日前到期并截止该提前终止日尚未支付的任何提前终止款项。

上述各项的未付款项均应包括根据第 9 条计算的利息和应作出的其他补偿。

前述第（2）项所指的任何交付标的物的公允价值为根据第 5.2 款和第 7.3 款关于提前终止的付款规定，由终止净额计算方以善意的方式并经合理的商业程序确定的该等交付标的物在原定结算日的公允价值。如交易双方均为终止净额计算方，则为交易双方按上述方法确定的公允价值的平均数。

违约利率：指相当于在收款人为取得有关资金而支付的年利率的基础上再加 1% 的利率。

银行间利率：就每一个计息日而言，指中国人民银行授权全国银行间同业拆借中心发布的上海银行间同业拆放利率（SHIBOR）中的隔夜利率。

营业日：指商业银行正常对外营业的日期。

原定结算日：指根据第 2.1 款就某一交易需进行支付或交付的日期。

终止净额计算方：在发生违约事件时，指守约方；在发生终止事件时，指非受影响方（若交易双方均为受影响方，则指任一方）。

终止事件：指一项不可抗力事件、因合并造成的资信降低或其他终止事件。

甲方：________________________________

（公章）

授权代表签字：__________________________

授权代表职务：__________________________

日期：________________________________

乙方：________________________________

（公章）

授权代表签字：__________________________

授权代表职务：__________________________

日期：________________________________

D11150

关注法天使

中国证券期货市场场外衍生品交易主协议补充协议

协议编号：__________

使用场景：

《中国证券期货市场场外衍生品交易主协议》及补充协议是由中国证券业协会、中国期货业协会、中国证券投资基金业协会制订的约定场外衍生品交易参与双方的权利义务条款的协议。

法律要点：

1.《补充协议》主要在《主协议》的基础上，进一步约定了在场外衍生品交易过程中终止条款、交叉违约的定义，并约定了双方需提交的资料。

2. 在实操中，交易各方一般参照中国证券业协会、中国期货业协会、中国证券投资基金业协会制订模板签署《主协议》及定义文件，另在《补充协议》《交易确认书》中约定个性化事宜。

文本正文： http://www.fatianshi.cn/D11151

中国证券期货市场场外衍生品交易
主协议补充协议

鉴于___________（甲方）与___________（乙方）已签署《中国证券期货市场场外衍生品交易主协议》（以下简称主协议），为进一步明确各自的权利义务，双方特此签订本补充协议，作为主协议的组成部分。

除非交易双方另有约定，主协议与本补充协议适用于交易双方以一对一方式达成的、按照交易双方的具体要求拟定交易条款的场外衍生品交易。

第一条 违约和终止条款

1. 主协议第 4.5 款中的"交叉违约"：

【是】/【否】适用于甲方；

【是】/【否】适用于乙方；

"特定债务"

【同主协议第十四条定义条款的含义】/

【指：与借款有关的任何义务，无论是现在的或将来的或有的或已发生的、作为主债、担保或其他形式的义务，除非补充协议另有约定。】[①]

若甲乙双方均适用"交叉违约[②]""交叉违约触发金额"为：

甲方、其履约保障提供方：甲方所有者权益的______%（以人民币计价）

乙方、其履约保障提供方：乙方所有者权益的 3%（以人民币计价）

所有者权益应当根据确定交叉违约触发金额时相关方最近年度经审计的合并资产负债表确定，并且该等资产负债表应当根据其注册地的公认会计准则准备。

因为主协议第 6.1 款所述不可抗力事件而阻止或使该交易一方、该交易一方的履约保障提供方不能采用合理的方式进行付款的，不构成主协议第四条第 4.5 款"交叉违约"所约定的违约事件。

在判断主协议第 4.5.1 项所述累计违约金额和 / 或第 4.5.2 项所述累计本金数额是否超过交叉违约触发金额时，如果特定债务下的违约金额以交叉违约触发金额的计价货币以外的货币表

①本版合同将负债时间范围扩展到过去及将来，将负债形式包括了担保或其他。

②笔者认为，交叉违约条款是一把"双刃剑"，既对合同双方起到了一定的约束作用，也可能在一定程度上限制了合同的存续期。

例如，若一方发生其他违约事件的，若无交叉违约条款，则本合同可以继续履行，且最终可能并不会受到其他违约事件的实质性影响。合同双方可根据实际情况对交叉违约条款进行约定。

D11151

示，则违约金额应按违约事件发生日中国人民银行公布或授权公布的人民币外汇牌价中间价转换为交叉违约触发金额的计价货币；对于中国人民银行日常未公布或授权公布人民币外汇牌价中间价的货币而言，应按违约事件发生日相关货币发行国的央行或类似授权政府机构公布的该种货币对美元或欧元的定盘价与中国人民银行公布或授权公布的相关人民币外汇牌价中间价进行套算；如果通过上述方式仍不能确定相应转换汇率，则由守约方按相关市场惯例确定。守约方的换算或套算应按照诚实信用原则并以商业上合理的方式进行。

就上述任何一种中间价（或报价、牌价）而言，如果违约事件发生日上述公布机构未公布相应中间价（或报价、牌价），则违约事件发生日之前最近公布的中间价（或报价、牌价）应视为违约事件发生日公布的该等中间价（或报价、牌价），而不采用违约事件发生日当日其他机构公布的相应的中间价（或报价、牌价）。

2. 主协议第 4.7 款中的“特定交易下违约”：

【是】/【否】适用于甲方；

【是】/【否】适用于乙方；

“特定交易”指：交易一方（或其履约保障提供方）与交易另一方（或其履约保障提供方）之间当前存续的或今后以达成的本协议范围以外的任何衍生产品交易、有价证券交易、外汇交易或其他类似的交易，且该特定交易不包括本协议管辖下的交易。

3. 主协议第 5.1 款中的“自动提前终止”：

【是】/【否】适用于甲方；

【是】/【否】适用于乙方；

4. 主协议第 6.2 款中的“因合并造成的资信降低”：

【是】/【否】适用于甲方；

【是】/【否】适用于乙方；

若适用，“因合并造成的资信降低”中的合并事件包括下述情形：

交易一方、其履约保障提供方与另一实体发生了联合、合并或兼并，或[1]把自身的全部或大部分的资产转移到另一实体，或经重组、重设或改制纳入另一实体或成为另一实体，或发生其他类似具有合并效果的事件。

其他类似具有合并效果的事件包括但不限于：____________

5. 主协议第 6.3 款中的“其他终止事件”

【是】/【否】适用；

若适用，“其他终止事件”包括下述情形：

上述“其他终止事件”的“受影响方”分别为：__________

第二条　同意提供的材料

为主协议第 10.8 款的目的，各方同意应对方要求提供的材料包括：

甲方需提供的材料，提供的期限：

1. 加盖公章的甲方最近经年检的营业执照、组织机构代码证及税务登记证的复印件；[2]

2. 加盖公章的甲方法定代表人身份证复印件；

3. 加盖公章的代表甲方签订本协议的授权签字人的有效授权书、签字样本和授权权身份证复印件；

4. 乙方合理要求的其他文件。

乙方需提供的材料，提供的期限：

1. 加盖公章的乙方最近经年检的营业执照、组织机构代码证及税务登记证的复印件；

2. 加盖公章的乙方法定代表人身份证复印件；

①合同条款将合并、收购内容也包含在内。近年来，金融行业的合并、收购事件并不少见，笔者建议合同双方应对此作出预期判断，并决定是否采纳本合同条款。

例如，若合同一方公司战略近期有收购或被收购意向的，则应慎用本条款。

②在范本基础上，对双方应提交的材料进行了约定。合同双方可以根据具体情况对材料清单进行增减。

D11151

3. 加盖公章的代表乙方签订本协议的授权签字人的有效授权书、签字样本和授权权身份证复印件；

4. 甲方合理要求的其他文件。

第三条　其他约定

1. 通知方式

为主协议第 12.1 款的目的，甲方接收通知的方式指：

通信地址：________________________

收件人：________________________

邮政编码：________________________

电话：________________________

电子邮件：________________________

传真：________________________

电子信息系统：________________________

为主协议第 12.1 款的目的，乙方接收通知的方式指：

通信地址：________________________

收件人：________________________

邮政编码：________________________

电话：________________________

电子邮件：________________________

传真：________________________

电子信息系统：________________________

2. 与主协议有关的“履约保障协议”指：

【无】/________________________

【________________________】

3. “履约保障提供方”

甲方的履约保障提供方指：

【无】/________________________

【______________________________________】

乙方的履约保障提供方指：

【无】/___________________________________

【______________________________________】

4. 净额支付

第 3.2 款“多笔交易的净额结算”【是】/【否】适用；

若适用，其适用的范围指：

【所有交易】/【以下多笔交易或多组交易】：_________。

上述各项交易净额支付自【主协议签署日期】/【_________】起。

5.“电话录音”：

交易一方可以对下述事项进行电话录音：

6.“关联方”：

【同主协议第十四条定义条款的含义】/

【指：___________________________________】

7. 其他陈述

【是】/【否】适用。

为主协议第十条的目的，做出下述陈述：

8. 仲裁机构

如甲乙双方存在争议且无法通过友好协商方式达成一致，则甲、乙双方中任何一方均可将相关争议提交至仲裁委员会，仲裁地为。仲裁庭的裁决是终局的，对争议双方均有约束力。

9. 营业日

【同主协议第十四条定义条款的含义】/

【指：___________________________________】

第四条　其他补充约定

本补充协议一式肆份，甲方执贰份、乙方执贰份，具有同等法律效力。自甲、乙双方签字盖章之日起生效。

甲方：______________________________

（公章）

授权代表签字：______________________________

授权代表职务：______________________________

日期：______________________________

签订地：______________________________

乙方：______________________________

（公章）

授权代表签字：______________________________

授权代表职务：______________________________

日期：______________________________

签订地：______________________________

附件一 场外衍生品交易风险揭示书

文本正文：http://www.fatianshi.cn/D11152

尊敬的投资者：

为了使您更好地了解场外衍生品交易业务的风险，根据法律、行政法规和中国证监会有关规定，现向您提供本《场外衍生产品交易风险揭示书》，请您在参与场外衍生产品交易前，认真阅读并理解本风险揭示书全文，如有疑问请咨询工作人员，慎重决定是否参与场外衍生品交易，并在末页签名确认知晓相关风险。

本文所指场外衍生产品是指，在交易所市场之外交易的，由本公司发行或销售的，以某种更为基本的变量派生出来的产品。常见的场外衍生产品包括远期、互换、期权，及它们的任意组合等。常见的基础资产包括股票、商品、利率、汇率和信用等。

进行场外衍生产品交易存在风险，您应当充分理解并遵循“买卖自负”的金融市场原则，自行承担交易结果。

在您考虑是否进行场外衍生产品交易时，应当明确从事场外衍生品交易可能面临的包括但不限于以下的风险：

一、了解本公司从事场外衍生品业务的资格。如在交易过程中，本公司被限制或取消从事场外衍生品的业务资格，您正在进行的场外衍生品交易可能被提前终止从而造成损失。

二、场外衍生品是依据当前相关法规和政策所设计，如国家宏观政策以及市场相关法规政策发生变化，可能商品的受理、

D11152

投资、偿还等的正常运行，甚至导致商品的收益降低。场外衍生品交易属于创新业务，监管部门可视业务的开展情况对相关政策和规定进行调整，引起场外衍生品交易业务相关规定、运作方式变化或者证券市场波动，从而给投资者带来损失的风险。

三、场外衍生产品独立于相关基础资产，购买场外衍生产品并不等于购买相关资产或直接投资于相关资产。有些场外衍生产品业务采用保证金交易方式，潜在损失可能成倍放大，损失的总额可能超过全部保证金且无上限。投资者应当在签署本风险揭示书前，认真评估该项场外衍生品交易导致的最大可能损失，在自身可以承受最大可能损失的前提下参与场外衍生品交易。

四、请充分了解场外衍生产品及其基础产品的相关基础知识、法律、法规、规章、业务规则及相关公告信息，关注场外衍生产品的结算数据、追加保证金、行权等相关信息。

五、场外衍生品不属于保本型金融商品，不保证投资者在到期日时必定会收回原始投资金额或赚取任何固定收益。场外衍生产品价值受到多种因素影响，产品价值在到期前可能受到期时间、基础资产的价格、衍生产品行权价格、相关资产的价格波动及市场利率变动等因素影响，场外衍生品的收益率主要取决于标的资产于交易契约到期日的结算价格，在标的资产走势不利的情况下，场外衍生品投资者可能面临重大损失。

六、场外衍生品交易及其收益资产若投资于固定收益商品，其价格将受到利率走势影响。当利率上升，固定收益商品之市场价格将会下跌，而可能产生损失；若利率下降，固定收益商品之市场价格将会上涨。

七、买卖场外衍生品可能面临亏损风险，在某些情况下，投资者所蒙受之亏损可能会超过投资本金。即使投资者设定了备用指示，如“止损“或“限价”等指示，亦未必能完全避免损失。市场情况可能使该等指示无法执行。投资者可能会在短时间内被要求追加履约保障品。假设未能在指定之时间内提供所需金额，交易相对人有权平仓，而投资者仍然要对本次交易任何因此而出现之亏损结果和欠缴数额负责。

八、投资者可能面临资金头寸管理不善而出现资金不足导致交易资金交收失败的风险，或由于产品结构的约定而在到期日前无法提前终止交易的风险，导致投资者不能以合理的价格及时对冲合约或将合约平仓而可能导致损失的风险。

九、交易可能有赖于电子交易系统，如需基于计算机系统进行流程安排，交易的履行、登记或清算等。投资者可能由于任何电子交易系统暂时的混乱或设施故障而无法交易，产生损失。投资者应关注场外期权交易中面临的技术风险，以及由此可能造成的损失。

十、某一特定的场外衍生产品的可行权数目可能有所限制。在交易确认前，本公司可指定某一特定场外衍生产品的可行权最高数目。若已超出所指定的最高数目时，可能导致投资者不能行权。某些衍生品交易，如期权交易，期权卖方很有可能遭受亏损无限放大的风险，请投资者在交易前熟悉相关交易规则，谨慎入市。

十一、场外衍生品不具备充分市场流动性，投资者如遇有资金需求或其理财规划而需提前解约时，其解约日期将受限，投资者应自行考虑提前解约时本金、违约金损失之风险。投资者在从事场外衍生品交易期间，如果因自身原因导致信用状况严重恶化、出现丧失民事行为能力、破产、解散等协议约定的提前终止情形，投资者将面临被本公司提前终止存续的互换交易，可能给投资者造成经济损失的风险。

D11152

十二、投资者应当按照双方签订的场外衍生品交易协议的相关约定履行权利、承担义务。投资者向本公司提供场外期权交易的履约保障品后，只有在符合履约担保协议约定的条件下，方可提取履约保障品，仅当投资者在场外衍生品交易债务足额偿付完毕后方可获得履约保障品的返还。当投资者违反协议约定时，本公司可以按照合同约定对投资者所提供的履约保障品作相应处置，从而导致投资者遭受损失的风险。投资者在提交履约保障品前应清楚认识其在提交后存在不能任意取回的风险。

十三、场外衍生产品交易可能基于合同约定而提前进入业务终止程序。因出现《中国证券市场场外衍生品交易主协议》《中国证券市场场外衍生品交易主协议的补充协议》约定的情形而导致本公司场外衍生产品业务停止或进入业务终止程序的，本公司有权提前终止相关业务。

十四、互换交易的交易对手因停业、解散、撤销、破产，或者被有权机构撤销相关业务许可、责令停业整顿等原因不能履行权益类收益互换交易中约定的义务，投资者可能因此遭受损失。

十五、由于自然灾害、战争、瘟疫、社会动乱等不能预见、不能避免、不能克服的不可抗力事件或无法控制和不可预测的技术系统异常事故、系统故障、设备故障、通信故障、电力故障、网络黑客和计算机病毒攻击等可能导致证券交易系统非正常运行甚至瘫痪，可能导致场外衍生品交易无法成交或无法继续执行，并可能给投资者造成经济损失。

十六、本公司在场外衍生品交易过程中，可能因未能遵循法律法规、监管要求、规则、自律性组织制定的有关准则以及适用于本公司自身业务活动的行为准则，而遭受法律制裁或监管处罚、重大财务损失（包括但不限于交易损失、罚金、合同违约金、赔偿金等）或声誉损失的可能性。本公司的经营状况亦受多种因素影响，如市场、技术、竞争、管理、财务等会导致公司盈利状况发生变化。当场外衍生品交易的挂钩标的为上市公司的股票时，上市公司经营状况变化，发生长期停牌、合并、退市等异常事件，从而导致投资者收益不确定的风险。投资者应关注场外衍生品交易中本公司面临的法律合规风险，以及由此可能给投资者造成的损失。

十七、本公司可能因倒闭、破产等重大问题而产生信用风险。在极端情况下，本公司有可能因为经营失败、诉讼失败等原因而突然发生巨额亏损，面临倒闭、破产等重大问题。在发生相关重大问题后，本公司将采取业务的提前终止措施并与投资者进行净值结算。发生净值结算事件后，投资者有可能不能从本公司收到任何剩余资金成本。

本风险揭示书的揭示事项仅为列举性质，未能详尽列明场外衍生产品交易的所有风险。投资者在参与场外衍生产品交易前，应认真阅读相关业务规则，充分考虑这些产品是否适合自身的财务状况、专业知识、投资经验、风险控制能力、生理与心理承受能力（自然人投资者）等，确定自身有足够的风险承受能力，审慎决定是否参与场外衍生品交易，避免因参与场外衍生产品交易而遭受难以承受的损失。

本公司的任何书面的或口头的交流不代表进行投资或交易的任何建议。请您务必对场外期权交易可能存在的各类风险有清醒的认识，认真考虑是否进行场外衍生品交易；并根据自身的经济实力和心理承受能力制订场外衍生品交易策略，谨慎开展场外衍生品交易。

本人/机构已仔细阅读并完全理解上述《风险揭示书》的内容和含义，清楚认识并自愿承担由于进行场外衍生产品交易而

D11152

给本人／机构造成的全部损失。贵公司已指定专人向本人／本机构讲解了权益类收益互换交易的业务规则、业务流程和协议条款，本人／本机构已准确理解其确切含义。本人／本机构在与贵公司进行权益类收益互换交易时，不会利用内幕信息或非公开信息进行不当谋利等活动，也不会规避应承担的信息披露、要约收购等法定义务。

（请完整抄写以上画线部分内容）

____

____

____

投资者（机构）加盖公章／自然人签字：__________

投资者（机构）代表（或被授权人）签字：________

投资者（自然人）签字：________________

签署日期：______年______月______日

附件二　场外期权交易确认书

文本正文：http://www.fatianshi.cn/D11153

编号：__________

甲方（期权买方）：______________________________

乙方（期权卖方）：______________________________

甲方和乙方于______年______月______日（时间）确认以下权益类期权交易：

甲方和乙方以下单独称交易一方，合称交易双方。交易双方已经签署了《中国证券期货市场场外衍生品交易主协议（2014年版）》（以下称主协议）及补充协议，本确认书构成主协议下的一项“交易有效约定”，主协议和补充协议中的全部条款适用于本确认书，除非本确认书中另有约定。

本确认书适用《中国证券期货市场场外衍生品交易商品类衍生品定义文件（2015年版）》及其修改或补充（以下称商品定义文件），若本确认书与商品定义文件中的约定不一致，本确认书的相关约定具有优先效力。

交易双方同意，本确认书所述条款构成了交易双方之间就本确认书项下交易的完整条款，且对交易双方具有法律约束力。

一、交易主体

1. 期权买方：______________________________

2. 期权卖方：______________________________

D11153

二、期权类型

1. 期权风格：欧式期权 / 美式期权

2. 期权类型：看涨期权 / 看涨期权

3. 自动行权：是 / 否

4. 多次行权：是 / 否

三、标的物

交易所：______________________________

名称：______________________________

数量：______________________________

单位：______________________________

交易时间______________________________

生效日期：______________________________

到期日期：______________________________

行权日期：______________________________

行权起始日：____________ 行权截止时间：____________

期权费支付日：____________

四、执行价格

1. 结算价格：______________________________

2. 结算价格确定方式：______________________________

3. 行权价格：____________ 截止时间：____________

4. 期权费（权利金）：______________________________

5. 期权费（权利金）支付日：______________________________

五、结算方式

1. 现金结算规则：现金交割

2. 结算日：______________________________

3. 期权交易结算金额：______________________________

甲方（签章）：________________________________

日期：____________________________________

乙方（签章）：________________________________

日期：____________________________________

签订地：___________________________________

D11153

中国证券期货市场场外衍生品交易权益类衍生品定义文件（2014年版）

使用场景：

《中国证券期货市场场外衍生品交易权益类衍生品定义文件》是《中国证券期货市场场外衍生品交易主协议》的附件，是由中国证券业协会、中国期货业协会、中国证券投资基金业协会在《中国证券市场金融衍生品交易主协议（2013 年版）》的基础上 制订的，约定《主协议》术语释义的文件。

文本正文：http://www.fatianshi.cn/D11154

中国证券期货市场场外衍生品交易权益类衍生品定义文件（2014年版）

法律要点：

1.《定义文件》由中国证券业协会、中国期货业协会、中国证券投资基金业协会共同发布，旨在通过向证券期货市场场外权益类衍生品交易参与者（以下简称参与者）提供交易有效约定所使用的术语释义，减少由于理解不足或误解造成的纠纷，以降低交易成本，提高交易效率，促进场外权益类衍生品市场发展。《定义文件》的著作权属于上述三个协会。

2. 在实操中，交易各方一般参照中国证券业协会、中国期货业协会、中国证券投资基金业协会制定模板签署《主协议》及定义文件，另在《补充协议》《交易确认书》中约定个性化事宜。

3. 因为著作权的原因，本文未列明该定义文件，读者可在中国证券业协会、中国期货业协会、中国证券投资基金业协会官方网站查阅具体内容。

中国证券业协会官网网站链接地址：

http：//www.sac.net.cn/tzgg/201408/t20140822_102261.html

中国期货业协会官网网站链接地址：

http：//www.cfachina.org/ggxw/XHGG/201408/t20140822_1703825.html

D11154

关注法天使

中国证券期货市场场外衍生品交易商品衍生品定义文件（2015年版）

使用场景：

《中国证券期货市场场外衍生品交易商品衍生品定义文件》是《中国证券期货市场场外衍生品交易主协议》的附件，是由中国证券业协会、中国期货业协会、中国证券投资基金业协会经过对际互换与衍生品协会（ISDA）发布的场外衍生品交易协议深入研究的基础上，借鉴其中有关场外商品衍生品交易协议的主要内容，并重点结合我国商品衍生品交易的具体特点制订的定义文件，用于约定《主协议》术语释义。

文本正文：http://www.fatianshi.cn/D11154

中国证券期货市场场外衍生品交易商品
衍生品定义文件（2015年版）

法律要点：

1.《定义文件》由中国证券业协会、中国期货业协会、中国证券投资基金业协会联合发布，旨在向从事场外商品衍生品交易的参与者提供交易所使用的术语释义，以降低交易成本，提高交易效率，促进和规范场外商品衍生产品市场的发展。《商品定义文件》的著作权属于三个协会。

2.在实操中，交易各方一般参照中国证券业协会、中国期货业协会、中国证券投资基金业协会制定模板签署《主协议》及定义文件，另在《补充协议》《交易确认书》中约定个性化事宜。

3. 因为著作权的原因，本文未列明该定义文件，读者可在中国证券业协会、中国期货业协会、中国证券投资基金业协会官方网站查阅具体内容。

中国证券业协会官网网站链接地址：

http：//www.sac.net.cn/flgz/zlgz/201508/t20150812_125208.html

中国期货业协会官网网站链接地址：

http：//www.cfachina.org/CXFW/zgsyw/tzggzgs/201508/t20150811_1844521.html

图书在版编目(CIP)数据

中国合同库.证券期货 / 杜奔编著. --北京:法律出版社,2017
ISBN 978-7-5197-1747-6

Ⅰ.①中… Ⅱ.①杜… Ⅲ.①合同法-中国②证券交易-经济法-中国③期货交易-经济法-中国 Ⅳ.①D923.6

中国版本图书馆CIP数据核字(2017)第297857号

中国合同库:证券期货
ZHONGGUO HETONGKU:ZHENGQUAN QIHUO

杜　奔　编著

策划编辑 朱海波　蒋　橙
责任编辑 朱海波　蒋　橙
营销编辑 徐　印
装帧设计 宇宙尘埃工作室　鲍龙卉

出版 法律出版社
总发行 中国法律图书有限公司
经销 新华书店
印刷 天津嘉恒印务有限公司
责任印制 吕亚莉

编辑统筹 法律应用·大众出版第二分社
开本 787毫米×1092毫米　1/16
印张 28.25　　**字数** 412千
版本 2018年1月第1版
印次 2018年1月第1次印刷

法律出版社/北京市丰台区莲花池西里7号(100073)
网址/www.lawpress.com.cn
投稿邮箱/info@lawpress.com.cn
举报维权邮箱/jbwq@lawpress.com.cn
销售热线/010-63939792
咨询电话/010-63939796

中国法律图书有限公司/北京市丰台区莲花池西里7号(100073)
全国各地中法图分、子公司销售电话:
统一销售客服/400-660-6393
第一法律书店/010-63939781/9782　西安分公司/029-85330678　重庆分公司/023-67453036
上海分公司/021-62071639/1636　深圳分公司/0755-83072995

书号:ISBN 978-7-5197-1747-6　　**定价**:85.00元
(如有缺页或倒装,中国法律图书有限公司负责退换)

中国合同库出版计划第二期
征稿启事

中国合同库出版计划，是法天使与法律出版社共同发起的出版计划，共分为四期。旨在出版系列线上线下一体书，聚合和共享法律智慧，建设一个“全面可信赖”的中国合同库，让法律行业乃至全社会受益，同时为作者塑造影响力。

第一期已于 2017 年正式出版发行，包括：A 轮融资协议、股权激励、私募基金、劳动人事、影视娱乐、房屋买卖租赁、建设工程施工合同、企业债券、商业保理、证券期货、政府和社会资本合作 (PPP)，共 11 个专题，本书为第一期 11 个专题之一。

现在，我们面向优秀律师、法务及相关法律人，郑重征稿，具体要求如下：

1. 提交基础信息

姓名，年龄，个人微信和电话，工作单位，专业领域，有无出书经历，拟选定的写作方向。

2. 选定写作方向

(1) 提交该方向的：合同模板目录，以及 1 份代表性合同模板，对该模板进行使用说明和要点批注。

(2) 个人简介，包含在该领域处理过的有影响力的案例或发表、出版过的文章、图书或获得过的荣誉以及其他一切可以体现您在这一领域专业实力的材料。

3. 选题评审

根据上述信息，由法律出版社和法天使组织专家进行评审，一经纳入出版计划我们将与您联系，商定交稿时间和出版细节。

4. 出版政策

作者无须任何出版补贴，并依照出版合同获得稿酬。稿酬等事项见届时签署的出版合同。

5. 写作体例

参照本书体例。

6. 征稿联系人

常金光　联系电话 / 微信：13810853236/cjg@fatianshi.cn

7. 特别提示

登陆法天使官方网站：www.fatianshi.cn，可随时分享单份或成套合同模板，获得收益。

关注以下二维码，在底部菜单查看“参与出版计划”，即可了解更多详情。